CREATORS' WONDERLAND
クリエイターワンダーランド

不思議の国の
エンタメ革命とZ世代の
ダイナミックアイデンティティ

ンタメ社会学者
rtainment代表取締役
中山淳雄
ATSUO NAKAYAMA

日経BP

はじめに

エンタメは常に国家や社会、家庭が築き上げてきたものから反逆的な存在であった。それは時間を忘れさせ、生活を忘れさせ、自分を忘れさせる。熱中と没頭を繰り返すエンタメ体験は、社会の構成員として労働し、ＧＤＰに貢献する〝本当の世界〟とは次元を分かったところにある。

〝ウソの世界〟であるエンタメは、社会と個人の間にある軋轢や矛盾に着目し、その心理的な昇華を果たすべく、仮の空間を用意してくれる。

１９６０年代後半からのスポ根マンガは、それまで〝米国が日本を救ってくれた〟ようにＳＦ・ロボットなどヒーローの登場を待ち望む時代から、自信を取り戻した日本が自らの肉体を使い、社会的な勝利を勝ち取っていく成長物語への転換を象徴していた。

１９７０年代のヤクザ映画や時代劇は、都市化・工業化によって成長する国家・経済と犠牲にされる個人の生活の矛盾が目につくようになった時代に、「義理人情を忘れない時代遅れのヒーロー」としてのヒューマニズムを思い出させる役割を担った。

１９８０年代後半からのトレンディドラマは、都会生活とファッションと恋愛ストーリーに囲まれた「憧れの生活」を映像化し、多くの人々を大都市への移住に駆り立てた。

１９９０年代になると、バブル崩壊により成長物語に失望した人々が、新しい物語を求めて謎めいたハンドパワー番組やノストラダムスの大予言などの呪術的な世界にひかれていった。

２０００年代になると享楽的な芸人バラエティ番組や海外へと目を向けた番組などが発展していく様子も、時代を映す鏡であったと言える。

その時、そのタイミングで、人々の心の穴を埋めるものとしてエンタメは存在している。それは解決しがたいものを心理的に昇華し、折り合いをつけ、また前向きに進むための治療・回復行為である。現実として立ちはだかる強圧的な「社会」や「家族」に対し、「個人」が心のよりどころとして逃避し、回復するための救済手段を与えるものであった。エンタメは社会の矛盾をつまびらかにし、それを個人単位で咀嚼し、消化するための武器になる。

〝ウソの世界〟は現実の矛盾が大きくなればなるほど、大きな花を咲かせるものだ。人種対立があれほど根深い米国だったからこそ、黒人たちからブルースやR&B、ヒップホップといった新しい記号的表現が生まれて続けてきた。米国が多民族国家でなかったら、あれほどの音楽大国になっただろうか。敗戦後のアイデンティティ喪失と米国への従属から生まれた日本のエンタメもまた、米国成長モデルのマイノリティ実行者として、輸入されたアニメやゲーム、コミックを咀嚼し、米国オリジナルのそれとは異なる新しい記号的表現に昇華させてきた。

今、新しい記号表現を生み出しているのは、Z世代のエンタメ行動である。生まれながらのデジタルネイティブとして〝ウソの世界〟と〝本当の世界〟を自在に行き来する手段を得たZ世代は、旧世代とはまるで違う行動原理を持つ。近年のエンタメヒットのビジネスモデルや作品傾向を理解することは、目の前にある世代分断を理解するために非常に有効な手段になるだろう。

本書は３部作の完結編である。

２０１９年発行の『オタク経済圏創世記』では、マンガ・アニメ・ゲームなどの日本コンテンツがいかにして世界の「オタク」を味方につけて成長してきたかを語った。

２０２１年発行の『推しエコノミー』では、コロナによって加速したエンタメファンの行動変化に注目し、内向的な趣味趣向をたしなみとする「オタク」ではなく、外交的で自分たちの好きなものを押し上げていく「推し」の生態系について語った。

どちらもよく売れ、ゲームやアニメの会社だけでなく、想定外にもテレビ局から音楽レーベル、出版社、不動産から教育系に至るまで多くの企業のマーケターやエグゼクティブ層から「読んでます」と声をかけられることが増えた。それに続いた『エンタの巨匠』（２０２３）や『エンタメビジネス全史』（２０２３）はインタビューや歴史分析という形で、前の2作の背景を深め、本作へとつなげるマイルストーンの位置にある。最初から私が描こうとしていた世界は、この『クリエイターワンダーランド』であった。

私は10年ほどゲームやアニメを海外向けに作るプロデューサーの立場でいくつかの会社に関わってきた。その経験をもとに、３部作の前2作品では日本と海外の「地域差」と「メーカー／ユーザーの差」の変化を描いてきたが、本作は「世代差」に挑むものである。

Z世代（１９９５〜２０１０年生まれ）、すなわちデジタルネイティブとして10代をスマホとともに過ごしてきた初めての世代のエンタメ受容行動は、それ以前の世代とは明らかに異なる。彼らは自分の写真や動画をネットに上げ、自分が表現することがそのまま誰かに届くことを生まれながらに享受してきた世代である。いわば「アップロードネイティブ世代」でもある。それは我々ダウンロード中心の世代とは根本的に異なる。

彼らが「歌ってみた」「踊ってみた」の動画をアップし、エンタメへの関与を表明することに、果たしてどんな社会的意味があるのか。それはただの享楽的な時間消費に過ぎないのだろうか。本書では、Z世代が牽引する変化を中心に、エンタメを発信源として進行しつつある世界的な変化、特に日本社会の変化について語っていきたい。

エンタメの歴史と変化はメディアのそれと表裏の関係にある。ここでエンタメとメディアの歴史をざっと振り返っておこう。

19世紀まで「マスメディア」は存在しなかった。放送も配信も出版も確立されていなかった時代、エンタメは劇場などを通じて提供されるもので、基本的に「ライブを流す」ものであった。その場で生成し、目の前にいる人を楽しませる。伝播の仕方は原始的で、どれほどの傑作であっても視聴者は数百人から多くても1万人が限界であった。

だが20世紀のエンタメはマスメディアの勃興をもって大きく変わる。即興演劇やスポーツの熱狂を１００万人に同時に伝える手段が現れた。映画・本・雑誌・新聞・ラジオ・音楽・テレビは、エンタメをパッケージ化し、アーカイブとして残すことで、繰り返し視聴することを可能にした。まるで冷凍食品をレンジでチンをするかのように、いつでも誰でもその時の面白さや興奮を（部分的に）再生することができる。「アーカイブ化したものを全国１００万人に流通させる」という形式がエンタメの根幹を握ったのが20世紀なのだ。

この時代が長くなれば長くなるほど、「流す」機能としてのプラットフォームが力を持つようになる。テレビも劇場も書店も、その顧客・商圏の独占性によってクリエイターを囲い込み、次第にそのメディアを通じてしかユーザーと向き合えない時代になってくる。作り手は次第に自分自身との対話よりも、流すメディアが何を言っているかを気にしながら創作を行うようになる。創作活動は徐々にB toCではなくB toBの様相を帯びるようになる。

20世紀に確立されたこのマスメディアの世界に、〝破れ〟ともいえるイレギュラーを発生させ、逆回転の事例をもたらしているのは、2000年代のネット浸透とデジタル世界である。誰もが情報発信の手段を得て、それまでマスメディアが流すエンタメを享受するだけの存在だった人たちが、自ら「創る」「参加する」といった活動を始めた。

その場となったのは、誰もが知るマスメディアとは対極的な、マイナーなクリエイターのためのメディアである。ニコニコ動画、ユーチューブ、TikTok、pixivなどにアップされた「アマチュア」の創作には、プロのクリエイターの作品を勝手に使った「二次創作」も多く、当初から海賊版として誹《そし》りを受けるようなものだった。だが、2010年代に再び「ライブ化」していくメディア空間で「アマチュアの二次創作」は「推し」という形で積極的に受容されていく。ファンも一次創作の〝共犯者〟となって人気を盛り上げ、オリジナル自身もそこに乗っかって一緒にお祭りを演出していくのだ。

「ライブ化」したネットメディア上には、新しい「プロ」が登場する。視聴者の反応に即興性をもって応えるライブ配信者やVチューバー[01]のような存在である。彼らはマスメディアが支配するエンタメ世界では「アマチュア」に過ぎなかったが、自分たちのマイナーなコミュニティにおいては「プロ」である。口コミで広がるそのパフォーマンスに、Z世代は酔いしれる。

そして民衆の中からの成功者として、2020年代にニコニコ動画やボカロ（ボーカロイ

01 Vチューバー（VTuber）：CGのキャラクター（アバター）を使った動画投稿・生放送を行う配信者。バーチャルユーチューバーの略。

ド）から生まれた多くのトップクリエイターたちが、今やメジャーメディアであるテレビやアニメの世界を席巻している。

我々がこの１００年で推し進めてきた「１００万人に届けるためにパッケージ化され、冷凍食品を解凍するかのように楽しんでもらう」という映画・本・雑誌・新聞・ラジオ・音楽・テレビのあり方が、ここ10年で劇的に変わってきている。円本ブームが興り、ミリオンセラーが初めて生まれる昭和1年（１９２６）から数えて、現在は昭和99年（２０２４）年になる。１００年かけて日本の隅々まで浸透したメディアとコンテンツの大量流通モデルは、今後は崩れ行くばかりだろう。すなわちマスの崩壊である。

20世紀のマスメディア化・アーカイブ化からの反転として、21世紀にマイナーメディア化・ライブ化していくというトレンドは、我々の近代のアイデンティティのあり方も大きく揺るがしている。それはエンタメの消費行動のみならず、人々の自己認識や社会的交流の在り方にも大きく影響する。これが本書において語りたい一大テーマである。

時代は「ダイナミックアイデンティティ」に変わってきている。この１００年間、我々はマスメディアによる思考のパーティションで仕切られ、数千万人や数億人が１つの概念を共有して生きてきた。次の１００年間はそのパーティションを融解させていく時代になる。

自らが自分の生きやすさに合わせてアイデンティティをダイナミックに操縦し、あざとくなめらかに可変させていく。「普通は」から「自分は」になっていく世界線[02]である。皆がアバターをつけかえながらハンドルネームで〝実社会〟を構成していく。

02 世界線：もともとは相対性理論で使われる物理用語だったが、「自分が暮らしている世界とは別の世界（パラレルワールド）」を意味する言葉として使われるようになってきた。

本書の構成は以下のようになる。

第1章では、ここで述べてきたことを引き継いで、問題提起を行う。最近のヒット作などエンタメの動向を見ていきながら、Z世代が加速している社会の変化、すなわち「ダイナミックアイデンティティ」について論点を広げていく。

第2章では、消費者として受動的にコンテンツを受け止めるだけだったアマチュアたちが、シェアと共感によって自分たちの創作を広げていった過程について述べる。ネットの新たな流通インフラが登場した2000年代半ばからの変化から説明していく。

第3章では、ファンダムについて語る。ファンがクリエイターと直接つながる手段を手に入れたことで、スターを発掘して育てるのはマスメディアの独占物ではなくなった。

第4章では、「古臭いもの」とみなされてきたゲームセンターなどのリアル空間がライブ要素を手に入れ、復活してきている様子について述べる。Vチューバーなどが求めているのは、ユーザーとの物理的な接触を持てる空間、偶然の出会いがある空間なのだ。一周まわってこの〝本当の世界〟がいかにエンタメを包含しながら、ライブでダイナミックなサービス業になってきているか、ということについて語っていく。

第5章は、それらすべての前提が始まる100年前の話に巻き戻る。始まりを知らずして終わりを知ることはできない。そもそもなぜマスメディアが生まれたのか。それがいかに我々を「一元的アイデンティティ」に閉じ込め、一方で革新的カルチャーを生み出してきたのか。マスメディアと日本社会について語る。

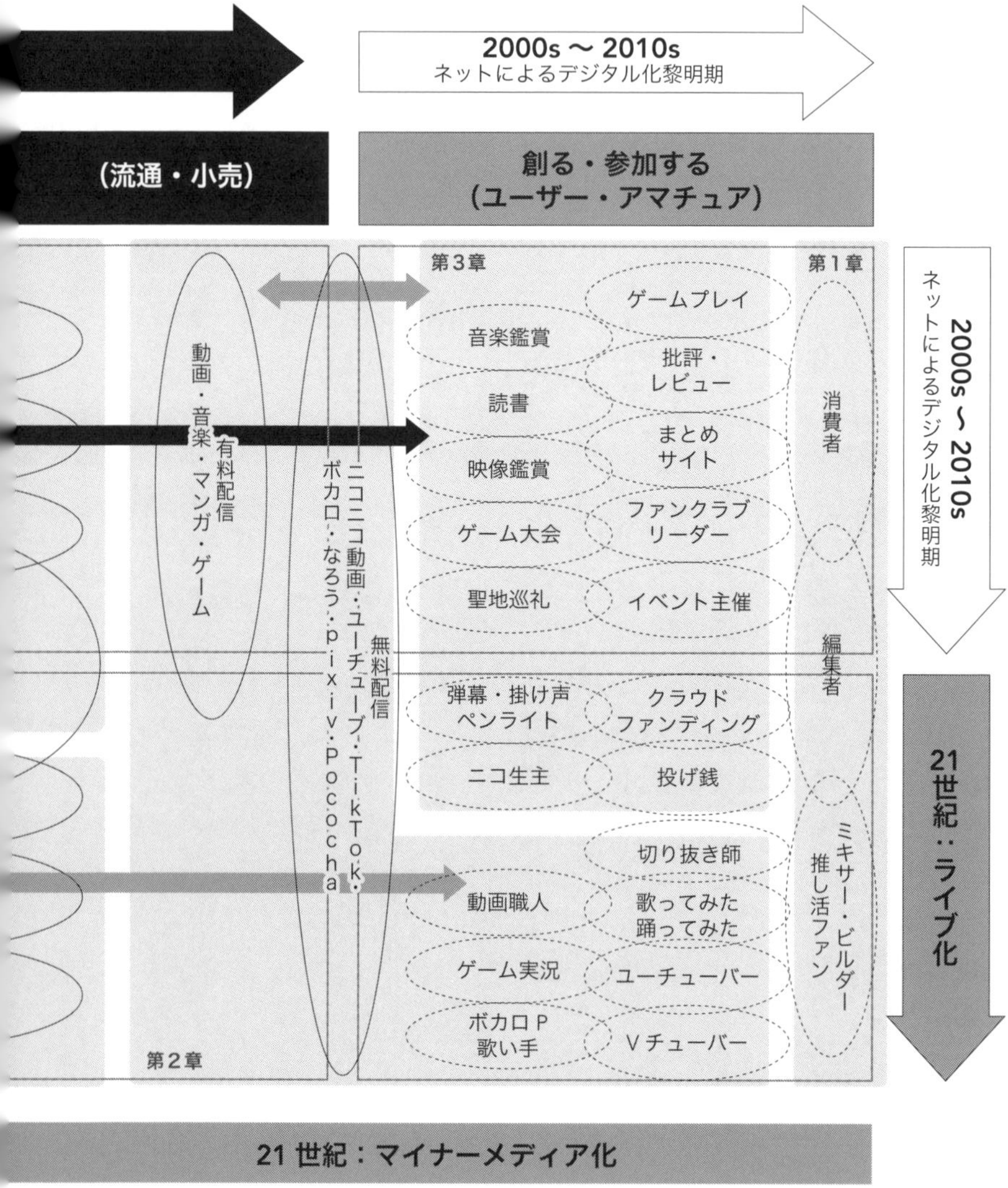

2000s 〜 2010s
ネットによるデジタル化黎明期
（流通・小売）
創る・参加する
（ユーザー・アマチュア）
第3章
第1章
ゲームプレイ
音楽鑑賞
批評・
レビュー
読書
まとめ
サイト
映像鑑賞
ファンクラブ
リーダー
ゲーム大会
聖地巡礼
イベント主催
弾幕・掛け声
ペンライト
クラウド
ファンディング
ニコ生主
投げ銭
切り抜き師
動画職人
歌ってみた
踊ってみた
ゲーム実況
ユーチューバー
ボカロＰ
歌い手
Ｖチューバー
第２章
動画・音楽・マンガ・ゲーム
有料配信
ニコニコ動画・ユーチューブ・TikTok・
ボカロ・なろう・pixiv・Pococha
無料配信
消費者
編集者
ミキサー・ビルダー
推し活ファン
2000s 〜 2010s
ネットによるデジタル化黎明期
21世紀：ライブ化
21 世紀：マイナーメディア化

図表0　クリエイターワンダーランドの全体像と本書の構成

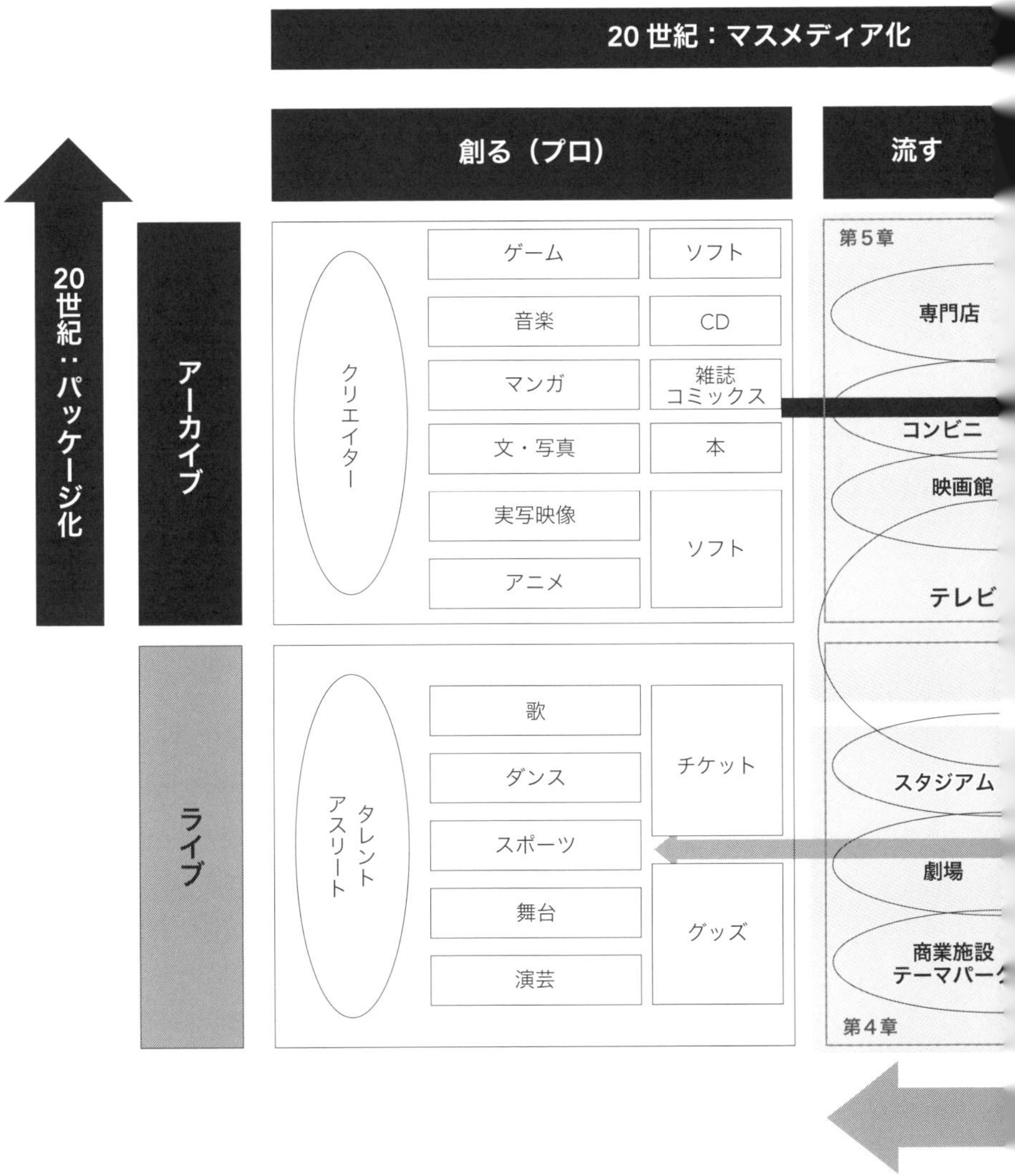

（本文中は敬称略）

第1章

Ｚ世代のエンタメ行動とダイナミックアイデンティティ

1-1 YOASOBI『アイドル』が世界を席巻

トンデモなストーリーを取り巻いた愛あふれる連作

『【推しの子】』というアニメのオープニング楽曲をYOASOBI[01]が歌った『アイドル』が、日本発の音楽として前人未踏の領域に達した。

Billboard Global Excl. US（米国を除いたグローバルランキング）で日本楽曲として初の総合1位を獲得し、アニメ配信期間の前後あわせての4か月間、米国を除く全世界で、ずっとヒットチャート1位を続けていた。日本独自のランキングではない。スポティファイからサウンドクラウドまで世界の配信サービス視聴全体を入れたランキングである。

さらに『アイドル』は、アップルミュージックの「2023年トップソング100：Sing」で世界1位、グーグルの2023年検索ランキングでは「Songs」カテゴリーで世界1位になった。もちろん日本国内での人気もすさまじく、2023年の音楽チャートを総なめして、タイトル77冠を獲得したのである。[02]

この快挙の経緯と背景を見ていくと、そこにはエンタメにおける新世代の台頭、彼らの創作活動の特徴、その人気沸騰を演出するファンのエンタメ受容行動など、従来のヒットの法則とはまるで違うメカニズムが働いていることがわかる。

01 YOASOBI：2019年10月にソニーミュージックからデビューした音楽ユニット。作詞・作曲のAyase、ボーカルのikuraの2人組。ソニーミュージックが運営する投稿サイトの小説を楽曲化するプロジェクトから、「小説を音楽にするユニット」として誕生した。デビュー曲は『夜に駆ける』。2020年には「ヨルシカ」「ずっと真夜中でいいのに。」と並んで「夜好性アーティスト」として一世を風靡する。

02「YOASOBI、2023年年間タイトル77冠を獲得！ 2タイトルで全世界1位に」THE FIRST TIMES 2023年12月30日　https://www.thefirsttimes.jp/news/0000369244/

まずは【推しの子】の原作について振り返ってみよう。

【推しの子】は2023年4〜6月にTOKYO MXなどで放送されたアニメだが、その原作となるマンガは2020年4月から『週刊ヤングジャンプ』で連載されてきた。原作者は赤坂アカ[03]、作画は横槍メンゴ[04]である。

その物語は、アイドル「アイ」の担当医男性とその患者だった女の子が死亡し、アイが産んだ双子として生まれ変わるという話である。アイは2人を産んだ4年後、熱狂的なファンによって刺殺されてしまう。アイの子供2人には前世の記憶が残っていて、〝伝説のアイドル〟の双子が、芸能界に翻弄されながら復讐を果たそうとする、というトンデモなストーリーである。

ドラマ化や2・5次元舞台化など芸能界の裏側のテクニカルな話と、キャラクターの魅力で、一躍人気を集めたが、マンガの段階で非常に人気があったというわけでもない。約3年の連載期間中、2021年8月に「次にくるマンガ大賞2021　コミックス部門」で1位に輝き、2022年6月に翌年春のアニメ化が決定したタイミングで、初めて公式ツイッター（現X）でも17万もの「いいね」や「リツイート」がついている。それまでは10万どころか1万すら反応がなかった状態だった。

そのマンガに注目してアニメ化を主導したのは、連載していた集英社ではなく、ライバル出版社のKADOKAWAである。KADOKAWAのアニメ部門にいた吉岡拓也が切望し、同時期にアニメ制作会社の動画工房とアニメ化を検討していた山下愼平とともに2人プロデューサー体制でアニメ化を推進した。

マンガの連載費用は数か月で数百万円だが、アニメ化となると2年かけて企画から制作まで

03 赤坂アカ：1988年生まれのマンガ家。2015年から『ミラクルジャンプ』（集英社）に連載した『かぐや様は告らせたい』はアニメ化・実写映画化もされた。

04 横槍メンゴ：1988年生まれのマンガ家、2009年にデビューし、『クズの本懐』（2012〜18年、『月刊ビックガンガン』）を出世作とする。

2億～3億円を投じるプロジェクトとなり費用は2ケタも跳ね上がる。そのプロジェクトの推進は、週刊連載の人気を上げることに集中する編集者には不可能だ。そこで純粋にアニメ化に期待値をもったKADOKAWAのアニメ部門が手を挙げた。

【推しの子】の公式ツイッターのフォロワー数は、アニメでよくありがちの「4月スタート時点が頂点」ということはなかった。3月末19万⇓4月末44万⇓5月末58万⇓6月末67万と伸び続けた。

驚くべきはユーチューブチャンネルの登録者数の伸び方で、並みいる人気アニメが1万もいかずに苦労しているところ、3月末7万⇓4月末23万⇓5月末35万⇓6月末53万と、3カ月間天井知らずに伸び続けた。ユーチューブチャンネルの月間動画再生回数は、4月2800万回⇓5月3000万

図表1 【推しの子】の公式ユーチューブ、ツイッター、グーグルのトレンド

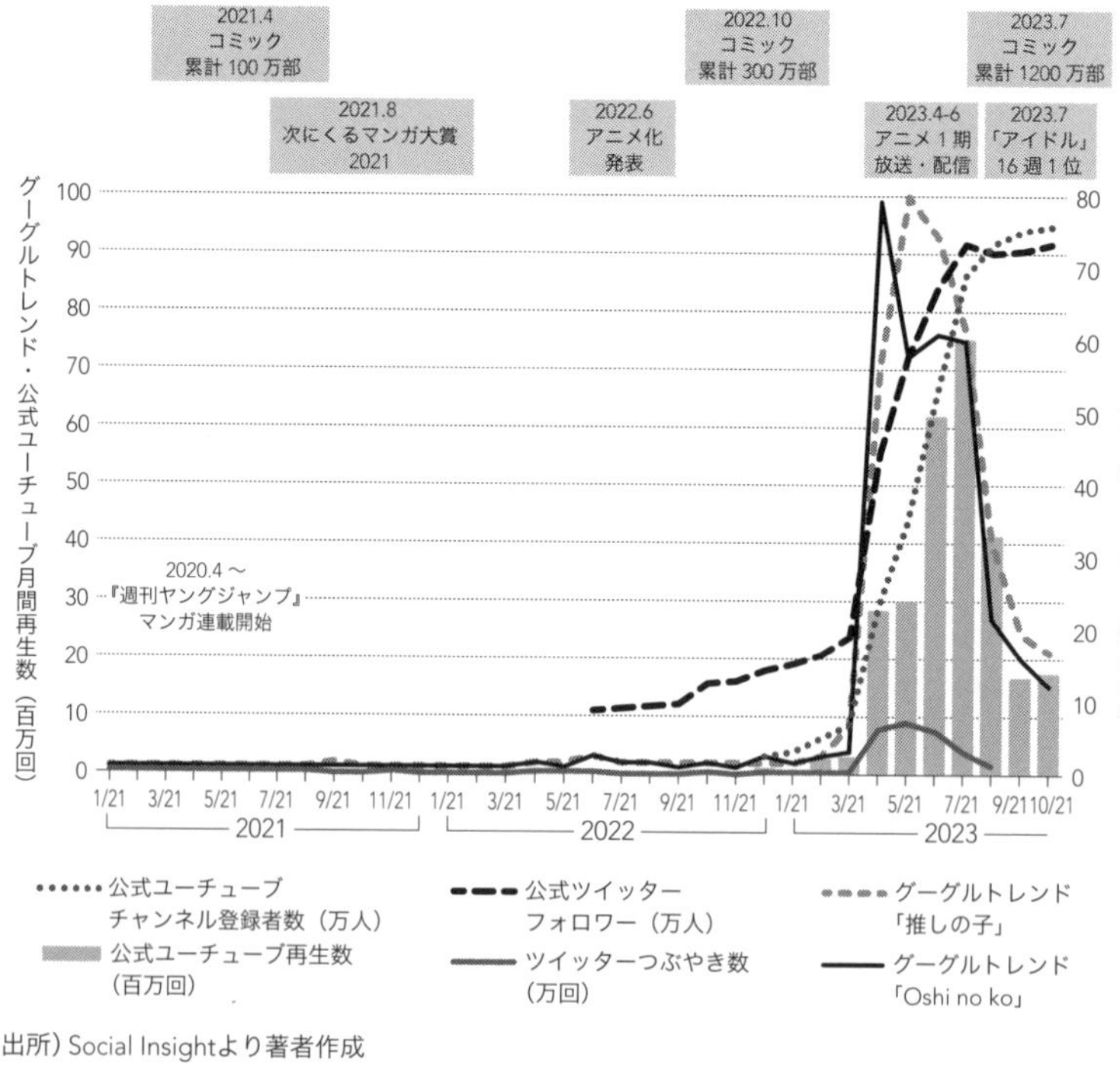

出所）Social Insightより著者作成

回⇓6月6200万回⇓7月7500万回とアニメ終了後も上がり続けた。

コミックスは2023年7月に12巻で累計1200万部に達した。連載開始1年後の時点で100万部（2021年4月）、3年で300万部（2022年10月）だったが、アニメ配信後の3か月で4倍に膨れ上がった。

なぜこれほどバズったのか。第1の理由が主題歌『アイドル』である。YOASOBIで作詞・作曲を担当するAyaseは、原作をダイナミックに〝解釈〟した。メロディ・テンポ・リズムなどの斬新性は音楽専門家の意見に任せたいところだが、アイドルであったアイのウソや秘密が暴かれる中で、虚実ないまぜの芸能界での処世術を学んでいく世界観が存分に凝縮された作詞とメロディは、マンガを知る視聴者にすら驚きを与えた。楽曲でスポットがあたっているのは、第1巻ですでに故人となっているアイという母親なのだ。アイにとらわれ続ける人々の心理が、存分に表れた楽曲であった。

【推しの子】の作画を担当した横槍メンゴが試写会後（テレビアニメ第1話は90分と通常の3倍の長さで制作され、放映開始の4か月前に先行劇場上映された）の2023年3月17日、ツイートでこうつぶやく。「なんかもちろん…すべてが超絶クオリティで、それに圧倒される気持ちもあるんですけど、何より私が泣いちゃったのってすごい『愛』が溢れた仕上がりだったからで…『愛』なんですよこの映画　とても愛なので　ぜひ…よろしくお願いします」。

マンガを描き上げた本人が、マンガから生まれていったアニメや声優・楽曲など〝連作[05]クリエイター〟たちの愛あふれる連携に、感動し、泣いている。作品が作者本人のみならず、関係者や連作クリエイター、そこに二次作品を派生させるファンまでも含めて「愛をもって運ばれ

05 連作：「連作」とは、一般的には1人の作者が同一の題材で一連の作品を発表することを意味するが、本書ではオリジナル作品をもとに他人が派生作品を発表する意味で使う。

「ていく」状態は、10年前にはあまり見られなかった現象だ。

作者本人の感動がてらいもなく表現され、その表現がさらに多くの表現を生み出すことも含めて、新しいテクノロジーが運んだ結果でもある。そう、つまり【推しの子】と『アイドル』のヒットには第2の理由、「連作クリエイターの動きを触発した」ことが大きく効いている。

1人の原作が1億人に届き、1000人の連作がさらに1億人に届く

Ayaseも横槍もメジャーステージでの活躍の10年以上前から、アマチュアとしてネットで様々な作品を発表し、パロディやオマージュあふれる連作を披露してきた。

AyaseはボカロP（ボーカロイドプロデューサー）出身で、「自分の声」を使わずに「歌」を披露してきたクリエイターである。2004年にヤマハが開発した音声合成技術「VOCALOID」が発売され、その技術を使った音声合成ソフト「初音ミク」が2007年に登場し、パソコンに楽曲を打ち込むことで人間の歌手の代わりに歌ってもらうことができるようになった。Ayaseだけでなく米津玄師などのヒットメーカーの多くが、ボカロPの出身者である（第2章参照）。

横槍メンゴも以前は「ヨリ」という名前でボカロPの楽曲につけあわせるイラストを描いていた。有名ボカロP「みきとP」の500万回再生を誇ったヒット曲「いーあるふぁんくらぶ」の絵は、彼女のものである。彼女のpixiv[06]を見れば、『チェンソーマン』[07]『呪術廻

06 pixiv：イラストやマンガなどの投稿を中心にした日本のSNS。ピクシブが運営。2007年9月にスタート。

07 チェンソーマン：「チェンソーの悪魔」と契約した少年・デンジの活躍を描くマンガ。作者は藤本タツキ。『週刊少年ジャンプ』（集英社）に2019年から2021年まで連載され、続編は電子書籍配信『少年ジャンプ+』に連載中。2022年にはテレビアニメも放送された。

戦[08]』『コードギアス[09]』の二次創作を惜しげもなく披露している。

Ａｙａｓｅや米津玄師に代表されるボカロＰ、横槍メンゴや森倉円[10]などのＭＶ（ミュージックビデオ）やキャラクターに絵をつけるｐｉｘｉｖ絵師たちは、〝連作〟のプロフェッショナルだ。誰かの作品にインスパイアされて、それをもとにして二次創作することにてらいがない。ツイッター（Ｘ）でためらいもなく推しのアーティストを公言し、体験してきたライブや映像の感想を述べる。

プロのアーティスト・作家が、お金にならないプラットフォームでシコシコと他の有名作品のファンアートを描くようなことが、数十年前はありえただろうか？　少なくともプロとして名前を出すなら、所属事務所がケアをしながら偽名で運用し、プロとしての自分とユーザーとしての自分を切り分けるのが当然ではなかっただろうか。

『アイドル』はオリジナルのミュージックビデオ１本が２０２３年４月だけで１億回以上再生されている。だが、そのまわりで約１０００人のクリエイターが二次創作として「歌ってみた」「踊ってみた」の動画を作成し、さらに１億回以上の視聴を積み増したのだ（図表２）。つまり〝本体〟が１億人に届く間に、〝連作〟として１０００人のクリエイターが援用し、平均10万人ずつがその連作を見ることで、２倍の広がりを見せた、ということになる。

連作した１０００人の全員が【推しの子】や『アイドル』に傾倒し、善意で持ち上げているというわけではない。人によってはバズっている流れに乗って自らのチャンネルへの誘導数を引き上げようという打算も働くし、ネタがないから自分もその連作で連載

08 呪術廻戦：人間の負の感情から生まれる呪いと、それを祓う呪術師との闘いを描いたマンガ。作者は芥見下々。『週刊少年ジャンプ』（集英社）に2018年から連載中。2020年からはテレビアニメ化されている。

09 コードギアス：超大国ブリタニア帝国に占領された日本＝エリア11に生きる2人の少年、ルルーシュとスザクの物語を描いたテレビアニメ。制作はサンライズ。2006年から「コードギアス 反逆のルルーシュ」が放映され、劇場版や続編も制作された。ゲーム化もされている。

10 森倉円：キャラクターデザインを手掛けるイラストレーター。ライトノベルの挿絵などから活動を開始し、最近の代表作はVチューバー『キズナアイ』のキャラクターなど。

動画の本数を上げているといった事例も少なくはない。だが動機がいかなるものであれ、原作に強く心惹かれるファンがその連作のクオリティを認めれば、二次創作で10万人がみるヒット動画になる。〝本作〟をより深く味わうために、ファンは〝連作〟の数多くのアレンジを視聴し続ける。

これは２０１０年代後半以降のアップロードカルチャーがくみ上げた「新しいヒットの法則」である。「歌ってみた」「踊ってみた」という「ファンの参加行動」は、もはやヒット作品にとって切り離すことのできない要素になった。

図表2　ユーチューブにおけるYOASOBI『アイドル』の「歌ってみた」「踊ってみた」動画投稿状況と視聴回数

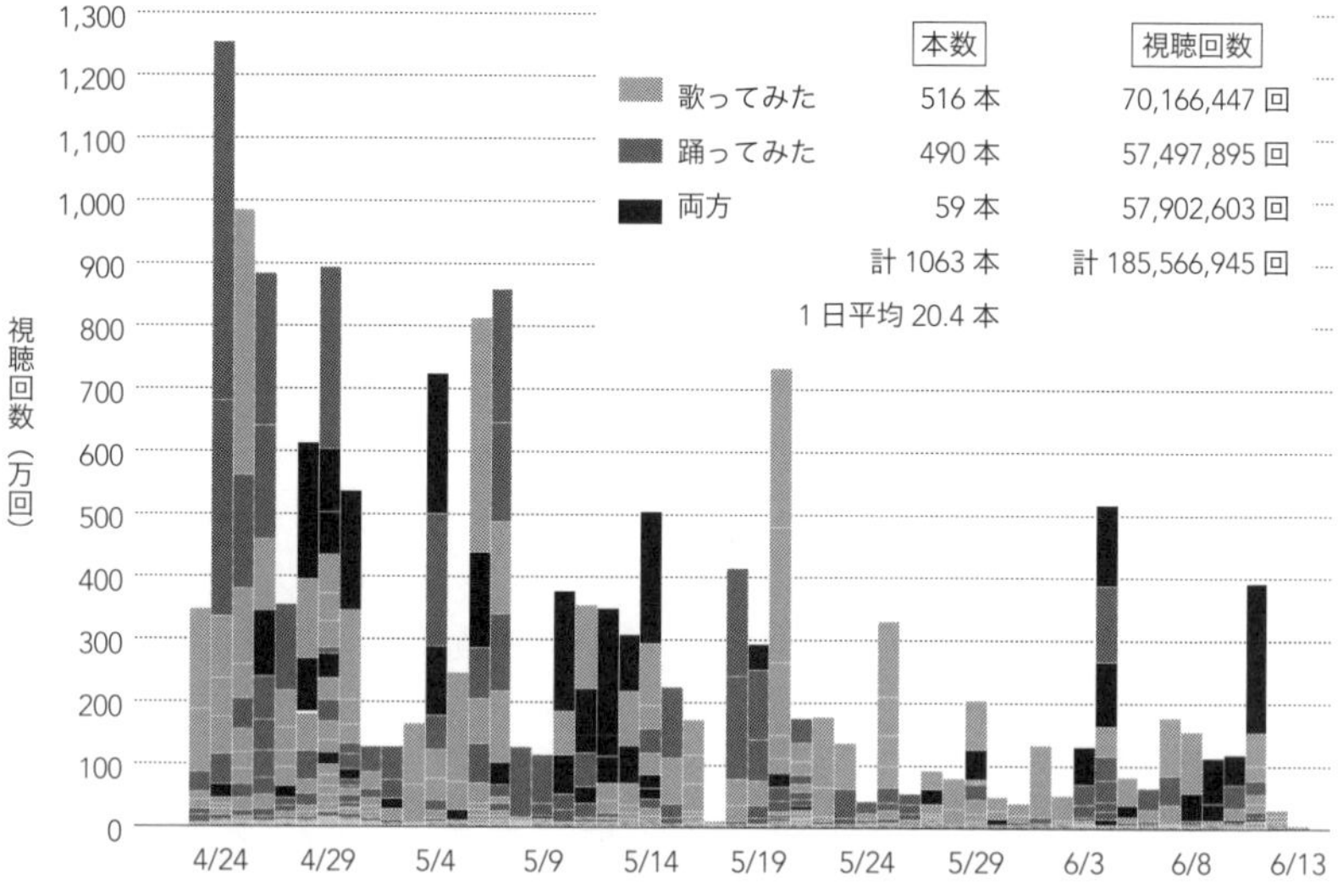

出所）こちら徒然研究室（仮称）　https://note.com/tsurezure_cat/n/ndc0bcb990f1f

1-2 ダウンロードカルチャーからアップロードカルチャーへ

リアルをデジタルにつなぎ直したY世代、デジタルからリアルを抽出するZ世代

テレビ世代である団塊ジュニア（1970年代生まれ）や、ゲーム・アニメ世代であるY世代・ミレニアル世代（1980〜94生まれ）にとって、デジタル空間は「仮の空間」だ。リアルの世界・社会を前提として生まれ育ち、20〜30代になってからインターネットとスマホを使うようになったこの世代は、あくまで「リアルを補完するためのデジタル」としてこの空間に接している。デジタルの奥行を無邪気に使いきるほど、ネットを信用できていない。

2000年前後のインターネット空間は、油断すると2ちゃんねる[11]で罵詈雑言の的になり、カード番号がハッキングされ、ドラッグ売買まで行われる非常にアングラな世界だった。そして写真・動画を投稿するのには一苦労だった。

SNSやスマホの整備とともに、10年以上かけてようやくネットは信用できて使いやすいものになっていった。だが、それでも我々の世代は、ダウンロードはすれど、自分のパーソナリティ情報をネットにアップロードしていくのには、いまだに躊躇がある。

11　2ちゃんねる：1999年に開設された日本最大級の電子掲示板サイト。西村博之（ひろゆき）によって個人サイトとして開設された。多種多様な話題について議論するスレッドが立てられ、匿名であるがゆえに偽情報や中傷などの問題も抱える一方で、インターネット文化に大きな影響を与えてきた。

１９８０年生まれの私は、２０００年代にフィルムカメラがデジタル化し、それまでに撮った写真をスキャニングして粗い画素数のデジタルに変換してストレージに保存するようになった。録りためた自作の音楽テープ・ＭＤを「永久保存」するためにクラウドに移し替え、同窓会名簿を読み替えるかのようにフェイスブックにつなぎ直した。「リアルを変換して保存し、代替するものとしてのデジタル」の利便性を大人になってから自覚した世代だ。あくまで「リアルを生きやすくする」ことが前提であり、直接顔を合わせたことがない「オンラインフレンド」は１人もいない。

Ｚ世代は、オンラインのみでつながる友人も多く、自分がどこに住んでいて何歳なのかすら伝えていない相手もいる。素性を明かさないことは関係性を結ぶ上でさして障害にならない。ハンドルネームから始まる関係性で、チャットしながら「声」はいつも聞いているし、長い時間をＭＭＯ[12]の中で一緒に過ごすから性格もよく把握している。趣味でつながっているからこそ「素の自分」でいられるし、「学校に行っていないから」「塾で成績が伸び悩んでいるから」といった社会的空間における自分を隅に置いて、気兼ねなく接することができる。

オンライン上での相性から始まり、オフ会で出会って本当につき合う関係性に発展することも珍しくない。永らくリアルでつき合ってきたかのように、長い時間をオンラインで一緒に過ごしてきている。相手のフィジカルな顔に多少の違和感をもちながら、むしろ「本当の中身」という意味ではすでにマッチしていることは証明済なのだ。

デジタルで出会いを効率化し、リアルで本当に相性がいい人たちを選択する。すでにデジタルはリアルを凌駕しはじめている。

12 MMO：Massively Multiplayer Online Role-Playing Game（マッシブリー・マルチプレイヤー・オンライン・ロールプレイングゲーム）の略称。インターネットを介して数百～数千人規模のプレイヤーが同時に参加できるロールプレイングゲーム（RPG）のこと。複数のプレイヤーとコミュニケーションをとりながらプレイできる。

まさに『マトリックス』[13]『ソードアート・オンライン』[14]『Ready Player ONE』[15]などの映像作品が20年かけて浸透させてきた感覚がリアルに身にまとえるようになっている。

世代によって「どんな状況でデジタルを使い始めたか」は全く異なる。デジタルがスラムのようだった2000年代初頭を味わっているY世代が、それを信用できないのもよく理解できる。だが2010年前後の整備された状態からデジタル空間に入ったZ世代は、過度に警戒が必要なほど失敗体験を積んでいない。それが中国産か韓国産かといったサービスの出自も気にしない。危ない要素が比較的に排除されており、誰もがデジタルをうまく使いこなしている環境から始まっているがゆえに、デジタルは必要不可欠なツールになっている。

「買わない」消費者たちが表現者になる

アップロードカルチャーは消費という一般的かつ一方向的な活動にも変化を与えた。「買う・買わない」といった二元論ではない。商品やサービスとの関わり方が多軸構造になってきている。「推しに100万円使った。沼にハマりすぎた」「延々とひろゆきメーカー[16]で面白い切り抜き[17]動画を投稿して、1万人登録まで到達、いつかひろゆ

13 マトリックス：仮想現実空間を舞台に人類とコンピューターの戦いを描いたSFアクション映画。1999年に製作された。監督はウォシャウスキー兄弟。主演はキアヌ・リーブス。ワイヤーアクションやバレットタイムと呼ばれる撮影法により革新的な映像を生み出し、世界的な大ヒットを記録した。

14 ソードアート・オンライン：仮想現実ゲームの世界を舞台にしたライトノベル。作者は川原礫。イラストはabec。略称「SAO」。2009年の作品。マンガ化、アニメ化、ゲーム化、テレビドラマ化など様々な展開が行われている。

15 Ready Player ONE：アーネスト・クラインの小説『ゲームウォーズ』を原作として、2018年に米国で製作されたSF映画。監督はスティーヴン・スピルバーグ。主演はタイ・シェリダンとオリヴィア・クック。

16 ひろゆきメーカー：西村博之（ひろゆき）のAI音声を作成するサービス。文章を入力すると、ひろゆきが実際に話しているような動画コンテンツを手軽に作成できる。SNSなどでシェアすることが可能。正式には「おしゃべりひろゆきメーカー」。

17 切り抜き：ネット配信された動画の一部を抜粋・編集してユーチューブなどに投稿すること。

き公認になりたい」。こうした〝愚かな〟所業を周囲の人々はどう思うだろうか。

我々は100年以上もの間「モノを購入する消費者」として誰もが経済活動に組み込まれてきた。「モノからコトへ」と消費対象が形のないサービスに広がってきたという言説は1980年代に一般化したが、それでもモノやサービス、体験を「生産」する作り手と、それを「消費」する受け手の二項対立の間には、厳然とした線引きがあった。だが2020年代という時代に入り、今後一般化するだろう動きは「消費そのものの融解」である。

2010年代のSaaSブームは、AWS（アマゾンウェブサービス）やネットフリックスとともに広がり、ユーザーが増えてもコストに大きく跳ね返らないサービス形態が一般化してくる。同時にスマホを手に入れ、自ら加工したりアレンジしたりポスト[18]したりと、モノやサービスを機能として〝乗りこなす〟ようなユーザーが増えていく。その中で、「消費」とは言えないような関わり方が多く見られるようになってきた。

そもそもGDPという取引額だけを測って、今の作り手と受け手の関係性を正しく表すことはできるのだろうか。2000年前後、世界では年間800億枚の写真が撮られていた。当時はフィルム現像で1枚50円、これだけで年4兆円ほどのGDP貢献があったとみなせる。では現在我々がスマホで撮っている年間2兆枚の写真は、どうだろうか。[19]コストゼロでお金が払われることはない無限の撮影行為があり、デジタルデータとして加工編集され、音楽をつけられ、サーバーに保管されるが、ごくまれにしか現像されない。市場規模は20年前とは比べ物にならないほどに小さい。

だからといって、「写真」の社会的価値は損なわれたと言えるだろうか。我々は20年前に比

18 ポスト：「postする」とは、投稿する、掲示するという意味。SNSやウェブサイトなどにコメントや画像や動画などを投稿、掲示すること。

19 ヨハン・ノルベリ（著）、山形浩生（解説）『OPEN（オープン）：「開く」ことができる人・組織・国家だけが生き残る』NewsPicksパブリッシング、2022

べて10倍以上写真を撮り、それを通じて無数にコミュニケーションを行うようになっているが、そこから生まれている「経済取引ではないもの」をどう評価すべきだろうか。

自給自足の農民人口の割合が5割を切った大正時代以降、雇用される「消費者」が急増してきた。そしてメーカーとユーザーはある種の敵対関係にあった。より良いものを安く手に入れる「賢い消費者」と、なるべく利益を確保しようとする「うまくやっている企業」との間には、利害不一致が存在する。時には「本来は価値ないものを高く売って業績を出す企業と騙される消費者」もしくは「チート[20]する消費者と真っ当な商売をしているのに取りっぱぐれる企業」といった構図が生まれることもあった。

だが21世紀に入り、ネットが消費者同士の「横の関係」を大規模化した。公式の広告は当てにせず、インスタグラムとＴｉｋＴｏｋであらかた商品の体験・レビューを確認したうえで購入し、もし失敗だったとしても最悪メルカリで売ってしまえばよい。〝損切り価格〟も確認できるため、勇気を持ってＥＣで現物も見ずに買い物ができる。「消費者」同士が結びつき、モノやサービスの購入は多面的になっている。

もはや「消費者」とはいえない無料経済圏の中に埋没しているユーザーも数え切れない。ＳＮＳで私生活をポストしあうのも、ゲームで一緒にオンラインプレイするのも、「遊び」である限りはあまり社会的な活動とは言えないかもしれない。スマホのおかげで、1日16時間起きている間は常にオンラインというユーザーは、検索とボイスチャットと骨伝導イヤホンによってネットを自らの頭脳として身体化し、行動や表現などが常時ネット上にアップできる前提での消費行動を旨とするようになる。そうした「新人類」はコロナのロックダウンの最中でも

20 チート（cheat）：いかさま、ごまかし、詐欺などの意味を持つ英単語。ゲームの世界では、ルールを破って有利に立とうとする行為を指す。

制約なく飛び回ることができ、旧世代もまたストレスを押し殺してそこにキャッチアップをするほかなかった。

ネット上で様々な活動に手を広げている人々は、もはや「消費者」という枠に落とし込むにはあまりに多様であり、購入するか否かというのは単なる1つの局面に過ぎない。広告を浴びせかけ、ECなり小売店舗で商品を購入してもらう対象とみなすことはあまりに〝20世紀的〟すぎるのだ。スマホで広告を見て購買行動に移る人など、視聴者の0・06％しかいない。[21] 99・94％の「ただ視聴だけをしている人びと」を、企業にとっての味方にするにはどうすればよいのだろうか。

ミキサー、ビルダー、推し活というアマチュアの参加行動

図表3はネット上でのエンタメ活動を分類したものである。かつてはカルチャーの担い手はクリエイターとキュレーターであり、消費者はコンテンツを鑑賞するだけだったが、その境界はあいまいになってきた。

ＴｉｋＴｏｋで「#アーニャピーナッツが好き」ダンス[22]をするRemixer（ミキサー）もいれば、流行のファンアートをｐｉｘｉｖに上げるTaste Maker（推し活ファン）もいる。フォートナイト[23]に緻密な「渋谷の街」を再現し数千人の遊ぶ空間をつくるWorld Builder（ビルダー）は、もはやそのマインドがクリエイターのそれと遜色ない。彼らは、直接的な消費活動ではないが、「表現」に加担し、商品や作

21 ジョージ・ギルダー（著）, 武田玲子（翻訳）『グーグルが消える日 Life after Google』SBクリエイティブ、2019

22 ジャンプ＋で連載されてきた『SPY×FAMILY』の主人公アーニャはピーナッツが好きなことで知られるが、その発言がアニメ配信された第1期アニメシリーズの2022年4月に、その声色と表情を真似てアップする動画がTikTokにおいてバズった。

23 フォートナイト（FORTNITE）：米エピックゲームスが2017年にリリースしたオンラインゲーム。無料の「バトルロイヤル」モードは、100人のプレイヤーが島に上陸し、武器やアイテムを収集しながらバトルを行い、生き残った1名（もしくは1チーム）が勝利する。ゲーム内で資材を集めて建物を建てることもできる。自分でゲームを創ることができる「クリエイティブモード」もある。

品の一部を取り込みながら、まるで販促活動の協力者のようなふるまいをする。

　デジタルでは「情報を受け取る」という受動的な対応が、最適解ではない。それは自ら種目を選んで出場できる体育祭で、何の競技にも出場せずにただ傍観をしている参加者のようなものだ。デジタルは消費者に対して能動的にふるまえる空間を提供している。ECでモノを買う、動画を視聴する、クラウドファンディングでお金を寄付する、といったアクションは旧来の購買活動の延長線上にある初歩的な消費である。

　ECで買ったモノにはレビューもするし、体験記を通じてモ

図表3　ビルダー、ミキサー、推し活ファンの台頭

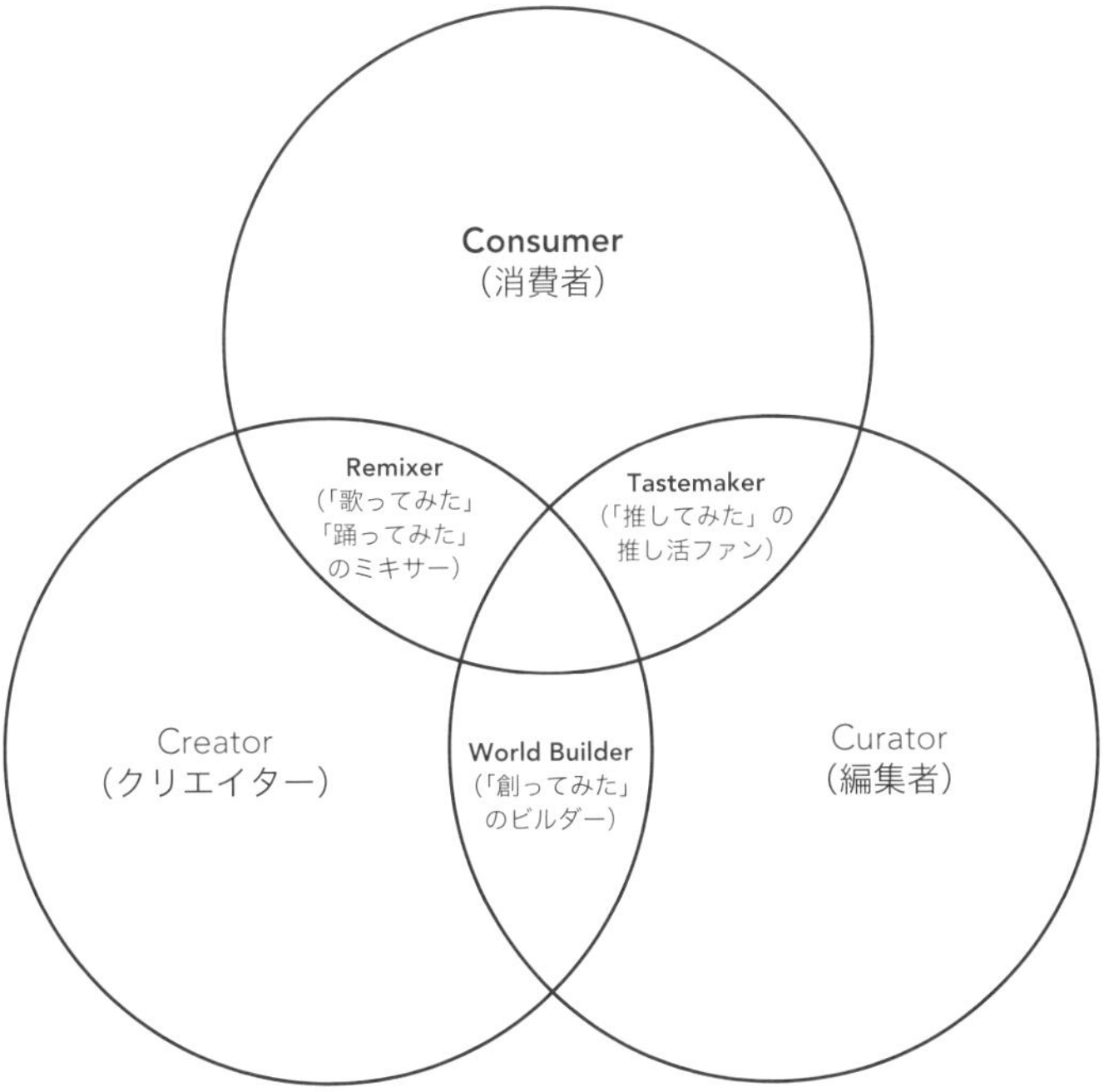

カルチャーを生み出す人間は「クリエイター」「キュレーター」という図式が一般的だった時代から、「リミキサー」「テイストメーカー」「ワールドビルダー」にも分散化

出所）OFF TOPIC「2021 year in Review: Composing Culture」を基に著者作成

ノとのつながり方も変わる。動画視聴ではツイッター（X）のタイムラインとの並行視聴が欠かせない楽しみだ。「周りがどう消費しているか」は、コンテンツの面白さの1つだからだ。クラウドファンディングで寄付したところで、そのアーティストに関与できないのはもったいなさすぎる。Discord[24]で立ち上がっている寄付者たちとつながりを持ち、ときたまアーティスト本人がふらっと遊びに来る〝降臨〟のチャンスに本人に認知されることすら可能なのだ。ハッシュタグを駆使して、アーティストにリポストされることに命をかけているユーザーもいる。

「消費者」はときに「編集者」にもなり、「クリエイター」にもなる。その中間地点に位置づけられる〝新しいユーザー〟が「ミキサー」や「推し活ファン」、そして「ビルダー」なのだ。

彼らの目的は、必ずしも自分自身が舞台に立つことではない。自分が舞台袖で支援をすることによって、推しが舞台でより輝くことである。稀にそこから不世出のクリエイターが生まれ、自身がアーティストとなることもあるが、基本的には前に出るほど強い自尊心や自信があるわけではない。誰かをバックアップしたいという気持ちから始まり、自分にできることを模索した結果としての行動なのだ。

このような消費者の「役割」の多様化は、まるでコンテンツへの接し方が2次元から3次元に突然切り替わったようなものだ。ファミコン型コントローラー世代の消費者には「購入／消費／乗り換え」と3つのスイッチしか与えられてこなかったが、Z世代はいわばプレイステーション型コントローラー世代でインプットできるパターンが倍増し、「ミキサー／ビルド／インフルエンス」のスイッチも加わった。小さなクリエイティビティを発揮するような新設ボタ

24 Discord：2015年に米国でスタートしたチャットサービス。文字、音声、ビデオのチャットができる。ユーザーは「サーバー」を作ることができ、そこで仲間と交流する。当初はオンラインゲームをしながらコミュニケーションするためのサービスとして普及し、現在では一般的なチャットツールとして利用されている。

ンを使いこなせる中高年層が少ないのは、致し方のないことでもある。

「デジタル×能動」のエンタメ空間における百花繚乱

「デジタル×能動」。これがエンタメ育ち盛りの若者時代から「動き方のOS（オペレーションシステム）」として刷り込まれているかどうかの違いは大きい。Y世代以前は、ネットは「リアル購買空間の延長」だった。それはテレビを見ているのとさして変わらず、たくさん広告を見続けなければいけない空間であった。だから2000年代初頭のスラム的だったネット空間は、検索ワード1つでエロ画像に埋め尽くされたり、SEOをハックした質の悪いECサイトに飛ばされたり、個人情報を抜かれたりすることも多く、ネットは「信用ならざるもの」だった。

だがブログから始まり、Mixiに能動的に書き込むことが増えてきて、LINEなどクローズなネットワークで安心して「検索の外」でネットを楽しめるようになる。検索も効率化し、上位にはスポンサードかどうかのリンクも明示され、調べたいものとの連動性も格段に上がってきた。デジタルに能動的なアクションをしても、裏切りを受けることが減ってきている。

そしてスマホ普及によって、テキストや写真、動画に至るまで、加工の上でアップロードされる情報は爆発的に増えた。2010年代はUGC（ユーザー生成コンテンツ）の百花繚乱時代で、人々がアップロードするものが天文学的に膨れ上がった。Z世代たちの「デジタル×能動」の総量は、それ以前の世代の比ではない。さらにその先を言えば、この2010年代の蓄積が、２０２０年代にそれを〝食わせた〟ＡＩの進化につながっており、ネット化した意見や判断、情報がＡＩ進化の大前提にもなっている。

Ｙ世代まではダウンロードカルチャーであり、Ｚ世代からはアップロードカルチャーなのだ。何かを手元に置いておこうとするダウンロードは消費の原初的なスタイルで、それはクライアントサイドの携帯端末に見るべきもの読むべきものが保存されただけであり、何かを生み出すものにはならない。モノも体験も究極的にはその役割を「誰かとつながるためのもの」と思うのは、アップロードを表現手段に使うことが当然になったＺ世代からの特権である。単なる消費者から「推し活ファン」として周囲の友人をひっぱりこむことも、「ミキサー」として自分が目立つ道具にすることも、思いのまま。「デジタル×能動」が生み出すアップロードカルチャーは消費者を変貌させている。

前著『推しエコノミー』では「推し活ファン」について語ってきた。ただ、それはあくまで消費者が「消費の編集者」として自分なりにトレンドを押し上げ、人々に影響する楽しさに目覚めた「消費者変革の一派生」に過ぎない。そうした「推し活」だけでなく、ミキサーとして「歌ってみた」「踊ってみた」をアップしたり、ビルダーとして動画の切り貼りやファンサブ[25]をしたり、小説家になろう[26]やｐｉｘｉｖなど個人向け投稿プラットフォームで作品を発表したり、マインクラフト[27]やロブロックス[28]などのゲーム作成プラットフォームを使ってワールドを作ったりすることがもはや普通になっているのがＺ世代の特徴である。

まさに消費者世界がクリエイター世界とまじり合い、百花繚乱の表現空間のようにな

25 ファンサブ：テレビアニメなどにファンが独自に字幕を付けること。ファンサブを制作する一般人愛好家はファンサバー（fansubbers）と呼ばれる。

26 小説家になろう：無料の小説投稿サイト

27 マインクラフト（Minecraft）：ブロックを使って建物を建てたりモンスターを倒したりするゲーム。子供のプログラミング学習にも効果があるとされ、世界で最も売れたゲームでもある。

28 ロブロックス（ROBLOX）：ユーザーが自分でゲームを作成して共有し、他のユーザーが遊べるようにした米国発のプラットフォーム。基本的に無料で遊べる。

っている。経済的な部分とは切り離された世界で、ただ「遊んでいるユーザー」が時に消費者であり、時に編集者であり、時にクリエイターであるかのようにふるまう。

エンタメで起こっていることに注目することによって、今の社会変化の先を予見することができる。昭和を99年間牽引し続けてきたものに終止符を打ち、令和の時代を迎え入れることができたのだ。

1-3 Z世代の行動特性と影響力

日本では主役になれない

悲しいかな、日本ではトレンドセッターであるZ世代の人口は旧世代に比べて少ない。日本の年間出生者数は、団塊世代（１９４７〜49年生まれ）が約２５０万人レベル、その子供世代である団塊ジュニア世代も２００万人に及んだが、Z世代は１２０万人ほど。可処分所得の差も加味すると、「消費総量としての期待値」は上の世代の半分以下になってしまう。マスメディアやマス向けメーカーからしてみれば、「消費期待値」の低いこの世代に向けて商品を作ろうとはしないだろう。同様の理由でα世代と言われる現在の子供向け商品も、30年前とは比べ物にならないほど小規模だ。

必然的に日本のモノづくりは、中高年齢層向けに高い単価で商売するものへと変わってきている。もはや３００円の週刊マンガ誌を２００円で安売りしたところで、より広がるわけではない。むしろすでにファンとして成立している一部のユーザー向けに１０００円でコミックスを買ってもらうようにシフトするほうが合理的なのだ。

日本におけるZ世代は、消費の主役ではない。「若者」は、モノづくりメーカーのターゲットから外れてきている。でもこれは日本特有の人口問題でもある。米国の世代別人口を15年区切りで見てみると、ベビーブーマー世代からZ世代に至るまで7000万人前後のボリュームを保っている。継続的に移民を受け入れ、特に中米・南米から米国に入ってこようとする若者は引きもきらない。1人あたりGDPも伸びている米国にあっては、Z世代向けのトレンドセッター的なファッションや音楽は昔と変わらず旺盛に作られ続けている。治安維持や社会保障など別問題で様々な課題を抱えた国ではあるものの、若者世代への期待値という意味では米国は日本とは全く異なる環境にあるのだ。

　日本では、テレビ番組は50代以上に向けられ、玩具すらも大人向けホビーへ傾斜している。これまでの時代は「若者世代」は常にトレンドを牽引し、消費文化の最前線にあった。だが、Z世代の消費行動は特異で、GDPに表れないデジタルの領域で楽しむ「買わない消費者」となった。最先端のトレンドがデジタルの領域から生まれても、それが直接的にGDPを押し上げる要因になっていない。

図表4　日米の世代別人口構成

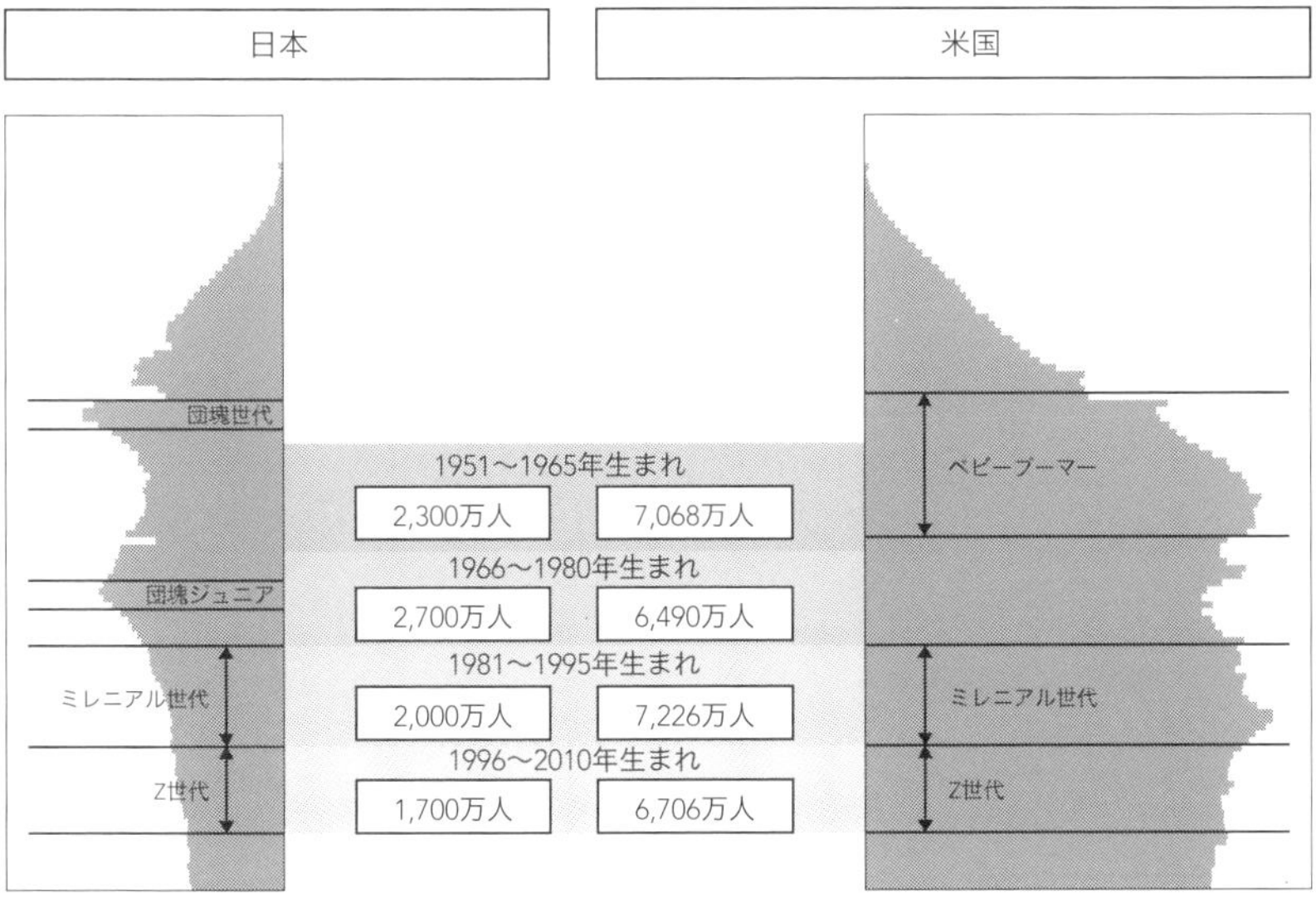

出所）総務省統計局、U.S. Census Bureau

「Z世代だけ違う」は世界共通の傾向

モバイルアプリの利用動向を見ると、Z世代（1995年以降生まれ）だけは違う結果を示している。図表5は、幅広いカテゴリーのアプリの利用動向を世代別に集計したもので、数値が高ければ高いほど世代の同質性が高いという指標である。100を下回っている場合は、使用しているアプリが分散していて、同世代でも同じ傾向が見えないことを意味する。この指標において、ベビーブーム世代（1947～1965年生まれ）からX世代（1965～1980年生まれ）、ミレニアル世代（1980～1995年生まれ）までは、かなり類似性がある。そうした中で、「教育」「書籍」「写真&ビデオ」「ミュージック」のジャンルのアプリに関しては、Z世代だけがZ世代的な使い方をしている。

注目すべきは、日本に限らず、米国や韓国、ドイツなどあらゆる国で「Z世代だけが違う」という結果が出ている点である。具体的にはLINE、Kakao、インスタグラム、WhatsApp、TikTokなどコミュニケーション系SNSの使い方が、深さも頻度も格段に異なっている。

アバターを使ったアプリゲームの利用者もZ世代以降に偏っている。中でも世界で「毎日」5000万人、「毎月」2億人がプレイしているロブロックスはその典型だろう。ユーザーの半分近くを12歳以下が占めていて、25歳以上は17%しかいない。[29] Z世代やその次のアルファ世代をターゲットにしたゲームとなっている。

29 ROBLOX、December 31, 2022

図表5　世代別のカテゴリー別トップアプリ利用動向

(数値が高いほど利用アプリが集中していて、100を下回ると同世代でも同じ傾向が見られないことを示す)

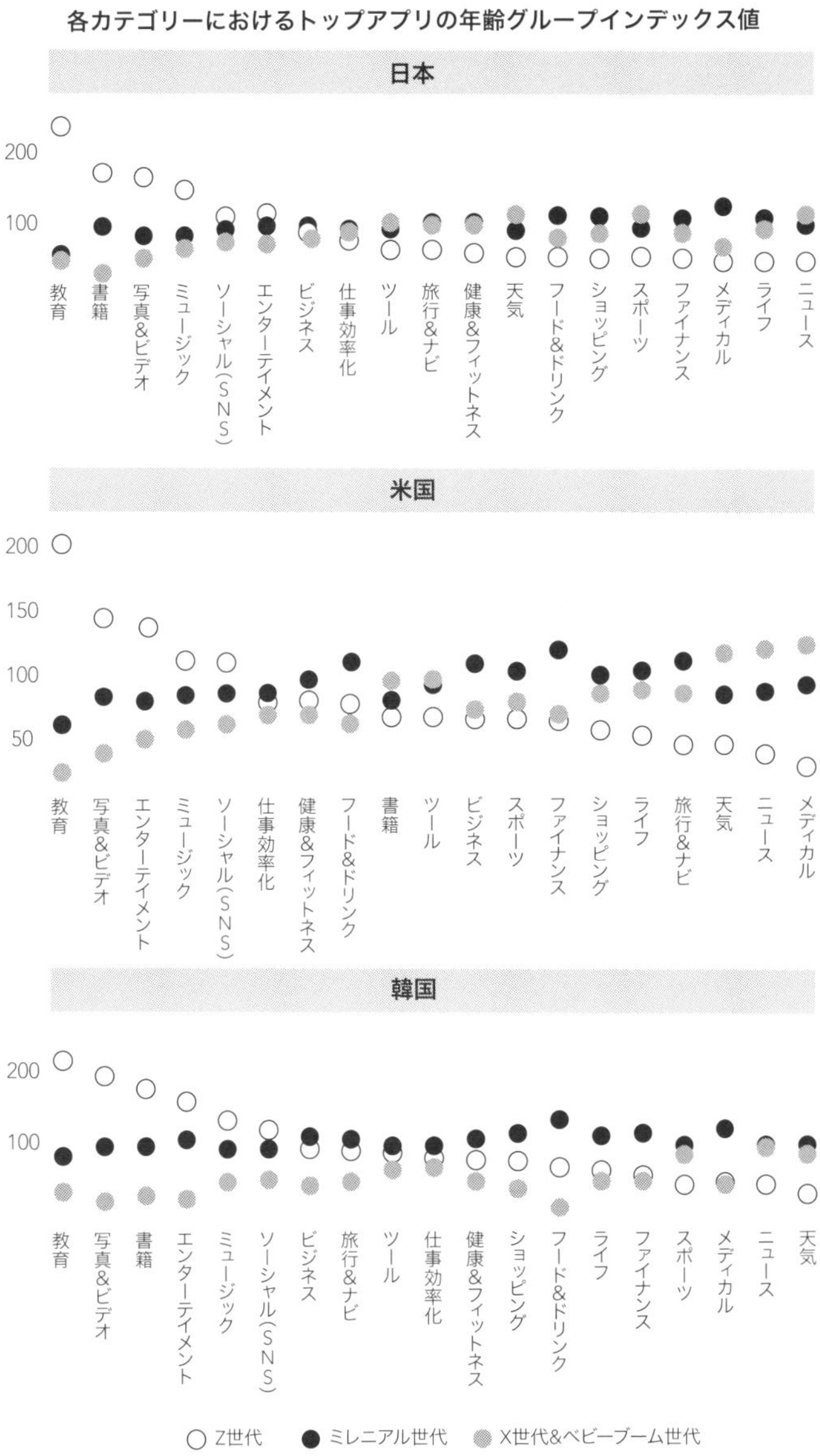

出所）App annieモバイル市場年鑑2022　https://www.data.ai/jp/go/state-of-mobile-2022/

若者は若者だけしか遊ばないものを好む。それに加えて日本における大きな特徴として、海外＝米国だったY世代以前と違い、Z世代は中国や韓国などアジア発の商品・サービスをためらいなく使う。そもそも、どの国を起点としたサービスかという観点すらない。ＴｉｋＴｏｋが中国発のものか、買収した米国企業発のものかなど、誰も気にもとめないのだ。

「エラー」と目される〝成功者〟たち

セクシャルマイノリティが増えた。不登校が増えた。配信者をしていて、ほぼ毎日ゲーム実況をしているが、学校には行っていない。大学に入っても、奨学金負担が重く、中退するようになっている。ＡＤＨＤや発達障害を自分の特性の一部としてさらりと告白する事例も多い。恋愛・結婚・出産といったキャリアステップを順番通りに登ることをよしとせず、自分の生活を優先するため子供なしカップルも増えている。立身出世を求めず、海外留学やチャンスとみなされる地方転勤を拒み、自分のライフスタイルを守ることを優先する。

こうした変化は、かつては「異変」「エラー」とされたが、今ではさして珍しいことではない。特に小学生・中学生の不登校者数の上昇ぶりは顕著なものだ。２０２１年には中学生３２０万人のうちの16万人、20人に１人（５％）が不登校になっている。１９８０年代には１％未満、２０００年代には3％弱だったが、その上昇曲線はコロナで加速した。

私は仕事柄、起業家やクリエイターと接することが多い。それこそ孫正義育英財団に入る天才児たちにも出会ってきた。驚いたのはそうした「Z世代の最先端」にいる若者の、小中学校における不登校比率が高いことだ。親との大した軋轢もなく、学校に行かなくても勉強がそこそこできるならそれでいいよ、と驚くほどすんなりと不登校を選択する。それで高校時代からビジネスをしたり、仲間を集めて起業をしたりして、10代にしてすでに起業2社目、3社目という猛者もいる。

Z世代の不登校は、我々がイメージしているものとは違う。彼氏彼女もいるし友達も多い。ちょっと授業が面白くなくて毎日欠席するようになる。親は許容していて、毎日のように会話もしている。友達とはオンラインでいつでも連絡がとれるから、むしろ休んでいるときのほうが頻繁

図表6　小・中・高の不登校生徒数／割合

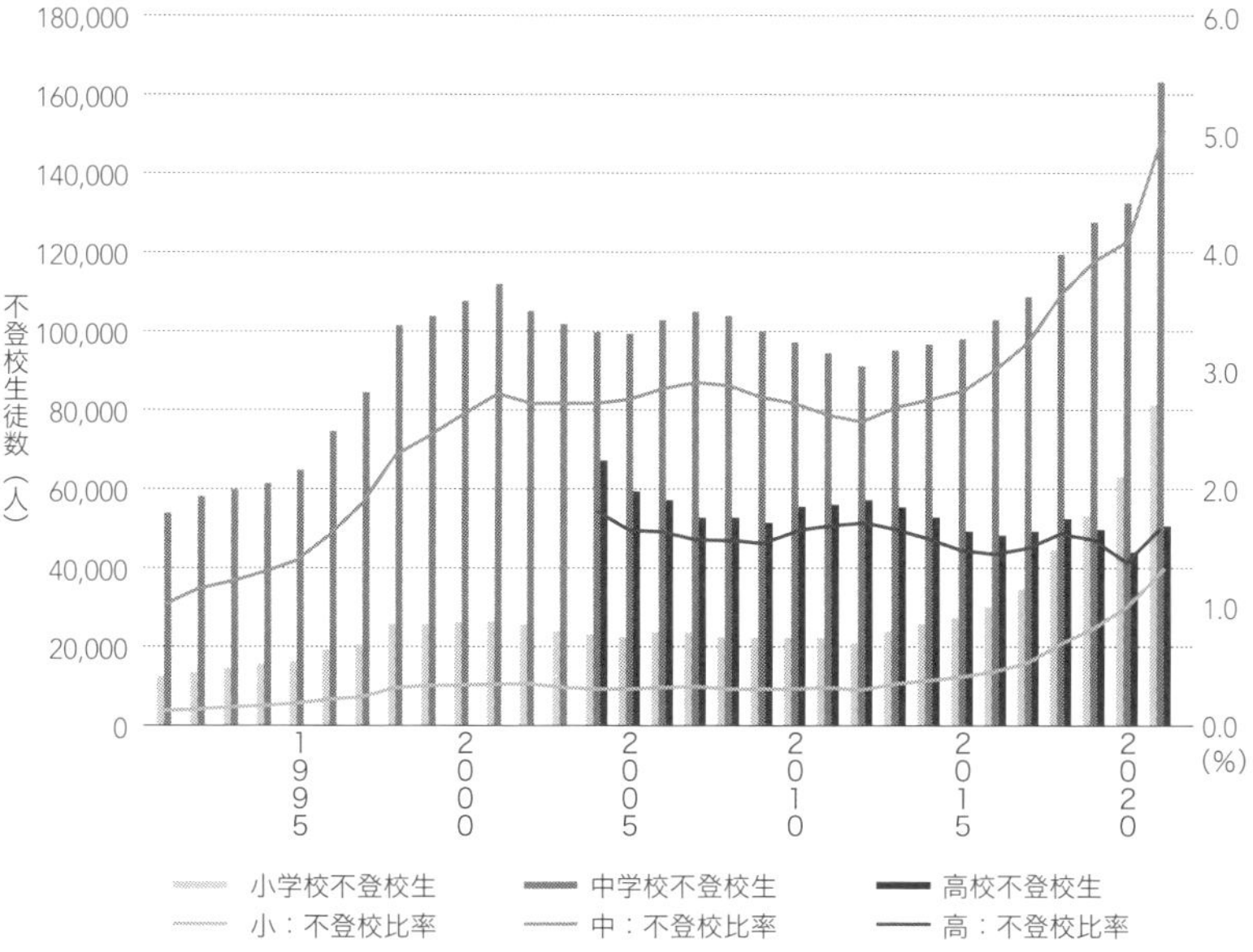

出所）文部科学省「学校基本調査」より著者作成

にやりとりがある。勉強は自分でやってしまえば、むしろ退屈な授業よりもはるかに効率的。

昔の不登校は「ヤンキーか引きこもりか」で、社会的空間から隔絶されていた。動画講義なんてなかったし、友人からは蔑視の目を向けられて、そしてなにより不登校は家庭内で疎んじられるため、圧倒的な孤立の中で〝病状〟は悪化するばかりだった。だがZ世代の不登校は断絶を意味しない。

ジェンダーレスの傾向も随所で見られる。例えば、ランドセルの色の選好すら昔とは違う。小学1年生になると男子は黒、女子が赤のランドセルを選ぶのが普通だったのは30年前の話。2022年のランドセル工業会の調査では、男子が黒を選ぶ割合は58・4％と6割を下回り、紺（ネイビー）の17・6％、緑（グリーン）の4・9％などが高くなってきている。女子においては赤がもはや17％と3位に落ちており、1位は紫／薄紫の24・1％、2位は桃色の21％である。「男は黒、女は赤」の二択時代ははるか昔の話でしかない。

〝エラー〟の比率が上がっているのは、どういうわけだろうか。人生の安全と安心を保証する「大人になる普通の道」からはずれる割合は、21世紀に入って徐々に上がってきており、特に2010年代後半になってからの変化は顕著だ。

ゆとり教育が原因だ、とは一概に言い切れない。厳密な意味でのゆとり教育は2002〜13年で、学習内容・授業時間が減らされ、「総合的な学習の時間」などが増やされた。その期間、不登校者は増えてはおらず、むしろ教育を元の方向性に戻し厳格化させていく2014年以降のほうが不登校率は上昇している。まるでZoom勤務に慣れた後の出社命令に、急に職場離れを起こした2022〜23年のサラリーマンのようだ。Z世代の1年目である1995年生まれは小1～高3までゆとり教育で終えたが、それ以降の子供たちは中学や高校から、ゆとり教育の揺り戻しを受けた世代なのだ。

２０１０代後半の環境変化は、スマホの普及、データ低廉化、ネットコミュニティサービスの普及によって「デジタルに〝場〟ができたこと」であり、これが不登校が増えた理由の1つと言えるだろう。20年前のネットは〝場〟としては不十分だった。2ちゃんねるに毎日書き込んでいたとしても、そこは人の気配こそあれどコミュニティにはなってなかった。当時は不登校になることが、あまりに覚悟のいる選択肢だった。

動画をアップすれば瞬時で反応がある。『ファイナルファンタジー14』に入ればいつもオンラインで一緒になる友人がいる。ＳＮＳを眺めるだけで1日が終わるくらい大量の情報と接している。デジタルの中に「社会」といえるような構造が出来上がったおかげで、終日家に閉じこもっていても孤独感を感じにくい時代となった。これがアバターとしてビジュアル化され、空間的な奥行きまであるメタバースともなれば、もはやそれは立派な社会代替空間である。

アイデンティティをしなやかにダイナミックに操る

アバターで性別も年齢も隠してゲームをプレイしていれば誰も自分の正体に気づかない。『モンスターハンター』でバディを組んでいた相手が、大学生くらいかなと思ったらバリバリの女子中学生だったという事例も珍しくはない。一緒のプレイ体験を純粋に楽しむことで、人は本当の自分に接してもらうことができて、アイデンティティの呪いから解放される。オンラインの「演劇的空間」で、人は氏名・年齢・家族構成・学歴そして肉体といったものと一定の距離を置き、自ら複数のアイデンティティを操ることができるようになった。

　アイデンティティがしなやかに操れるようになったことで、〝エラー値〟を出している子供たちにとっては生きやすい社会になっている。「不登校」という名前のせいでネガティブに捉えられがちだが、20人に1人もの人が不登校を「選択できるようになった」という意味では、自由で寛容な学校社会を示すポジティブな指標と言えるのかもしれない。

　アイデンティティの「選択ができる」ことは革命的な変化をもたらす。ネットのない時代の地方社会は、常に親戚に取り囲まれているかのようだった。赤ん坊のころから自分を知る隣のおばちゃんから毎朝のように声をかけられて通学し、小中高と同じ学年で育ってきた友人たちは、自分の親兄弟から恋愛相手まで知り尽くしている。20世紀まで、そうした「関係性のわずらわしさ」から逃れるには、東京のような大都会に逃げ込むほかなかった。誰も自分を知らず、誰も自分に関心を持っていない空間の心地よさは、緊密な人間関係でがんじがらめだった地方出身者こそ身に染みたのではないだろうか。

1-4 「一元的アイデンティティ」を守り続けてきた日本

求められる〝コスプレ〟をして生きてきた

我々は常に時代に求められるアイデンティティを〝コスプレ〟して生きてきた。男は「男」らしく。女は「女」らしく。「大人」として恥ずかしくないふるまいを。人間が一番最初に意識する区分は、たいていの場合、性別からだろう。

「ＪＫ（女子高生）」ともなると、そのコスプレは強烈にシンボル性を放ち、ルーズソックス、茶髪やピアス、タピオカと小道具はコロコロと変わってきた。それはある意味、性的対象としての女子高生のブランド価値の高さを示している。逆に「男子高校生」のシンボルはほとんど存在しないといっていい。

「新入社員」も組織にとって非常に重要なコスプレだ。ピンと張ったスーツで仕立てられたコスプレは「サラリーマン1年目」であることを社外にも社内にも明示している。会社の大事なプロパーとして年度の切り変わりを全社員に意識させ、新人の先輩となる社員たちを成長させていくための道具の1つでもある。

日本は世界的にみても〝コスプレ大国〟である。属性に応じて、「こうあるべき」というプレッシャーは強く、調和の乱れに敏感である。

「先生、〇〇くんがカバン、違うやつ使っているんですけど、あれって、いいんでしたっけ？」。転校生の携帯品にまで目を光らせる同級生が、私の小学校時代にもいた。問われて逡巡する教師。他校のカバンを使ってはいけないというルールは明文化されていないが、クラスの「全員」が同じものを使っているのに、1人だけそうではないと「本人がかわいそうだ」。ましてすでにこの発言が出てしまったからには、周りは気になってしまっている。先生は優しくささやく。「〇〇くん、このカバン、転校前のものだよね？　まだあと4年間使うわけだし、よかったら皆と同じもの、売ってるところ教えてあげるから買ってみたら？」。

私の海外生活の中で、このような「配慮」という名のもとに同一化を強制する「暴力」は、カナダやシンガポールの小学校では見かけることがなかった。同じ年齢の同じ人種で純粋培養される日本社会において、人々は他国では信じられないほど微細な違いに敏感に反応し、「ささやきと同調圧力」によってそれを同一なものに改変していく。

大人になっても、その圧力から逃れられない。「女なんだから、もっとあざとく生きないと」「なんで飲み会に来ないの？　後で何を言われるかわからないよ」。進言する人たちが善意に満ちあふれているから、なおたちが悪い。

出る杭を打つのに、日本では大きなハンマーをふるうわけではない。サビつかせるために心にチクッと刺さるような一言を入れておく。自然と本人が自重し、自らを抑えるようになる。

ハイコンテクスト社会の日本は、「あれって、いいんでしたっけ？」を皮切りに、出る杭を錆びつかせる多様な婉曲表現にあふれている。忖度と配慮と善意と気遣いという皮をかぶって、足を引っ張ろうと思えば、何だってできてしまう。問題提起に対して判断をする権威者（先生・上司）は、本人のため、そして全体のために、緩い強制力を働かせる。そうした真綿で絞め上げるような、優しく抗いがたいプレッシャーの中で「違い」は少しずつ封殺されていくのだ。

空気と集団の力で同質化させてしまう

日本社会の「違い」への許容性の低さは、日本人なら誰もが強く自覚しておくべき事項かもしれない。

日本は過去３度だけ外国人の受け入れが加速した。８世紀の渡来人、17世紀の中国難民（少数）、そして第２次世界大戦中に強制動員した約70万人もの韓国・中国人である。ただ、それでも全人口のうち「外国生まれの移民人口」の比率は歴史上１％を超えたことがなかった。日本在住の外国人比率は２０２０年時点で１・２％と過去最高の水準まで〝急上昇〟したが、同じ孤島型国家で大陸と距離を置いている英国の外国人比率は７・４％、ニュージーランドは15％に達しており、日本のドメスティックぶりは比較にならない。「母国（日本）以外に住んでいる日本人」の比率も０・８％と極めて低い数値である。海外にも日本人はいないし、国内には日本人しかいないのだ。

これほど同質的なものに囲まれ、同一性への圧力があらゆる方面で働いている国はほかに存在しないというレベルである。日本も今となってはインバウンド大国で訪人外国人は年間３０００万人にも及ぶが、１９９０年代は年間３００万人程度で、あらゆる標識は日本語だけで表記され、〝外人〟にとって日本はミステリアスで過ごしにくい観光地でもあった。

　これは日本社会が排他的だとか悪意にうずまいているとかいった話ではなく、ただ単純に「違い」に慣れていないがゆえに空気と集団の力で自然と均質化させてしまうエントロピー構造が強いという話だ。そしてその集団の同化圧力に、誰もがあまりに無自覚なのだ。

　鋳型の中にハマってしまえば、これほど楽なシステムはない。ベルトコンベヤーのように進学・昇格していく社会システムはそれなりに心地よく、ゆりかごから墓場まで、適切な分量の欲望に応え続けていく社会システムが出来上がっている。それは乳児の死亡率が15％にも達し、平均寿命43歳だった１００年前の大正時代においては、夢のようなシステムだったはずだ。農民と起業家が主体の19世紀からみると、サラリーマンとはドリームジョブであった。

　しかし現在は、乳児死亡率は０・18％、平均寿命は80歳を超え、特別な才能に長けていなくても、特別な家庭・身分に生まれ落ちていなくても、そこそこ豊かでそこそこ長生きをすることは難しくない時代だ。そんな現代に安全と安心を旨とする日本社会の強固さは、時に頑迷さとなって我々を裏切ることにもなる。

「周縁部」に属する人々にとっては、日本の生きづらさは格別である。ゲイであること、障害があること、子供がいないこと、犯罪歴があること、小中高大と〝正式な〟ステップを踏んで進学してこなかったこと。およそマイノリティと呼ばれる属性の友人が、米国に留学したり、東南アジアに新たに居を構えたりしているのは、日本社会で生きる不便さが彼らの許容の臨界点を超えてしまったのだろう、といつも思わされてきた。たかが服装、たかが髪型の話と思うかもしれないが、ようやく息継ぎできるほどのわずかな自由で手に入れた「自分らしさ」を、強制的に周りと同じに塗りこめられてしまう恐怖感や窒息するような圧迫感は、マイノリティにしか理解しえないものだろう。

『僕のヒーローアカデミア』[30]でヴィラン側に属する渡我被身子（トガヒミコ）は叫ぶ。「生きにくいです！生きやすい世の中になってほしいものです！」。

彼女の欲求は世界征服でも金や名誉でもない。悪役でありながら、求めているのは〝普通になる〟のただ1点。生来ある「自分が好きなものになりたい」という欲求が危険なものとして迫害され、「私はいままで誰にも見つからずに生きてきた」と自嘲する。行き場を求めてヴィラン連合に所属するしかなかった、〝被害者〟側面の強い悪役だ。久しぶりに実家に帰ると、家族は逃げ出し、自分の部屋「だけ」はまるで最初から存在しなかったかのように空っぽになっている。殺人鬼とされた娘の存在に耐え切れず、社会がそうしたように家族もまた彼女の存在自体を消し去ろうとしていた。

「トガの世界には他者がいない。そんな彼女を異常だ敵だと人は言う。彼女がそうなったのは誰の所為だ。古い型に当て嵌めて型ズレした者を排斥するんだ。人には最早（もはや）型などないのに！」。それはまさに〝エラー〟を出した子供に、親世代が社会の目線だけで制裁を下してしまう救いようのない行為だ。しかしながら、その〝エラー〟は一体誰の基準で、いつ定められたものなのだろうか。

30 僕のヒーローアカデミア：人口の約8割が“個性”という名の超能力を持つ世界で、“無個性”な落ちこぼれ少年が、“個性”を悪用する犯罪者ヴィランから人々を守るヒーローへと成長していくマンガ。作者は堀越耕平。『週刊少年ジャンプ』（集英社）で2014年から連載中。テレビアニメ化、舞台化もされている。

カコジョとバ美肉にみる、脱アイデンティティ化するオジサンたち

マジョリティもマイノリティも全員バラバラにして、全員がルッキズム[31]の勝者になってしまえばいい、というのがメタバースの世界だ。同調圧力から逃れるには、全員が違う空間を別に作ってしまえばいい。全員がアバターの〝造り物〟となれば、自分自身のアイデンティティが傷つくことなく、誰もが尊重し合ってふるまえる素敵な空間になる。

「カコジョ（加工女子）」と言われる、AIを使って美少女に〝化ける〟オジサンたちの動画が話題を呼んでいる。おばさんもいるが、美少女と対極にある40〜50代の禿げあがったオジサンたちがやるからこそのギャップは話題性抜群である。

あるいは「バ美肉オジサン」という言葉が2018年ごろから流行りだした。「バーチャルに美少女の肉体を受肉する」という意味である。2017年に「バーチャルのじゃロリ狐娘ユーチューバーおじさん」が、オジサンであることを告白しながら見た目は美少女で活動するキャラクターとして人気を博し、『異世界美少女受肉おじさんと』というコミック作品が2019年から連載され、2022年にはアニメ化まで果たしている。これは日本版の異世界転生型『Ready Player One』である。この数年、美少女になるためのボイスチェンジャーソフトの売上も急増している。

〝ネカマ[32]〟や気持ちが悪いオジサンの〝女装〟と一蹴されるかもしれないが、実はこの奇怪な現象にも向社会的な効果は見込める。面白いことに、クサい・ハゲ・エロだの罵詈雑言の対象

31 ルッキズム：外見だけで人を判断すること。

32 ネカマ：「ネットおかま」の略。インターネット上で女性のフリをする男性。

になりやすい「オジサン」属性の人たちが、バーチャル上でバ美肉をやっていると、礼儀正しく配慮あるコミュニケーションを心がける傾向がある。VRゴーグルで美少女〝役〟をやっている中高年男性も、ゲーム終了後はコミュニケーションの質がちょっと変わる。相手に配慮したり、席を譲ったり、とかく接しやすいキャラクターになったりする。日本社会において「美少女」というのは、羨望を注がれ続け、とはいって習熟していないから色々と教えたり助けたりされやすく、「愛され続ける代表格」にある属性である。愛される空間で一定期間過ごすことで、人は愛される者のあるべき所作を身に付ける。

メタバースのプレイヤーが何をアバターに選んでいるかを調査したデータがある。2022年に1200人を対象に調べたところ、全体の10％しかいない女性ユーザーの8割は美少女キャラを選び、全体の90％を占める男性ユーザーもまた8割が美少女キャラを選んでいる。残り1割が美男子キャラ、最後の1割が動物キャラ・その他といった具合だ。[33] つまり、ユーザーの実態としては5割のオジサンと4割の若者男性と1割の女性から成り立っているゲーム空間が、バーチャル上は8割の美少女と1割の美男子と1割のかわいらしい動物になっている、というわけだ。

「まるで地獄だ…」と嘆きたくなる気持ちも理解できる。しかし驚くべきは、この「ユーザーの実態」を皆がざっくり理解していながら、実は4割のユーザーがメタバース上では恋に落ち、3割が実際に恋愛関係に発展している。かなり高い割合だ。美少女（実態：オジサン）×美男子（実態：若者男性）もあるし、美少女（実態：オジサン）×美少女（実態：オジサン）の組み合わせもある。この演劇的空間においてそれぞれが美少女のキャラクターを崩さない限り、

33 バーチャル美少女ねむ『メタバース進化論　仮想現実の荒野に芽吹く「解放」と「創造」の新世界』技術評論社、2022

魔法が解けることはなく、皆がワクワクとした気持ちでメタバースに没入していく。

　オジサン世代は、ルッキズムの被害者でもある。順当に年を取っただけなのに、あらゆる年齢階層からルッキズムのカーストで最下層として取り扱われる。「興味を持たれる」機会が急激に減り、声をかけられたりチーム内でいじり愛されたりすることも少なくなる。若いうちにはそれほど注意もされず無頓着だっただけの身なりや態度が、年齢を重ねただけで不潔で無礼なものに見られるようになってくる。そうした経年劣化してしまった自分は置いておいて、大切に扱ってもらえる世界に溶け込みたいという気持ちはよく理解できる。

「愛される」という世界線において、美少女とネコは頂点に存在し、オジサンが最下層なのだ。美男子すら並ぶことはできない頂点に「美少女」というシンボルが存在する。ある意味差別の裏返しでもあるが、愛されて大切にされるアバターになることで、中高年男性にとっての精神的なフィードバックは尊い効果をもたらす。

　少なくともバ美肉やメタバース恋愛は誰かを傷つけるものではなく、誰にも迷惑をかけずに自分自身の日々の社会的活動を促進するものにもなる。全員がアバターでハンドルネームの世界である。実際は50歳を過ぎた中小企業のサラリーマン男性がボイスチェンジャーで話しているからといって、誰かが「騙された！」と叫ぶわけではない。ゲーム内で助け合うのに、あえて不人気なオジサンアバターを選ぶ必要などないのだから。

従順な大衆が「本音と建前」を使い分けた江戸アバター文化

日本には江戸時代からアバター文化があり、皆がマルチバース[34]を生きていた。こんな〝珍説〟を唱えるのは日本史学研究者の田中優子である。その著書『江戸とアバター』によると、幕藩体制でかっちりと士農工商の身分まで決まっていた江戸時代だが、お祭りのたびにお面や装いを変えて、村によってはそのまま誰が誰かわからない状態で乱交に及ぶこともしばしば。「無礼講」として日常の秩序とは異なる世界に身をおいて、〝アバター〟として身を隠しながら多様な世界を見聞している人も多かった[35]。

田原藩家老（現在でいう副知事だろうか）であった渡辺崋山は、画家として方々を旅しながら、偽名で和歌・俳諧・漢詩などを嗜む趣味を持っていた。民衆は談義に花をさかせ、どこの殿様が良い悪いといった批評をしたり、非常に自由だった。彼が漫遊した相模国は（現在の神奈川県）は飛び地が多く、領地がまたがって複数の領主に仕えているような複雑な状態で、そういう地域だからヤクザも多く、イリーガルな賭博場なども多かった。それゆえに人々は権威を相対化し、表立っての対立こそしないが、不満が募ると別の「殿様」に乗り換えることもあった。賢い民衆の知恵に渡辺崋山は感嘆していたという。

マルチバース生活の代表格は絵師の葛飾北斎だろう。生涯に30回名前を変え、93回引っ越しした北斎は1つのアバターにとどまることを拒み続け、それでいて絵師という職業は一切変えることをしなかった。

34 マルチバース：1つの宇宙を意味するユニバース（universe）に対し、multiverseは異なる複数の宇宙が存在しているとする考え方。

35 田中優子『江戸とアバター　私たちの内なるダイバーシティ』朝日新聞出版、2020

「箱の中が見えないからといって、中身がないことにはならないでしょ」という自閉症患者の言葉にハッとした田中優子は、仮面／分身の重要性に注目するようになる。研究すればするほど、江戸時代の人々が公式的な関係性は別として、趣味など別の小宇宙でいくつもの顔を使い分けていたという史事が明らかになっていく。

日本は幕府などの武家政権とは別に、〝象徴〟として天皇制が続き、１０００年以上も国家元首ファミリーが変わっていない国である。政（まつりごと）はお上がやるもの、という前提で政権転覆もなく表立った革命や反乱というものが限りなく少なかったこの国では、本音と建前の二層が明確に分かれて存在してきた。

従順なる民衆が、その心根や内輪の中では公的な権力などを信じ切っていなかったことは、敗戦後にＧＨＱが見た最初の驚きだった。ほとんどの民衆は天皇制の権威が崩れたことにそれほど動じておらず、戦時中にカミカゼアタックで集団自決したような忠誠心の高さとのギャップは理解しがたいものだった。

「国民感情の調査結果からみる限り、国民の大多数の心の中に天皇の存在する余地はなかったということである…かりに考えていたとしても、傍観者のような表面的なものにすぎなかった」とジョン・ダワーは述べている。[36] 神のごときと信奉された天皇のために命をかけて突撃攻撃まで仕掛けたこの国民は、自分たちの「村」や「小集団」を守ることを最優先に、公なるものを機敏に乗り換えてきたのだ、ということに気づく。渡辺崋山がみたように諧謔《かいぎゃく》的に政治や経済をあげつらう文化が数百年単位で保存されてきたのである。

36 ジョン・ダワー（著）、三浦陽一、高杉忠明、田代泰子（訳）『敗北を抱きしめて（下）増補版』岩波書店、2004

匿名のハンドルネームは日本がダントツ世界一

日本では、ツイッター（X）利用者のうち、匿名ハンドルネームのアカウントを持っている人の割合は実に8割、掲示板やブログに至っては9割を超える。これは海外にはあまりない現象である。米国においてはツイッターの匿名アカウント率は4割以下、掲示板やブログにしても半分近くは実名でやっている。

複数アカウント持ちの数も日本は飛び抜けている。半分以上のユーザーは複数のアカウントを使い分け、女子高生のツイッターユーザーはアカウントを〝平均で〟3・4個持っており、8個以上保有しているというユーザーも1割。[37]「これは親がみてもいいアカウント」「これは趣味友」「これは誰も知らない匿名アカウント」と目的別に使い分け、配役を入れ替えるかのようにサクサクと違うパーソナリティでツイートを展開する。

ツイッターのサブアカウント数はダントツで世界一。匿名Vチューバーの数も他国とは比較にならない。これは日本社会のリアルコミュニケーションにおける圧力の強さの裏返しとも言える。日本は村社会の民衆の知恵として、自分たちだけの周縁部をつくり、あまりに統一的で許容度が低い「公」の空間から逃げ場をつくってきた。

オジサンがアバターやメタバースを操り、本人は至ってノンケ[38]で家族と一緒に住んでいるのに、テクノロジー好きが興じてカコジョを演じているうちに数万人のフォロワーまで獲得してしまい、果ては毎日配信をしているといったような「たくましさ」に、私は奇妙さを通り越し

37『諸外国に見るソーシャルメディアでの実名・匿名の利用実態の違い』https://news.yahoo.co.jp/expert/articles/d4c36f2801d358c3c39cc3f29cd768b9fb76476b、『女子高校生Twitterユーザーはアカウントを平均3.4個所有、電通の「若者まるわかり調査2015」』https://internet.watch.impress.co.jp/docs/news/698763.html、『「SNSのアカウント、使い分けてる？」30代の複数アカウント事情』https://www.nomura.co.jp/el_borde/real80s/0045/から分析

38 ノンケ：同性愛者から見た異性愛者のこと。同性愛の“ケ”（その気）がない（non）人を指す。

てある種のすがすがしさすら感じている。カコジョやバ美肉は日本人のレジリエンスの高さを証明する事例であり、マイノリティが権利を取り戻していく社会動態を象徴しているのではないか、とすら思うようになった。

「普通は」から「自分は」へ

一元的アイデンティティの時代は崩壊しつつある。「普通は」で人々を従わせるものは権力だ。数の暴力によって、人は与えられた「普通は」に閉じ込められ、自分で自分を監視するようになる。違和感を覚えながら、他人が与えた記号の箱の中に、どうにかこうにか自分を押し込めて、その鋳型の通りに矯正していく。それは多くの人にとっては、それほどストレスなく行える作業なのだろう。〝皆がやっているように〟ふるまっていけばいいだけの話だ。

だがごく一部の人は、その従属に強烈な違和感とストレスを感じ、はみ出した自分自身を否定するようになる。そうしているうちに、自分自身の中にあるマイノリティは黙殺され、忘れ去られる。

人々は与えられた「普通は」ではなく、自らのあるがままの「自分は」を追求するようになってきている。それはZ世代の若者が旗手となって生き方を示しており、彼らのエンタメ性向から見える変化こそが30〜50年後の世界では当たり前になってくる未来なのではないか。それが本書の執筆を思い立った動機でもある。

それはすでにZ世代には限らないほど広がっているかもしれない。50歳時点で子供を産んだ経験のない女性を「生涯無子」とするが、その比率は１９７０年生まれの27%から、２００５年生まれでは最大42%になると予想されている。「生涯独身でいいと考える人の比率」も特に女性で顕著に上昇している。２００２〜15年には男性は3割、女性は4割だったが、２０２１年の調査では男性は5割弱、女性は6割にまで跳ね上がっている。[39]「普通は」子供を産み育て、家系を継承していくのが人としての責務である。そんな建前をたたきつける現実は、そう生易しいものではない。生活水準、時間、男女の「家庭」役務の差、子育ての難しさ…。自分が犠牲にしなければならない項目をリスト化し、数え上げた結果の合理的な判断として、彼ら彼女らは子供を産まないという選択を行う。半分以上の女性にとって「自分らしさ」と、社会がみる「母親」で要請される姿に乖離があり、子育てをしながら生きることを選択しづらい社会になっている。

国や社会が我々を裏切るとき、我々もまた〝ひそかに〟それを裏切ることが賢く生きる術でもある。表立って反抗する必要はなく、国や社会を打倒せよと革命を扇動するつもりも毛頭ない。江戸期の庶民が匿名で殿様をバカにしあっていたのと同じく、自分が自分らしく生きられるマルチバースがあれば、本流であるユニバースでの自分を否定しなくても済む。生きづらさを抱えた人々も、ちょっとした発想の転換で、自分で自分の首を絞めていたという事実に気づくかもしれない。

価値の先達とは「勇気を持ってコスプレを脱ぐことができる人」である。誹りも受けるし、悪評もたつ、覚悟のいる行為だ。以前であれば傾奇者《かぶきもの》と呼ばれてきた人々の世界である。それでも「(与えられた)自分」に強い違和感を覚える人々にとって、そのコスプレが脱げるもの

39『「生涯子供なし」最大42％』日本経済新聞2023年8月9日 https://www.nikkei.com/article/DGKKZO73467480Y3A800C2EA1000/

だと自覚できるかどうかは、（実際にはやらなかったとしても）アイデンティティの存亡を賭けた重要な問題だ。

「価値の先達者」という響きは、ともするとあまりに楽観的な表現かもしれない。ゲイであることを悩みぬいて米国に移住した人。宗教2世で周りと違う育ちをひた隠しにしながら生きている人。結婚も就職もあきらめ生涯1人であることを自覚しながら孤独に恐怖を感じ続けている人。身の回りの社会や国すら捨ててしまうほどに、自分らしく生きられるかどうかというのは「死活問題」である。「イマを捨てる」ほどに現実から圧搾されているマイノリティにとっては、そのコスプレは呪われた皮膚のようなものだ。

近代は「最大多数の最大幸福」のために、こぼれ落ちたマイノリティの壮大なる犠牲と辛苦の上に成り立った「マスカルチャー」である。「1億総中流」「1億総活躍」「1億人が同じような価値観で協力し合いながら前向きに全体を前進させる」というファンタジーは20世紀だけに通用した神話に過ぎない。もはや「1億人」という、およそ1つのカタマリとして総合するにはあまりに無茶な一元化の時代は、もう戻ってくることはないだろう。

エンタメは「価値の先達」の点では最先端にある。古来より、社会のマイノリティとして政治経済で圧搾された人々は、文化の力によってアイデンティティを取り戻してきた。

米国社会で迫害を受けて黒人がブルー（憂鬱）な気分を歌ったブルース、教会でそれを希望に書き換えたゴスペル、富も地位もなかった黒人たちはスラングという言葉や音楽という文化的手段によって、自分たちの気分に限られた自由を与えてきた。そうした悲しい歴史を背負った音楽に影響を受けたエルヴィス・プレスリーが媒介となり、ロックンロールという革命的なジャンルが生まれる。ショスタコーヴィチは圧政下のソ連にあって、言葉にすれば投獄されるリスクを、音楽による政治批判によってかわし、からくも生きながらえてきた。音楽の歴史は、多くの場合が「マス」の権力に対抗すべくマイノリティが生み出した生きる知恵でもある。

　文化は抵抗の道具になる。差別される人々は、差別語を使って逆に自分たちだけにしかわからない暗号をつくり、識別の記号として武器にする。それこそ『ＯＮＥ ＰＩＥＣＥ』でタイヨウの海賊団が、「奴隷」のシンボルを上書きしてイレズミを太陽マークに書き換えることによって、前向きに生きるシンボルにしていったように。

　ファッションも音楽も言葉づかいも、「自分たちは違う」ことを確認する道具である。抗いたい世界から自分を切り離すために、自分の部屋の中では安心感を持てるように自分の愛する小道具で囲い込んできた「戦いの結果」なのだ。魔法陣のように、防護服のように、守りを固める道具として、文化は絶大な威力を発揮する。「普通は」が苦しくて仕方がない人々にとって、「自分は」と言える武器は救いである。

　Ｚ世代が旧世代にはなかった行動様式や小道具で身の回りを固めていく様子をみていると、それが数世代にわたって続いてきたマスカルチャーの終焉を告げていると思えてくる。クリエイターエコノミーやＷｅｂ３・０といった象徴的事例が、我々の未来を暗示しているものだということを、本書を通じて語っていきたい。

エンタメ世代分析の視点①

「若者ビジネス」という圧倒的な影響力

「中二病」とエンタメ体験の刷り込み

エンタメというのは、誤解を恐れずに言えば「若者ビジネス」である。エンタメは時間に余裕があり、新しい何かを探している人間にこそ、より多くを与える。エンタメの人と人とのつながりを創り出す機能によって、その効果はさらに加速する。なぜなら10代の人間は社会に出ていくための保育器の中で、自分は何者かを求める際にまず最初に飛びつくのがエンタメだからだ。誰かとつながるためのシンボルとして、自分自身が何者かを確立するアイデンティフィケーションのために、人は若者時代にエンタメを求める。

「中二病」という言葉はなにも2ちゃんねるやライトノベルが作り出した言葉ではない。人間はより長く時間をかけて育つために、幼年期をかつての生物が経験したことのないレベルまで引き延ばしてきた生物だ。出産に耐えられるギリギリの大きさにまで脳を育て頭蓋骨が割れた状態で出産するのも、3〜5歳まで1人で食事・排泄すらできない状態で成長を遅らせるのも、大器晩成型動物としてのヒトを創るための人類の知恵である。幼年期をギリギリまで引き延ばすからこそ、18世紀までは30〜40年しかなかった生物学的な寿命限界を超えた能力の伸長が可能になっており、そうした人間のみが他の生物とは違い、子供と大人の境としての「思春期」

を迎える。国籍・人種を問わず、それが共通して中学2年の14歳であり、子供としての意識を長く引きずったことで肉体的な成熟に精神のOS（オペレーションシステム）が追い付いていかなくなる。

この精神的にチャレンジングな期間に、人は見るもの読むもの感じるものが大きく変わる。特にエンタメやアートに最も影響を受ける年齢として、中学生時代は「黄金期」である。大人のマネゴトとしての上下関係にも過敏になり、全員が背伸びをしたり自分を卑下したりと定まらない中で関係性が出来上がる。自らのアイデンティティ形成に深く深く悩む時期だからこそ、エンタメやアートが必要になる。多くの人間にとって、エンタメ体験はこの格別に心情のブレ幅が大きい思春期の記憶を背負っており、その後の人生に長く影響を与え続ける。

そんなエンタメ体験には「刷り込みが効く」という特徴がある。図表7は任天堂が2009年5月の決算説明会で提示していた資料である。誕生年ごとに、家庭用ゲームのアクティブユーザー（現在遊んでいる）、休眠ユーザー（昔遊んだが現在はやっていない）、非ユーザー（過去も遊んだことがない）の割合を表している。

任天堂は1983年に「ファミリーコンピュータ」で全世界にゲーム文化を普及させた始祖といえる企業だ。だがあれだけ有名なファミコンであっても、もはや知らぬもののいないマリオをもってしても、浸透できていない層がある。1960年以前に生まれた人々である。すなわちファミコン誕生時にすでに25歳以上だった世代では、非ユーザーの数が半分以上を占める。逆にファミコンが浸透した1980年代後半に25歳未満だった世代では、家庭用ゲームの未経験者は1割にも満たない。休眠ユーザーになっていても、必ずその時代を経験し、通過したの

図表7　日米の年齢別ゲーム人口

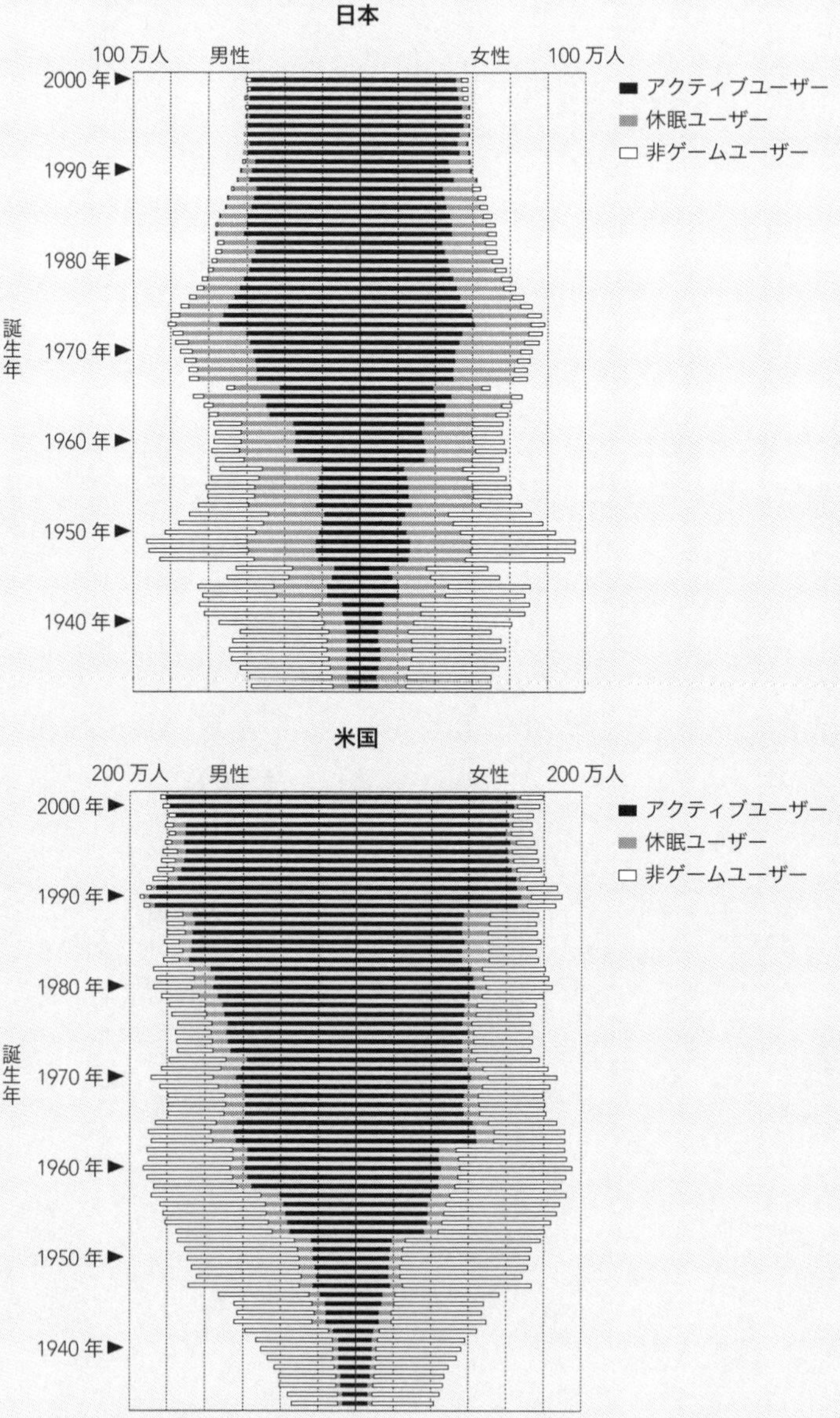

出所）任天堂『2009年5月8日（金）決算説明会　任天堂株式会社 社長 岩田聡 講演内容全文』https://www.nintendo.co.jp/ir/events/090508/02.html

だ。

米国ユーザーと比較すれば、「刷り込み」の効果が如実に見えてくる。ファミコンの普及が5年ほど遅かった米国では、経験ユーザーが半分以上を占めるタイミングは1965～70年に生まれた世代だ。日本より5～10年ほど若い。比較すると日本よりも休眠ユーザーは少なく、大人になってもゲームで遊び続けている中高年齢層が多い。

米国でも日本でも、1980年代以降に生まれた現在の45歳未満あたりまでの人々では、ファミコン、プレイステーションなどのゲーム機に触れていない層は絶滅危惧種といった趣だ。スマホの普及率と比べても遜色なく、2000年生まれごろになると男女問わず、ほとんどが小学生の時代にゲームを始めている。団塊世代の経験者が50％に満たないのと対照的だ。

ミレニアル世代に向けた〝小説界のファミコン〟

世代別にエンタメ経験の特徴が表れるのはゲームだけではない。例えばライトノベル（ラノベ）はミレニアル世代に向けた〝小説界のファミコン〟のようなものだった。角川書店（現KADOKAWA）が1980年代後半から1990年代にかけて、10代半ばを対象にしたジュブナイル[40]文学としてのキャラクターイラストがついた簡単に読める小説の市場を開拓してきた。そのとき注目したのは、思春期に読書習慣がなくなる人が非常に多かったことだ[41]。中二病、14歳のタイミングで、児童書を読んでいた小学生たちが大人の世界に放り出される。大人に合わせて設計された本を与えられ、「自分たちの言葉で語られている」という感覚を失い、読書

40 ジュブナイル（juvenile）：ティーンエイジャーを指す。

41 佐藤辰男『KADOKAWAのメディアミックス全史　サブカルチャーの創造と発展』KADOKAWA、2021 https://group.kadokawa.co.jp/information/media-download/563/496efb6a612183f9/

世界に「つまずき」を覚えて離脱してしまうのだ、という。そうした離脱ユーザーに対して、生活感、ゲーム感覚、アニメ感覚、萌え感覚など、読み手とのコミュニティの共有感を担保した「ライトノベル（軽い小説）」は発明であった。

10代でラノベに触れて、ゲーム的小説、アニメ的小説に慣れた人々がちょうど30代になった２０１０年代、「なろう系」「異世界系」の百花繚乱時代に入る（第2章参照）。１９９０年代から２０００年代にかけて「当時の中二病」を虜にしたメディアが、その層が大人になって可処分所得を上げたタイミングで、ラノベ発のゲームやグッズを展開し、この10年で大きく成長してきた（ノベル・文庫本としての市場規模は縮小しており、Z世代以降がラノベを読んでいないといった危機を迎えているが）。今やラノベは30〜40代向けの純文学といった趣だ。

これがエンタメの力である。おそらく音楽においても、映画においても、その業界のトップ企業が作品の浸透度を調査・分析してみれば、任天堂やラノベと近い傾向がみてとれるのではないだろうか。

第2章

アマチュア参加と初音ミク後の創作文化

2-1 二次創作の市場創出力

「手段化」したゲームの恐るべき世界的成長

世代による体験差がはっきりと出ているゲームの分野において、新しい行動が市場を爆発させている。若者ビジネスにおいてゲームがいかに重要なものかは、もはや説明は不要だろう。マリオやドラクエに熱狂していた１９９０年（世界市場1兆円）、ファイナルファンタジーの３Ｄグラフィックに驚愕し、ゲームが映画産業のようにもてはやされた２０００年（同２兆円）、ニンテンドーＤＳなど携帯型のゲーム機が携帯ゲームと競争となり負けていく２０１０年（同５兆円）。

さらに、それらのタイミングでは想像だにしなかったことが起こった。フォートナイトやロブロックスでゲームに興じる人口は10億人を突破し、２０２０年の世界市場は18兆円に拡大し、さらに２０２６年には同30兆円と予想されている。[01] この10年でゲーム市場は確変[02]した。ゲームの黄金時代だったはずの１９８０～90年代と比べても、この直近の10年のほうがはるかに大きな成長をみせているのだ。

成長の中心はゲーム先進国だった日本ではない。１９８０年代からの30年間ずっとゲーム産業の覇権を担ってきた日本市場はここ10年、〝（相対的には）成長しなかった〟ことで、世界シ

01 4Gamer.net『2023年のグローバルゲーム市場を予想するレポートをNewzooが公開。全体的に成長傾向で，とくにコンシューマゲームの伸びが良い』https://www.4gamer.net/games/999/G999905/20230809034/

02 確変：確率変動の略。もともとはパチンコの大当り確率がアップすることを指していたが、「普通じゃない良好な状態になる」「大化けする」を意味する言葉として使われるようになってきた。

エアでいえば10%を切るところまで落ちてきている。これに対して、北米や中国は、恐るべき勢いでゲーム人口もゲーム市場も伸びているのだ。

　これはゲームの遊興スタイルが多様化してきた結果とも言える。「設計されたゲームをクリアする」というオーソドックスな遊び方（ゲームを遊ぶ）の対象でしかなかったものが、「オンラインが〝放課後の時間〟をつくる」「ゲームプレイを配信しながら、自分自身のスキルやキャラクターを表現する」など手段化し「ゲーム『で』遊ぶ」という対象になってきたからだ。

　カリフォルニア大学のステファニー・ボラック、パトリック・ルミューによる論文「Metagaming」が2017年に提唱しているのは、ゲームが「単なる商品」でなく、「批判的創造のためのプラットフォーム」になってきており、「創造的実践、哲学的実験、文化的批評、政治的行為のためのメディア」になるポテンシャルがある、ということだ。

　ゲームをクリアすることに没頭していた時代はまだゲーム黎明期だった。ゲーム空間での遊び方は多様化し、RPGツクール[03]やロブロックスで「ゲーム作りというゲーム」に興じたり、ミラティブ[04]やツイッチ[05]で「ゲーム配信を視聴したり配信者とコミュニケ

図表8　ゲームは主要エンタメ分野でダントツの高成長

	2010	2015	2020
ゲーム	約5兆円 家庭用2.7兆円 PC1.7兆円 モバイル0.5兆円	約9兆円 家庭用3.0兆円 PC3.0兆円 モバイル3.0兆円	約18兆円 家庭用5兆円 PC4兆円 モバイル9兆円
映像（映画／ビデオ）	約8兆円 映画3円兆 ビデオ5兆円	約8兆円 映画4兆円 ビデオ・配信4兆円	約8兆円 映画1兆円 ビデオ・配信7兆円
音楽	約1.5兆円 CDなどの販売0.9兆円 デジタル0.4兆円 権利0.2兆円	約1.4兆円 CDなどの販売0.6兆円 デジタル0.6兆円 権利0.2兆円	約2.2兆円 CDなどの販売0.4兆円 デジタル1.5兆円 権利0.3兆円
新聞	約15兆円	約12兆円	約10兆円

出所）『情報メディア白書』、Newzoo、文化庁「日本コンテンツの海外展開に関する調査報告書」などから著者作成

ーションする」ことも可能だ。ゲーム空間をメタに遊ぶようになってきているのだ。

そうしたゲーム空間に入るかどうか、それは世代間の違いの顕著な例でもある。米国の世代別エンタメを分類したときに明らかな世代差が出ているのは、「TV／映画を視聴すること」が中高年の娯楽になり、「ゲームをプレイすること」が若者の娯楽になっているという点である。

Z世代にとって、ゲームは他のあらゆる娯楽に勝るものになってきている。今の40代以上では想像もしがたいほどに、コミュニケーションプラットフォームとしてのゲームが浸透してきているのだ。

図表9　米国の年齢別エンタメ参加状況（2021年）

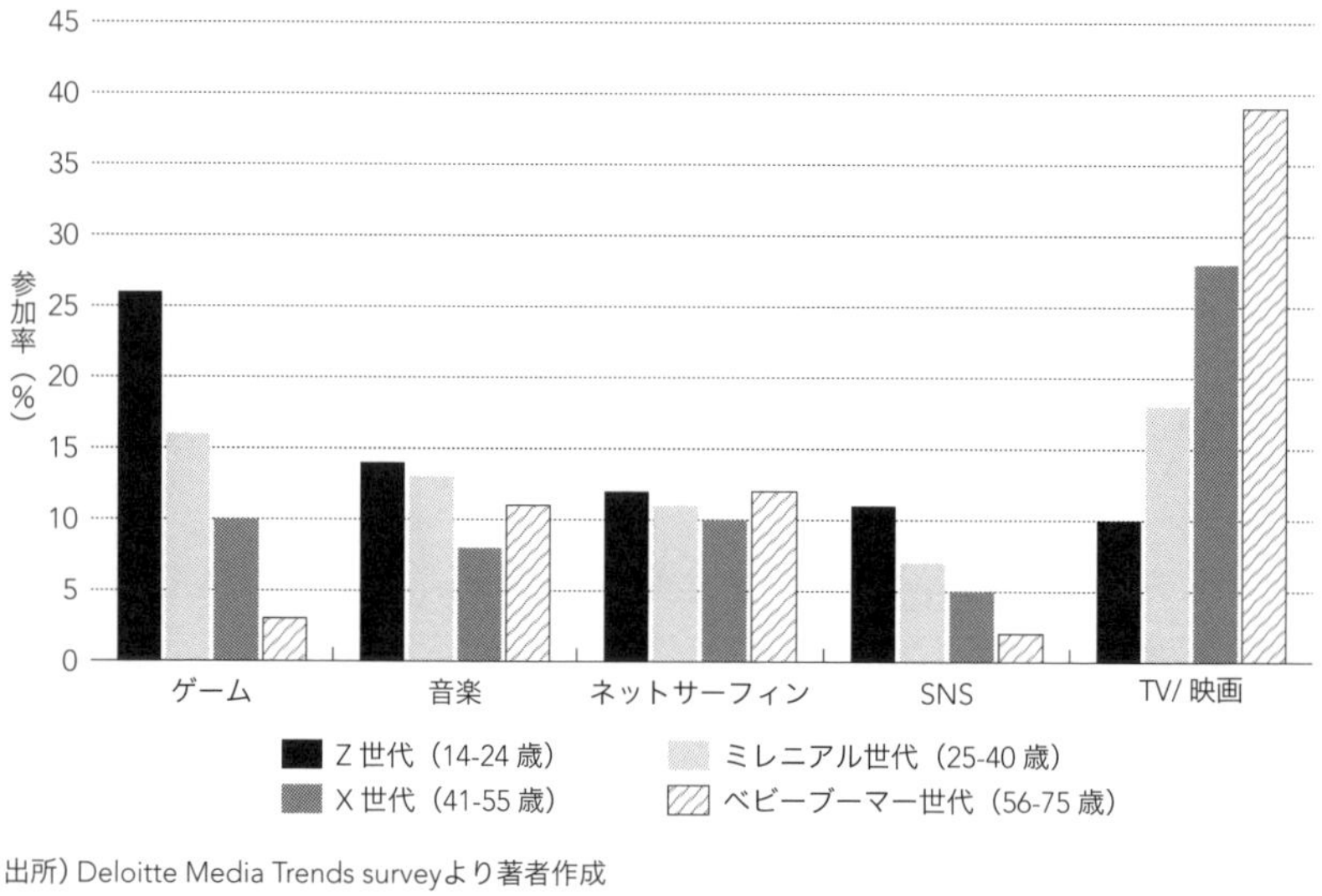

出所）Deloitte Media Trends surveyより著者作成

03 RPGツクール：プログラミングができなくてもRPGゲームを作ることができるソフト。RPGを作るのに必要なグラフィックや音楽データもソフトの中に同梱されていて、簡単にゲームを制作できる。KADOKAWAから発売されている。

04 ミラティブ：スマホで簡単にゲームの実況配信ができるアプリ。

05 ツイッチ：ゲーム実況のライブ配信に特化した動画配信サービス。

ゲーム実況の人気化とメーカーの方針転換

ゲームの派生として「見るゲーム」が活性化している。「ゲーム実況」の文化が始まったのはいつごろからだろうか。日本では２００３年にフジテレビで毎週木曜24〜25時に放送されていた『ゲームセンターＣＸ』という番組があった。お笑い芸人よゐこの有野がゲームをプレイし、あまりうまくもないそのスキルに、心のなかでツッコミを入れながら楽しむ番組だった。これを皮切りに、２０００年代半ばにＰｅｅｒＣａｓｔ[06]という配信ツールを入れたゲーム実況を行うユーザーが現れ、２００６年末のニコニコ動画でそうした動画が続々と転載されていく。〝永井先生〟という、余裕綽々でびっくりするほど下手なプレイで五目並べをして負け続ける動画が話題となり、それが呼び水になって「これなら俺でもできるかも」という配信者がどんどん増えていく。ただ当時はゲーム実況がイリーガルなもので、「購入したゲームのプレイ映像をネットにさらすこと」はゲームメーカーとして公式には許諾しておらず、表立って語れるような存在ではなかった[07]。

２００９年ごろになるとＲＰＧツクールで個人がつくった『青鬼』[08]が無料配布され、そうした自作ゲームを（合法的に）配信することがブームを形成する。ボカロの歌い手（２-２参照）が（当時は違法だったカバー曲ではなく）オリジナルソングを歌うようになったのと同様に、ゲーム実況のためのオリジナルゲームが出てくる。この時期、ニコニコ動画上では「配信を前提とした音楽・動画・ゲーム」が新しいクリエイティブを生み出すようになる。

06 PeerCast：Peer to Peer方式のライブストリーミング配信ソフト。

07 徳岡正肇『ゲームの今 ゲーム業界を見通す18のキーワード』SBクリエイティブ、2015

08 青鬼：作者はnoprops。ニコニコ動画、ユーチューブを中心に人気が出て、書籍、マンガ、映画、舞台などへのメディアミックス展開がなされている。

ユーチューバー、歌い手、ゲーム実況者といった「ミキサー」や「ビルダー」的な役割をしているインフルエンサーの多くが、この２０１０年前後の時期にニコ動で活躍していた人材でもある。他人の創作物を使っている間はアングラなネットミーム[09]のように扱われていたが、そこで自らのキャラクターやステージでのふるまい方を覚える中で、オリジナルの楽曲・動画・ゲームを発表することによって「クリエイター」に進化していったのだ。

それまでゲーム公式の遊び方は「専用ゲーム筐体」で個々人にプレイしてもらうこと、ユーザー間でコミュニケーションをとるにしてもプレイステーションオンラインなど公式サービスを使うことを前提としてきたが、ゲーム実況の販促効果などを知るや、公式メーカーも徐々にゲーム実況を許容していくようになる。商用利用しないこと（ユーチューブのパートナープログラムなど配信サイトのお金を稼ぐ仕組みは利用ＯＫのことも多い）、エンディング部分は配信しないこと、特定の歌・ＢＧＭは入れないこと、著作権表記をすることなどの「ガイドライン」を示し、ミキサーやビルダーとの協調を図ろうという方針に転換しつつある。

視聴者1億人突破のｅスポーツ界で1億円プレイヤーが続々

ｅスポーツもまた「ゲームの手段化」の表れの１つだろう。プレイの技量を競うスポーツ化は、ゲームメーカー各社がもろ手を挙げて推奨するようになっている。

ｅスポーツが日本で一般化していくのは２０１８年２月に日本ｅスポーツ連合（ＪｅＳＵ）が設立されてからの話だ。米国では２００２年から格闘ゲーム世界大会ＥＶＯが開催され、韓

09 ネットミーム：インターネットを通じて、人が人の真似をして広がっていく文化や行動のこと。略して「ミーム」とも呼ばれる。

国では2000年代にすでにプロスポーツ化していたところに、そこで使用されてきたゲームを提供してきた日本が20年遅れでようやく公式参入するようになった。日本でEVO Japanが開始されたのは2018年である。

ゲーム実況と違って、トッププレイヤーの技術を観戦するeスポーツだが、これまで参加プレイヤーに配られた累積賞金総額をゲーム別に見ると、「League of Legend（LoL）」が6400万ドル、「カウンターストライク」が7300万ドル、「DOTA2」に至っては1・7億ドルにもなる（2019年時点）。[10] LoLのチャンピオンが手にする約3億円の賞金は、日本のプロ野球の年俸トップ10に入るような金額だ。また韓国では賞金だけで1億円を稼ぐプレイヤーが10人を超えてきている。[11]

それもそのはず、eスポーツの世界大会視聴者は米国・中国・韓国を中心にどんどん膨らみ、2017年に1150万人だったものが2022年には10倍規模となる1億人を超えてしまった。オリンピックのような規模感で、これだけの視聴がつけば、広告主からの協賛も集まり、賞金額も桁違いになってくる、というわけだ。

eスポーツの市場は世界で14億ドル（約2000億円）まで成長してきているが、日本は100億円余りと規模が小さく、この業界におけるプレゼンスは小さい。トップ10のタイトルに日本のゲーム作品は1本も入っていない。

「ゲーム産業の地盤をつくってきた日本がなぜ？」という疑問もわいてくるが、これは〝ゲームを遊ぶ〟と〝ゲームで遊ぶ〟の文化の切り替わりに日本がアジャストできていないことが理由である。1試合数十秒で片付いてしまう格闘アクションを主体とする日本のゲームは「観る

10 E-sports Earnings, Epic Games

11 Statista

ゲーム」に向いていない。1プレイ100円時代のアーケードゲームを基準にプレイをつくってきたためである。また家庭用ゲームのプレイ習慣が一般的になりすぎたせいで、PCオンラインで人とつなぎながら、わいわい鑑賞するスタイルに合わせたゲームを作らず、その鑑賞イベントを自前化することもなかった。

とはいえ足元のゲーム全体の市場環境としては日本も悪いわけではない。スマホ普及はゲーム人口を格段に増やした。『ファミ通白書』によれば、家庭用ゲーム人口は2005年3110万人⇓2020年2707万人と減ったのに対して、モバイルゲーム人口は2005年1370万人⇓2020年3976万人と3倍規模になっている。重複を加味しても、ここ10数年の間に少なくとも人数で言うと2倍、ゲーム空間に滞在する時間と掛け合わせた〝面積〟でいえば数倍ではきかないほど大きくなっている。

家庭用ゲームは、週に何回かテレビ画面で没入する、習い事や塾などと競合するようなエンタメだったが、もはやモバイルゲームは5~10分の暇つぶしにサクッと起

図表10　eスポーツの視聴者数と賞金総額

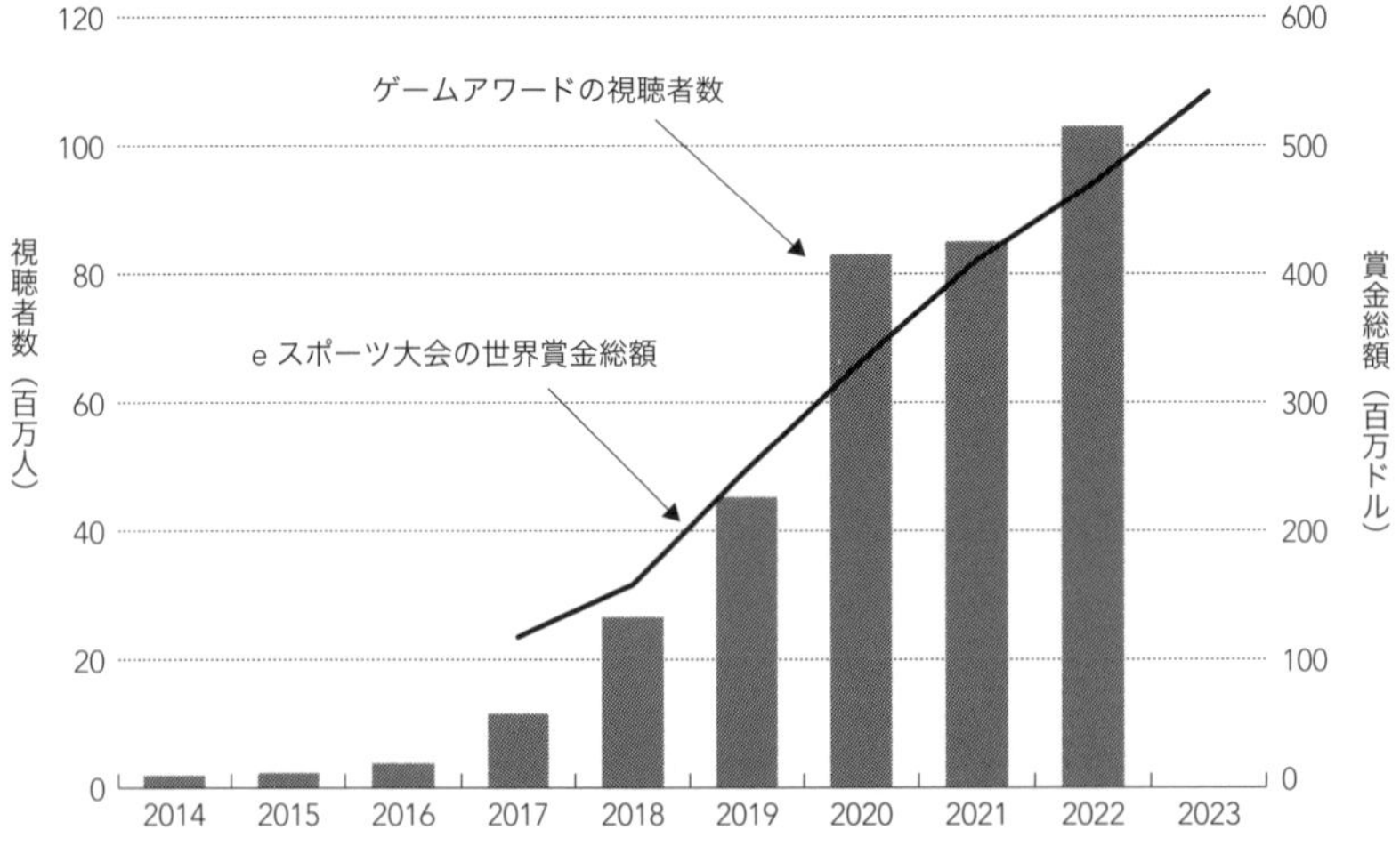

出所）The Game Awards発表資料より著者作成

動する、動画や音楽の視聴と競合するようなエンタメになった。「プレイすること」の面倒さからも解き放たれ、ぼんやり他人のプレイを見ることすら、遊び方の１つになったのだ。

ゲームが目的ではなく手段となったとき、そこにはゴールもなくなり、無制限に人が集まる場として人々を惹きつけ続ける。ゲーム世界に人々が滞留する時間は、数十年前では考えられないほど膨大なものになっている。

団塊世代がゴルフと麻雀を覚え、団塊ジュニア世代がカラオケを覚えたように、Ｚ世代は社交のためにユーチューブとＴｉｋＴｏｋ、そしてゲームを覚えるのだ。要領よく他人と仲良くなる技術としてのゲームがある。アニメやゲームという〝産湯〟に漬かってきた世代にとって、それは不思議なことでもなんでもない。

２-２
ボカロP、歌い手というアーティストの出現

「歌手の代わりに歌ってくれるソフト」にわき立った人たち

ゲーム空間が織りなす「批判的創造」、この言葉を第１章で取り上げたＹＯＡＳＯＢＩの事例にあてはめるなら「原作〝解釈〟による連作クリエイティブ」となる。連作クリエイターの歴史は「初音ミク」から始まったといっても過言ではないだろう。

初音ミクとは、アニメやマンガなどのキャラクターではなく、コンピューターに自身の作った楽曲を歌わせるソフトウェアのことであり、その楽曲を歌うソフトウェア上のキャラクターが有名になったものである。これを作ったのは北海道大学の職員だった伊藤博之が１９９５年に立ち上げた音楽ソフトウェア販売代理会社、クリプトン・フューチャー・メディア（ＣＦＭ）である。

シンセサイザーなどコンピューターで音楽を生み出す技術は１９５０年代から存在していたが、それが市場を形成してくるのは１９８０～90年代に入ってＤＴＭ（デスクトップミュージック）という言葉が生まれてからの話だ。技術進歩とともに「ピアノ」や「ギター」などの音がソフトウェア化していく中、「声」がＰＣに取り込める「楽器」になったのは、２００３年にヤマハが開発した「ＶＯＣＡＬＯＩＤ（通称ボカロ）」のおかげであった。１万～２万円の

ソフト1本を購入して曲と詩をPCで打ち込めば、吹き込まれた声が歌い上げてくれる画期的なソフトであった。

このボカロソフトに「キャラ」をつけて売り出したのがCFMだが、初音ミクがその第1号ではない。日本初のキャラ設定付ソフト『MEIKO（メイコ）』が2004年に売り出されており、通常の音楽合成ソフトのヒット作基準である1000本の3倍も売れている。だが2作目の男性ボイス『KAITO（カイト）』は低迷した。社員や知人に手描きでキャラをつけてもらったようなものでは売れない、というのが当時の判断であった。

そこで2007年に出す3作目は「声優」という新しいジャンルを取り入れ、オーディションで選んだタレントの声を使い、キャラクターデザインはプロのデザイナーに依頼するという本格的なものになった。有名絵師KEI[12]がデザインしたのは、1983年に世界初のFM音源シンセサイザーとして歴史を塗り変えたヤマハの「DX7」というDTMマシンをモチーフにしたもので、メカとSFと萌えを組み合わせた斬新なものだった。これが現在の「初音ミク」である。約半年で3万本というDTM界の大ヒット作となった。

ニコ動との共振で「女神」に

とはいえ、まだこの時点では3万人の楽曲製作ユーザーが生まれたに過ぎない。歴史がほほ笑むのは、大抵の場合、単数ではなく複数の発明品が化学反応を起こす瞬間だ。

初音ミク誕生の半年前、もう売り終わっていたはずのMEIKOがポツポツ売れだしていた。

12 KEI：『初音ミク』のデザインを手掛けたイラストレーター兼マンガ家。コミックマーケット（コミケ）へのサークル参加をきっかけにプロとしてデビューし、ライトノベルの挿画やキャラクターデザインなどの分野で活躍している。

普通は起こらない現象に、CFMも「一体何が起きたのか？」と驚いていたが、どうやら2006年12月に東京のドワンゴという会社が動画配信サービスを始め、それが効いているらしいということが数か月後に判明する。ニコニコ動画（ニコ動）である。

　ユーチューブ動画を勝手に流用するところから始まったニコ動では、この時期はレミオロメン『粉雪』の合唱や『テニスの王子様』2・5次元ミュージカルなどに勝手に字幕を付けた動画が配信されバズっていたが、今の定義でいえば違法である。2007年2月にはユーチューブから動画転送をカットされ、わずか3か月でサービス終了かと思ったが、ドワンゴのエンジニアたちの神業によって、たった9日で自前の動画投稿サイトの再立ち上げに成功する。その後も爪に火をともすかのごとく生存ギリギリのライン上にあり、何度も「ニコ動

図表11　ドワンゴの売上とニコニコ動画の会員

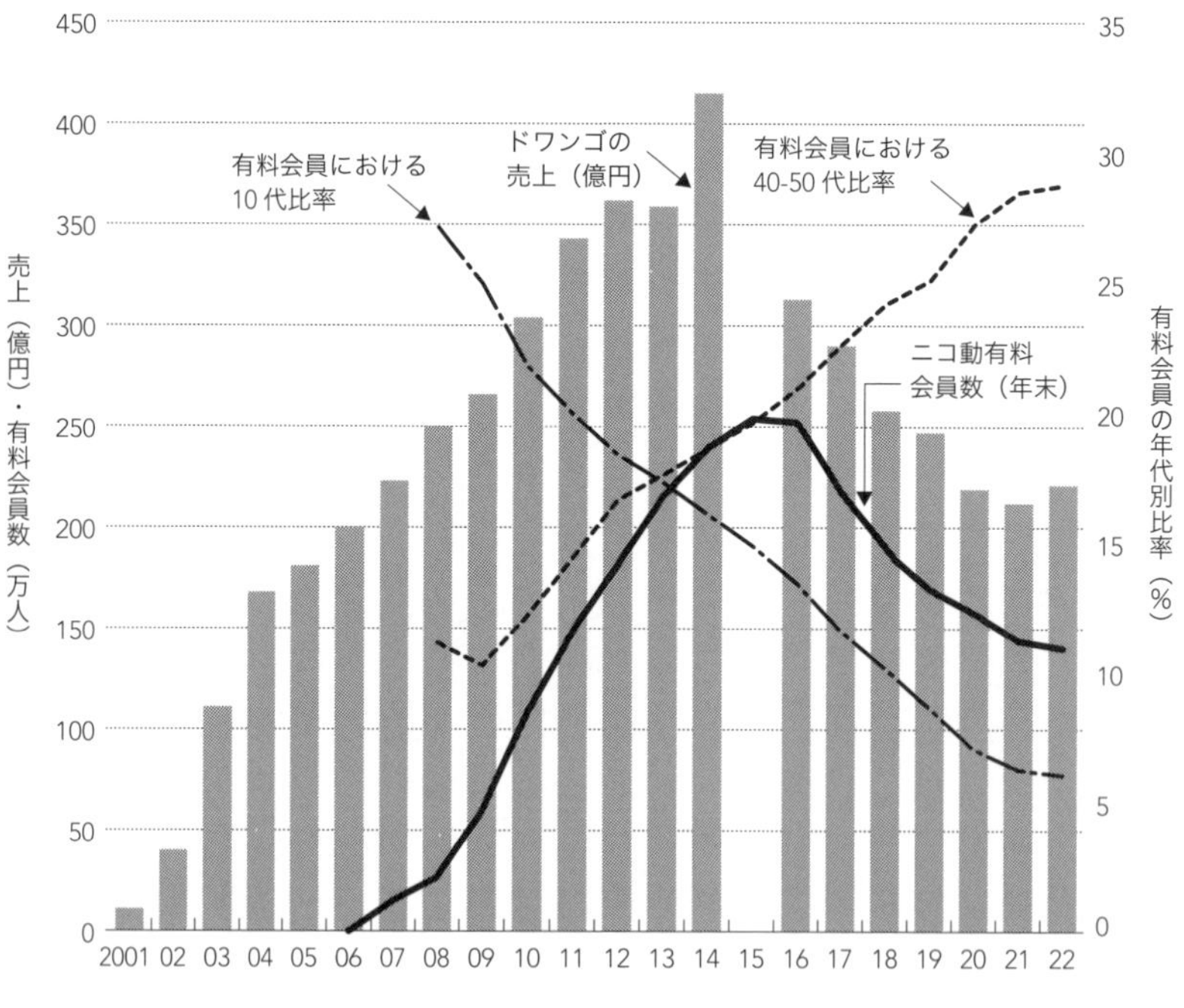

注）ドワンゴの売上の2016年以降はKADOKAWA「Webサービス」

終わったな」と嘲笑を受け続けていた。

そんなニコ動にとって、初音ミクはまさに〝女神〟のような存在だった。月525円の有料会員が数千人しかいなかった赤字サービスが、2007年8月末の初音ミク登場とともに会員が急増。2007年末には16万人にまで増える。初音ミクの3万人のソフト購入ユーザーにとっても、このニコ動がなければ発表の場がなかったわけであり、2つのどちらが欠けていてもイノベーションは成立しなかっただろう。東京と北海道、着メロの会社とDTMの会社、全く関係のない場所で異なる産業から立ち上がった2つのサービスが、奇跡的な化学反応をみせた瞬間である。その後のニコ動は2015年にKADOKAWAと経営統合するころまで10年にわたって成長を続け、ピークには有料登録者が約250万人に達した。

この化学反応は、新世代の音楽クリエイターを生み出す。8月31日の初音ミク発売から1週間もたたずに、いわゆる〝2ちゃん民[13]〟と言われるネットユーザーの中でミームが起こる。『初音ミクに「levan Polkka」を歌わせてみた』がアップされたのは9月4日。1週間で1万本、半年間で3万本。これがお金にもならない中で初音ミクを使ってニコ動にアップされた音楽作品の数である。iKa_mo（鶴田加茂）の「みくみくにしてあげる♪【してやんよ】」（9月20日）」は1週間で50万回再生され、ryo（supercell）の「初音ミク が オリジナル曲を歌ってくれたよ「メルト」』（12月7日）など〝ボカロ曲〟のヒット作が生まれてくる。彼らはのちに「ボカロP」と呼ばれるようになる。

13 2ちゃん民：2ちゃんねるを利用する人を「住民」扱いした呼称。

米津玄師もＹＯＡＳＯＢＩのＡｙａｓｅもボカロＰ出身

ボカロは、米津玄師（ボカロ名：ハチ）やＹＯＡＳＯＢＩのＡｙａｓｅなど様々なアーティストを生み出すプラットフォームとなった。図表12は２０１１年８月末に学研から出た記念すべきボカロＰ最初の雑誌『ボカロＰのための音楽マガジン　ボカロＰライフＶｏｌ・１』に掲載された70人のデータをもとに、ボカロＰの誕生年・人数・当時の年齢を並べたものだ（雑誌に掲載されたのは２０１１年時点で活躍しているボカロＰで、まだ若かった米津玄師、まふまふ、Ａｙａｓｅなどはここには入っていない）。

意外にも１９９０年代以前からＤＴＭをやっていた中高年層からボカロＰになった人間は多くはない。初音ミクという「秋葉原的萌えキャラクター」に拒否感があり、ボカロ＆初音ミク＆ニコ動という新しい音楽世界に入っていくのに二の足を踏んだのだろう。ボカロＰのボリュームゾーンは、初音ミク誕生時に大学生未満だった層、すなわち１９８４〜90年生まれの世代である。

匿名性は伝播する。ボカロＰとして顔も名前も隠して作詞作曲で生きる職人たちが生まれると、今度は顔と名前を隠して声だけで勝負をする「歌い手」が生まれてくる。ボカロの歌を自分の声でカバーして「歌ってみた動画」をニコ動やユーチューブなどに投稿する人たちの登場である。そらる、96猫、Ｅｖｅ、Ａｄｏといった歌い手は、純粋な歌唱力のみで取り上げられ、２０１０年代半ばにメジャーレーベルとの契約が成立した。ニコ動が生んだシンガーである。

　２０１１年の東日本大震災後にツイッターが普及すると、歌い手を応援するフォロワーの輪が広がって、一大ファンベースとなっていく。ネット上では名前も顔も隠している歌い手でも、ライブ会場では顔出しを行いタレント化する、すとぷり（２‐５参照）なども登場する。果ては歌という〝芸〟すらなく、ただひたすらに雑談をしたり、エンタメ的な漫談・雑談を繰り広げるＶチューバーが現れてくるのも、２０１６年になってからの話だ。

　中高年世代がボカロＰや歌い手、Ｖチューバーに親しみを持つようになったのは、ごく最近になってからの話だろう。２０１８年末に米津玄師が紅白歌合戦に出て以降、２０２０年にＹＯＡＳＯＢＩ、２０２１年にまふまふが登場する。まふまふは紅白にもかかわらず、自作楽曲ではなく「命に嫌われている」というカバー曲を歌っている。この楽曲の原作者のカンザキイオリもまた、ボカロＰである。

２０２２年にはＡｄｏが扮する劇場版アニメ

図表12　ボカロPの属性分析

誕生年	代表的ボカロP	雑誌に掲載されたボカロPの人数	初音ミク登場時の年齢	雑誌掲載当時の年齢
1973	shu-t	1	34	38
1979	EasyPop	2	28	32
1982	otetsu	1	25	29
1983	Dios/シグナルP	1	24	28
1984	かにみそP	4	23	27
1985	のぼる↑	2	22	26
1986	ピノキオピー、40mP	6	21	25
1987	オワタP、梨本うい	6	20	24
1988	きくお	2	19	23
1989	ラマーズP	1	18	22
1990	囚人P@猫口眠	2	17	21
1991	マチゲリータ、 ハチ（米津玄師）、まふまふ	1	16	20
1994	Ayase（YOASOBI）		13	17
1995	ぽわぽわP、n-buna（ヨルシカ）	1	12	16
誕生年不明	八王子P、トラボルタ	40		0

出所）『ボカロPのための音楽マガジン ボカロPライフVol.1』（学研、2011）などを基に著者作成。
ハチ、まふまふ、Ayase、n-bunaは雑誌には掲載されていない

『ＯＮＥ ＰＩＥＣＥ ＦＩＬＭ ＲＥＤ』の「Ｕｔａ」が紅白に登場し、伝統あるこの番組の歴史で初めて「人間ではないキャラクター」が歌った。２０２３年にはすとぷりも初出場した。

彼らはニコ動からユーチューブへプラットフォームを移しながら、２０１５～16年ごろから配信を開始し、２０１８～19年に米津ブームに乗って登録者数を増やし始めている（図表13）。この時期にかつてのトップアーティストでもあったＡＫＢ48、宇多田ヒカル、モーニング娘。などを抜き去る。

２０２０年のコロナ期になるとＹＯＡＳＯＢＩ、ヨルシカ、ずとまよ（ずっと真夜中でいいのに。）らボカロＰユニットが〝夜好性〟としてブームが始まる。それは２０２２年に入り、【推しの子】×ＹＯＡＳＯＢＩ、『ＯＮＥ

図表13　人気アーティストのユーチューブ登録者数推移

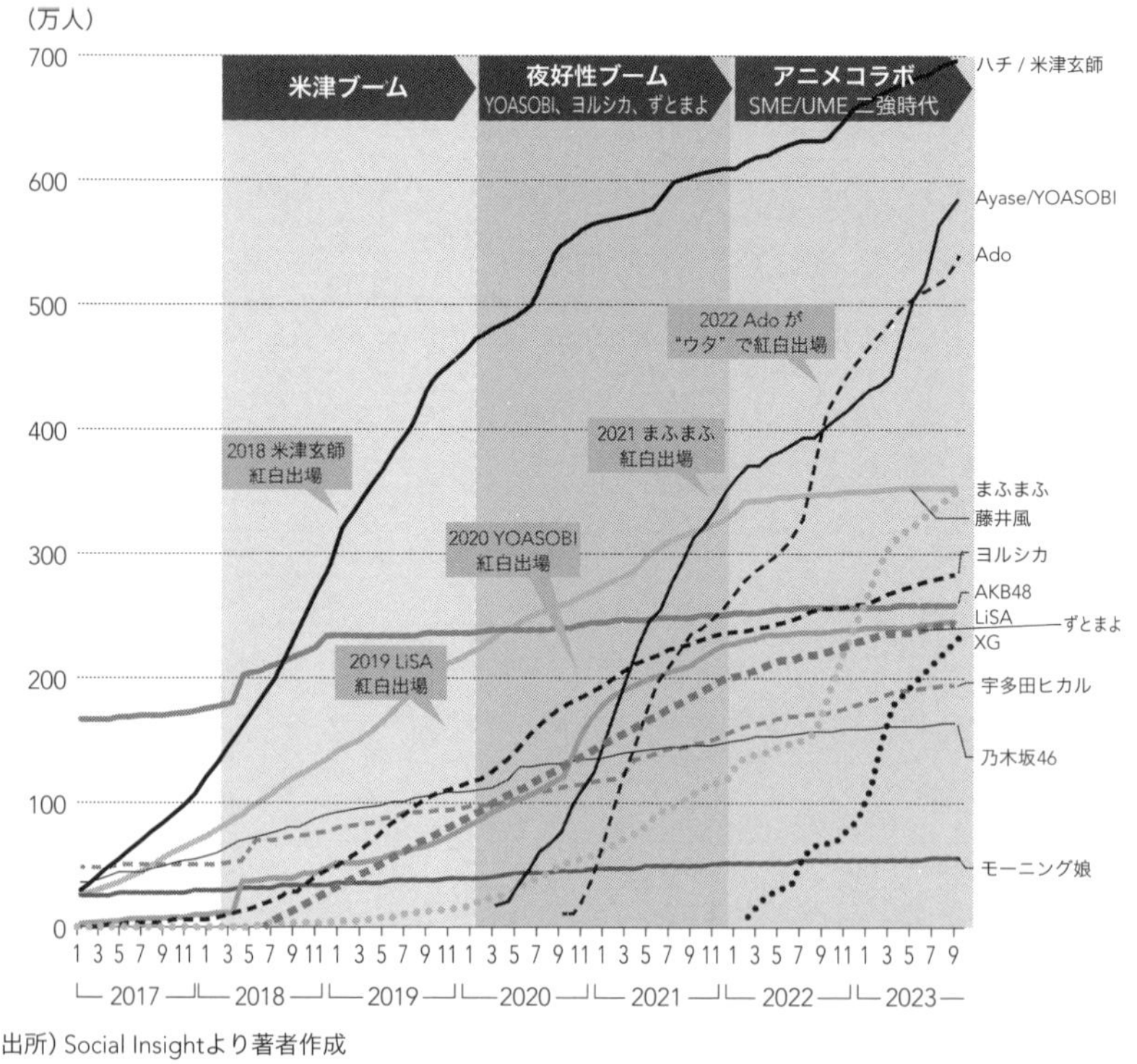

出所）Social Insightより著者作成

ＰＩＥＣＥ』×Ａｄｏなど、動画配信で全世界に広がったアニメに乗せてコラボ楽曲が世界的に視聴される、かつてないＪ-ＰＯＰブームを演出していく。それも手伝い、藤井風やＸＧ、Ｉｍａｓｅ、新しい学校のリーダーズといったポップアーティストたちも海外でフィーチャーされていく。

　ボカロP、歌い手、Vチューバーのほかにも、ライブ配信者、ウェブ発ラノベ作家、ウェブイラストレーター、切り抜き師、弾幕師、動画職人などが２０２０年代になって脚光を浴び、クリエイターの百花繚乱バブルが起こっている。彼らの出自を辿ると、その多くは1点を起源としている。２００６年から始まるニコ動というアンダーグラウンドな動画発表ステージと、ボカロのようなＤＴＭテクノロジーである。

　そこで活動を始めたアマチュアクリエイターたちは、10年ほどの成熟期間とユーチューブの浸透を経て、徐々にマスな存在になってくる。ニッチなネット民以外にもツイッター（現X）でコンテンツのアップデートを告知し、ファン経済圏と推し文化が生まれた。彼らは、内輪で盛り上がりながら頭角を現し、いまやメジャーシーンを総なめにしている。

　これはクリエイター側もユーザー側も、コンテンツの利用を受け入れるテレビ局や動画配信プラットフォーム側も含めて、コンテンツ創作に対する日本的な柔軟性が生んだ結果ともいえる。ニコ動の影響を受けて中国でも２００９年にbilibili[14]民が生まれ、中国語ボカロが登場し、ボカロPやVシンガー[15]なども生まれているが、日本のようなウェーブになるほどではない。日本はユーザーもメディアも新しいクリエイターを受け入れ、市場を一緒になって創ってきた。その奇跡が生んだワンダーランドともいえる。

14 bilibili：中国の動画共有サービス。アニメ・マンガ・ゲームなどサブカルチャー系のコンテンツを多く扱っている。コメントが流れる「弾幕」機能があり、中国版ニコニコ動画と称されることもある。

15 Vシンガー：バーチャルシンガー（Virtual Singer）の略。歌唱活動を中心とするVチューバーのこと。

解釈師による二次創作の時代へ

ボカロP代表格の米津玄師は、もはや大ヒット作品にとっての「アンカー」である。2017年の「打上花火」（アニメ『打ち上げ花火、下から見るか？ 横から見るか？』主題歌）、「ピースサイン」（アニメ『僕のヒーローアカデミア』主題歌）から始まり、2018年の「Lemon」（ドラマ『アンナチュラル』主題歌）は日本で最も再生されたユーチューブ動画だ（2023年9月時点で8・2億回）。2019年「海の幽霊」（アニメ『海獣の子供』主題歌）の後もタイアップは引きも切らず、2022年「KICKBACK」（アニメ『チェンソーマン』主題歌）は全世界に広がり米国レコード協会から日本語歌詞として初のゴールド認定を受けた。2023年には宮崎駿監督の『君たちはどう生きるか』の主題歌「地球儀」も歌い上げた。まるで「ヒット確約のお守り」であるかのように、米津とのコラボとタイアップの勢いは止まらない。

一時代前だったら、今の米津玄師の創作を人々は何と言うだろうか。もちろんタイアップは1990年代にも流行していた手法ではあるが、当時はあくまで「イメージソング」と呼ばれた時代だ。音楽は音楽で作ってしまってから、当て込みで宣伝になる映画やアニメにただ被せられることも少なくなかった。

物語・アニメの創作過程と楽曲の創作過程を重ねるやり方は、新海誠監督の『君の名は。』（2016）でRADWIMPSの「前前前世」とハーモニーをみせた時期から広がっていった。映画のために楽曲をつくったのか、楽曲のために映画をつくったのか、映像と音楽が美しくシンクロしたこの映画は、音楽を聴くたびにあの映像がありありと浮かび上がる強い波及力を持った。音楽は体験や感情を運びやすくパッケージ化するものであり、美しいタイアップ楽曲は、包装紙を見ただけでそのブランド体験が浮かび上がるように作用する。コンテンツ体験をいつまでも保存し、ポータブルに持ち運べるように切り分けてくれる。

同じように、原作の「解釈力」に優れた米津玄師の楽曲は、マンガ・アニメ・ドラマの筋を彷彿とさせ、楽曲としての新しさにもあふれている。

米津玄師が当世一代のコラボ師になったのは、それ以前の彼が10年以上ボカロPとして活躍し「解釈師」の実力を養ってきたことが背景にある。ボカロPやpixivイラストレーター、切り抜き師などネットのアップロード文化の中で育った世代は、アニメ・マンガ・ゲームの原作をもとに、変奏曲のように新しいアレンジを加えることに慣れている。

彼らは「ゼロイチ」の創作ではなく、すでに流行が起こっている流れの中で、どう自分の解釈的な創造性を加えて、よりその「祭り」を盛り上げていくかを考える。二次創作に対する禁忌感が弱い反面、原作をリスペクトし、良い部分と流行を創り上げている要素を抽出することに、前世代のクリエイターよりも圧倒的に長けているように見える。

映像や物語をみたときに、それをオマージュして楽曲や歌詞に変換をする「解釈力」は、ゼロイチで何かを生み出す力とはちょっと異なる。どんなファンがそれを見ていて、どんなシチュエーションでどんな気分になっているかということを想像しながら、あくまで添え物でありながら1つの創造物となるようにアラインメントを行う。

そこでは様々な創造性が発揮される。「二次」であるがゆえに、創作性は低いものとみなされ、「原作者に対する冒瀆」「著作権軽視」という誹りを受けがちだが、今という時代は、「二次」が一次を引き上げ、一次とともにウェーブを創る不可欠な要素になりつつある。一次の創造性に触発された二次の存在そのものがヒットの要因になるというくらい〝連作クリエイティブ〟が焦点となってきているのだ。

二次創作とは便利な道具でもある。ＴｉｋＴｏｋでのミームは「自分のカワイイ表情や動き」を嫌味なく引き出してくれる。自分で用意して自分をかわいく見せるのはあざとさが際立つ。あくまでミームとしてのダンスや音楽に乗っかっているという〝言い訳〟があることで、自分を画面の前でパフォーマンスさせる〝理由付け〟にもなる。

「インスタ映え」という言葉が流行したのが２０１７年だが、それは同時にインスタ女子に対するヘイトが増幅した時期でもある。自分盛りすぎ問題、およそマンガやアニメが好きとは思えぬタレントが乗っかっただけのかわいさアピール問題、あまりに利己的な場所・動物・商品の活用などが、いわゆる自己宣伝のネイティブアド（一般記事のように見せながら、広告商品を見せる目的のためのもの）のように受け取られたのだ。一次創作へのリスペクトはありながらも、結局は一次の人気にあやかり、二次として注目を集めたいという底意が見え隠れすると、ユーザーは離れてしまう。ここを素直に受け取ってもらうためには、「考察」と「解釈」という二次のクリエイターの創造性が重要なのである。

2-3 マイナーデビューのプラットフォーム

アマチュア作家をスターダムにのし上げた「小説家になろう」

二次創作は音楽やダンスに限らない。ニコ動や初音ミクのみならず、２０００年代半ばはインターネットが〝場〟として機能するための基礎的なサービスが続々と勃興する黄金期でもあった。まだネットがお金になるかどうかわからなかったこの時代、まさに秋葉原がオタク都市として存在感を高め、『電車男』[16]（２００４）が一世を風靡していたこのタイミングに、小説投稿サイト「小説家になろう（以後、なろう）」が始まった。まさに２００４年でドンピシャのタイミングであった。２０２２年時点で月間20億ＰＶという恐るべき数字を上げている。「東洋経済オンライン」や「文春オンライン」など我々が日々目にする機会の多いサイトの10倍規模に達し、数百万人が毎日のように見ているメジャーサイトだ。累計ＩＤ登録者は２３０万人近く、２０１７年時点で「毎月」３万人が10万作品を投稿[17]。何百万人という人が非常に長い時間滞在し、作品を読んで、ランキングに反映される、まさに小説家の発掘インフラとなっている。

　これらはすべて無料で提供されている。運営費はわずかな紹介料や広告費で賄われている。運営会社のヒナプロジェクトは出版社ではなく、大阪の数十人のサイト運営会社である。ここ

16 電車男：インターネット電子掲示板の「2ちゃんねる」への書き込みを基にした恋愛小説。ネットで生まれた感動の物語として単行本化されてベストセラーになり、マンガ・映画・テレビドラマ・舞台にもなる。作品名は、投稿した人物のハンドルネームに由来する。

17 Dockpit

から生まれた『Ｒｅ：ゼロから始める異世界生活（リゼロ）』（連載２０１２〜、アニメ化２０１６〜）や『転生したらスライムだった件（転スラ）』（連載２０１３〜、アニメ化２０１８〜）、などの代表作は、いずれもアマチュアの個人が「なろう」で小説連載を開始し、人気が出た作品がＫＡＤＯＫＡＷＡなどの出版社から書籍化され、その後アニメ化・ゲーム化・商品化へと広がっていった。『リゼロ』作者の長月達平は執筆開始当時、精肉店の従業員、『転スラ』作者の伏瀬は土木関係のサラリーマンであった。「なろう」は、およそ「作家」とは誰も気づかないようなアマチュアの「作家になりたい」というひそかな野望をスターダムに乗せてくれるかもしれない、シンデレラ製造機だった。

「すでに役割は終わった」と言われたラノベの再活性化

「なろう」以前に小説の新ムーブメントを起こしたプラットフォームとしてライトノベル（ラノベ）がある。『ロードス島戦記』（１９８６〜）から始まり、『スレイヤーズ』（１９８９〜）、『涼宮ハルヒの憂鬱』（２００３）など１９９０年代から２０００年代前半にかけて人気作を生み出してきた。小説のカバーには有名絵師のキャラクターイラストを使い、文章量が少なめで情景描写よりは会話劇を中心とする、小説と脚本とアニメの間にある「キャラを中心とした物語」だ。言葉として「ライトノベル」が定義されたのは、２００４年の『ライトノベル完全読本』（日経ＢＰ）から。「表紙や挿絵にアニメ調のイラストを多用している若年層向けの小説」とされていた。

ラノベを出していた電撃文庫、富士見ファンタジア文庫、MF（メディアファクトリー）文庫J、ファミ通文庫、角川スニーカー文庫は、それぞれ異なる出版社のレーベルだったが、いまやすべてKADOKAWAの傘下にある。2000年代後半になってからSBクリエイティブ（GA文庫、2006〜）、小学館（ガガガ文庫、2007〜）、講談社（星海社文庫、2011〜）なども続々参入していくが、現在においても市場の6〜7割はKADOKAWAが独占している珍しいジャンルでもある。

だが定義されていない成長ジャンルは、えてして普及フェーズを〝凋落〟と誤解される。『出版月報』2002年5月号では、「ライトノベルはもう終わってきている」と語られていた。当時絶頂を極めていた英国生まれのハリーポッター小説と比較し、「ライトノベルが頂点を打ったのは92年、内容が薄いだけにいち早く下降線をたどり、一部のタイトル・作家を除いて、ジャンルとしては痩せていった」「ライト感覚のファンタジーがアニメやコミックの様式としても定着したが、事実上ライト・ファンタジーのブームは一旦収束している」と否定的な言葉が並んでいた。[18] それほどに新興ジャンルの定着というのは予期しづらく、不安定さを内包している。

実はもっと以前にも、投稿作から新人を発掘するインフラの試みがあった。1960〜70年代半ばに発行された小説雑誌である。だが毎月発行し、日本全国に配布させる製造・流通コストには合わず、広告収入も得られなかった。才能の発掘確率も割に合わず、続々と廃刊していった経緯がある。1990年代にラノベの人気が出た時、小説なのかマンガなのかわからないこのジャンルは、その後のケータイ小説のように一時のファッションとしてしか受け止められ

18 佐藤辰男『KADOKAWAのメディアミックス全史　サブカルチャーの創造と発展』KADOKAWA、2021

ていなかった空気感は十分に理解できる。

プラットフォームは常に、生成と成熟と衰退の繰り返しだ。ラノベが衰退し、それを再び活性化させたのが「小説家になろう」であった。創業者の梅崎祐輔が2004年に立ち上げた個人運営サイトから始まり、少しずつ勢いを伸ばし、登録者が6万人を超えた2010年になってはじめて法人化する。同サイトの運営法人ヒナプロジェクトである。『魔法科高校の劣等生』（2008〜）、『ソードアート・オンライン』（2002〜、作者個人サイト掲載からスタート）の出版やアニメ化にあわせて2010年代前半に投稿者は急増していく。

この仕組みの不思議なところは、投稿者にしてもヒナプロジェクトにしても、1つの利益意思を持った主体ではないということだ。どこの資本傘下にも入らず、ただひたすらこの「なろう」という〝砂場〟で遊んでいる子供たちのようだ。

「なろう」の全盛期は2012〜14年あたりだろう。前述の『リゼロ』が2012年、『転スラ』が2013年に始まり、そのほか『この素晴らしい世界に祝福を！』（連載2012〜13、アニメ化2016〜）、『異世界はスマートフォンとともに。』（連載2013〜、アニメ化2017〜）、『盾の勇者の成り上がり』（連載2012〜、アニメ化2019〜）なども生まれてくる。登録者数がまだ50万人にも満たなかったこの時期の作品が、2016〜19年のアニメ化で一気に「なろう」をブランディングし、作家の登竜門のように扱われていく。

だが、「栄華の時代」と言われた時、産業はすでに成熟し、下降を始めている。2017年に過去最高の年間投稿作品数10万件で天井を打ち、それ以降はずっと登録数は落ち続けるばかりだ。作者数もそれ以降の数字は公開されていないが、2017年の3・3万人をピークに増えてはいないだろう。行き過ぎた「異世界ブーム」にブレーキをかけるべく、ランキングのアルゴリズムの変更が行われ、人気上位は徐々に女性ファンがつきやすい「悪役令嬢系」へと変化した結果（このジャンルは2020年代にウェブトゥーンで一大ブームを形成している）、作家・読者の大半を占めた男性は別のプラットフォームに移住を始め、KADOKAWAが用意したカクヨムやウェブトゥーン、インディーゲームなど別の場所へと才能が移行した。

　現在の「なろう」は創造的なアマチュア作家を生み出す唯一無二のプラットフォームではなくなってきている。プラットフォーム運営は難しい。優れた才能が集まっているうちは、その事実自体がより多くの才能を呼び込む好循環を起こすが、一度〝顧客〟から見放されると逆回転を始めてしまう。自由でオープンすぎる空間は、IP（知的財産）として権利を確保したり、プロパティとして人々を縛り付けたりするものもないから、才能が流れゆくのを眺めるほかなくなってしまう。

図表14　「小説家になろう」の投稿作品・作者・登録者

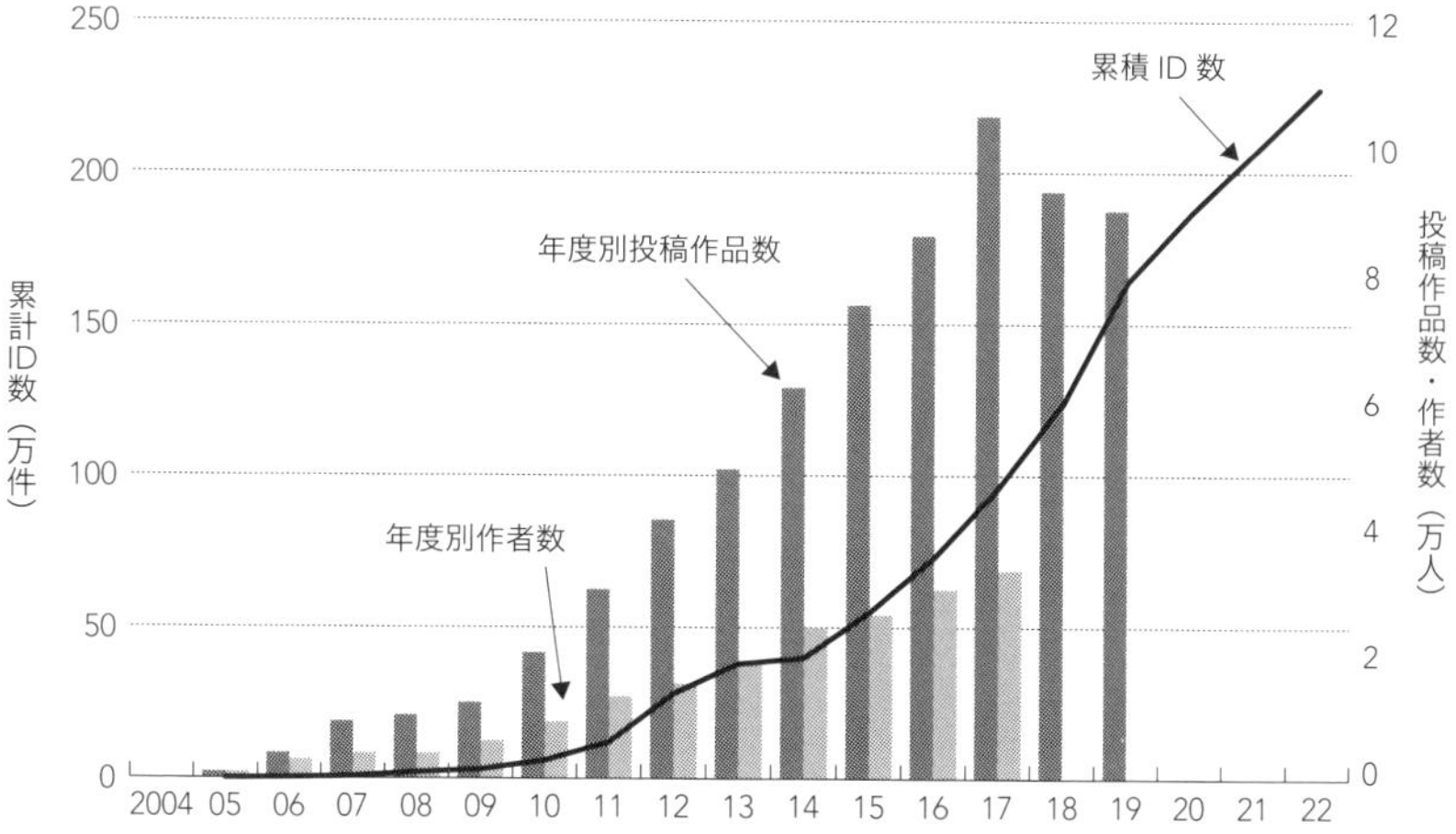

出所）「小説家になろう」各種発表資料より著者作成

世界ダントツの画像投稿プラットフォームになったｐｉｘｉｖ

音楽と動画が「ニコ動」、小説が「なろう」、と来れば、次はイラストの「ｐｉｘｉｖ」だ。人々が次々と自作アートをアップするｐｉｘｉｖも、アップロード時代を象徴するサービスである。こちらもまた２００７年９月、まさに初音ミクとほぼ同タイミングで産声をあげている。アカウント数はわずか３週間で1万を突破、翌２００８年末には50万人にも到達している（ニコ動は同時期に有料登録27万人）。ニコ動、初音ミク、ｐｉｘｉｖはほぼ同時期に立ち上がり、近似した成長曲線をみせた。

ｐｉｘｉｖは収益化に苦しみ、途中からアニメイト[19]傘下に入ったが、今や初音ミク以上にグローバルなサービスである。会員１０００万人突破（２０１４年２月）も目覚ましいスピードだったが、そこから10年弱でさらに5倍になり、現在はなんと５０００万人を突破している。その多くは海外ユーザーであり、２００９年時点で7％に過ぎなかった海外ユーザーが今は半分以上を占める。世界のデザイン・アートのサイトをランキングしてみると、ｐｉｘｉｖの月間3億という訪問者数は世界一である（図表15）。

ｐｉｘｉｖにどんなアートが一番アップされてきたかと言えば、〝ニコ動御三家〟と呼ばれる『アイドルマスター（アイマス）』『初音ミク』『東方Ｐｒｏｊｅｃｔ[20]（東方）』の3作品である。一般的な人気度ランキングとは異なるものだろう。この3作品は、ニコ動でも使われ慣れている著作権における寛容さ、キャラクターとしての幅や使い勝手の良さ

19 アニメイト：アニメ・コミック・ゲーム関連商品の販売チェーン店。

20 東方Project：ZUN（通称「神主」）が運営する個人サークル「上海アリス幻樂団」が制作する弾幕シューティングゲームを中心に、そこで生まれるキャラクターが主に“二次創作”によってコミック、ゲーム化、フィギュアやグッズ化されていったプロジェクト。2023年までに19作のゲームがつくられている。ニコ動やユーチューブ上では主人公格の「博麗霊夢」と「霧雨魔理沙」の頭部をモチーフにしたキャラクターが「ゆっくりしていってね!!!」と歓迎しながら、ボカロを使って様々な社会的事象を解説していく動画が好評を博している。

があり、両サービスのユーザー属性が近い点も手伝って二次創作アートの〝演習素材〟となってきた。

　ただ近年、それも変わりつつある。図表16のように、２０２２年時点では「Ｖチューバー」などに加えて、中国発ゲーム『原神』が急上昇している。ｐｉｘｉｖはさながら2次元キャラクターのコレクションステージで、その時代その時代に、みんなが一番何にハマっていて誰を描きたいかが如実に表れている。２０１０年ごろまでは『東方Ｐｒｏｊｅｃｔ』の独壇場だったが、２０１２年は『黒子のバスケ[21]』、２０１４年は『艦これ[22]』、２０１６年はアプリゲーム『Fate/Grand Order（ＦＧＯ）』大流行の影響でＦａｔｅが飛び出してくる。２０１９年には『鬼滅の刃』がアニメ化にあわせて急増した。

図表15　世界のデザイン・アートサイトの訪問者数トップ10（月間）

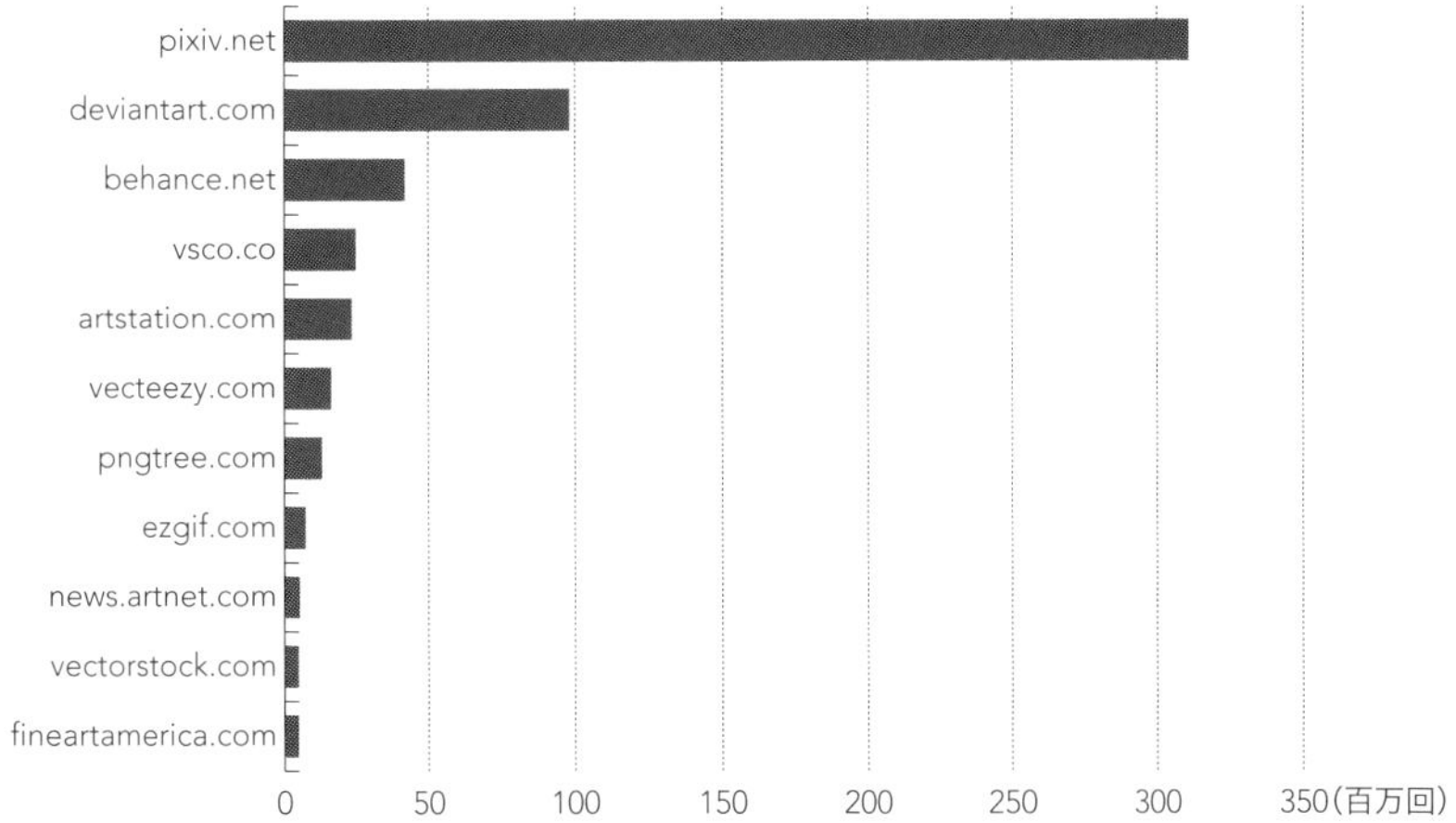

出所）SimilarWebより著者作成（2023年6月時点）

21 黒子のバスケ：高校バスケットボールを題材とした少年マンガ。作者は藤巻忠俊。『週刊少年ジャンプ』に2009年ら2014年まで連載され、アニメ、ゲームなども展開されている。

22 艦これ（艦隊これくしょん）：艦隊育成型シミュレーションゲーム。旧日本海軍の軍艦などの艦艇を女性キャラクターとして擬人化した「艦娘（かんむす）」を集め、強化しながら敵と戦闘する。

現在活躍しているマンガ家やイラストレーターでもｐｉｘｉｖを活用している作家は多い。ハンドルネームを使っているので特定できていないケースも多いが、『ハイスコアガール』の押切蓮介や、『ブルーピリオド』の山口つばさなどの創作活動にも使われている。

ｐｉｘｉｖではなく、ｃａｋｅｓという配信サイトでの事例だが、武蔵野美術大学を卒業し広告代理店で働いていた〝絵を描いたことのない〟作家かっぴーが、素人画法で連載していたマンガの内容があまりに面白く、別のマンガ家がリライトしたことで広がったのが『左ききのエレン』であった。

自分が本当に描きたいものを商業性と関係なく吐き出すことは、新たな創造の種になる。描くために描いている、ともいえる二次創作は、プロの育成場としても十分に機能するものなのだ。古くは、『うる星やつら』の高橋留美子や『神風怪盗ジャンヌ』の種村有菜、『ＧＴＯ』の藤沢とおる

図表16　pixivのキャラクター別投稿作品数

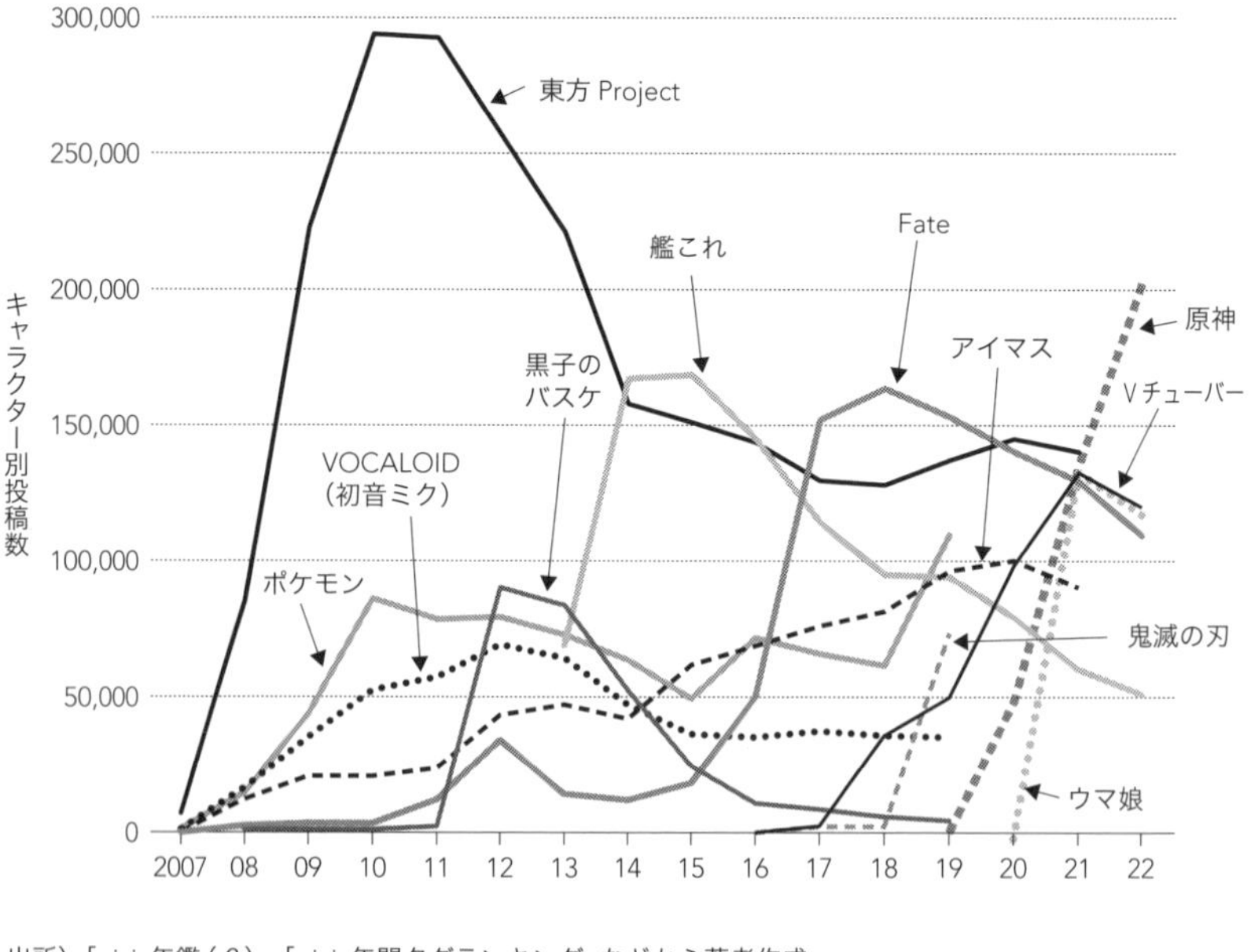

出所）「pixiv年鑑（β）」「pixiv年間タグランキング」などから著者作成

など、コミケを出自とするマンガ家も多かった。創作の自由な〝砂場〟が、創造産業の命運を握っている。

アマチュア作家大国の象徴としてのコミケと東方Ｐｒｏｊｅｃｔ

コミケをみれば、いかに日本が「豊穣なアマチュア作家空間」であるかがわかる。２０２２年８月のコミックマーケット１００には２日間で17万人が来場した。そこに申し込むアマチュアクリエイター（プロも含まれる）や編集者で構成されるサークル数は２万組。コスプレイヤー数も延べ４５００人になる。なぜ来場者（ユーザー）が20万人弱「しか」いないのに、２万～３万人ものクリエイターが集まるのだろうか。

音楽フェスのなりたちも似たようなものだ。１９６９年にニューヨーク州で開催されたウッドストックフェスティバルでは、「32組」のアーティストが出演する野外コンサートをめがけて40万人が殺到した。ヒッピーや学生運動などのカウンターカルチャーとまじり合い、米国の巨大な音楽コンサート市場の始まりとなっていく。その６年後の１９７５年、日本で生まれたコミケはまさに同じ「32組」のサークルが参加して始まったが、来場したのは７００人。ウッドストックとは雲泥の差があった。

だが目の前にお客さんが生まれ、ニーズがあると知った日本の職人性の高い作り手たちは、年２回のこのタイミングをめがけて、同人誌といわれる自作のプロダクトを創るようになり、手売り販売を続けてきた。半世紀がたち、観客は７００人から17万人へと２５０倍になったが、作り手もまた32組から2万組（落とされたサークルも含めると3万組と言われる）へと100倍になった。それだけ「手を動かして、自ら関与者になりたい」という日本の作り手文化の底力を感じさせる。

pixivで一番人気を誇る『東方Project』には、東方版のコミケともいえる「博麗神社例大祭（はくれいじんじゃれいたいさい）」という同人誌即売会イベントがある。出展されるのはすべて東方に関わる同人誌であり、単独ジャンルのイベントとしては世界最大規模だ。2013年の第10回は出展者が約5000スペースを占領し、参加者は5万人に及んだ。主宰した鈴木龍道は「個人」である。東方Projectのファンに過ぎず、2004年の第1回は、Fateイベントの横で間借りをしながら人を集めようとしたら予想外に出展者108スペースに3000人が殺到してしまった。それから2023年まで20回にわたって、毎年数万人を集め続けている。東方の原作者に連絡を取らずに「勝手に」開いたイベントだったが、途中からその規模と影響力から原作者ZUNも入り、「後から公式化」したのである。

ウッドストックもコミケも博麗神社例大祭も、「公式」はその誕生に関与していない。ファンが勝手に始めたから盛り上がりは熱を帯び、伝説を作った。公式に追認を受けることで正当性は帯びながらも、それは今でも「自分たちの」イベントなのだ。

ディズニーのライセンスビジネスに対する「挑戦」

初音ミクも東方Projectも、二次創作に対する寛容性がある日本において、IP世界のアンダーグラウンドからメジャー化したキャラクターである。本来キャラクターは、ゲーム化や商品化を行う「正規の事業者」にのみ使用が許可される。お金を集めるために著作権で無断使用から守るわけである。それを最初から放棄して、「自由に使ってね」という行為は、ディズニーのミッキーマウス以来１００年近く続いてきたライセンスビジネスに対する「挑戦」でもある。

だが、こうしたビジネスの前提を崩すような、オルタナティブなライセンスキャラクターは、「ユーザーが持ち上げ、ユーザーが有名にしていった〝自分たちの〟キャラクター」という参加意識を醸成し、その参加感によって露出を上げて有名なものになっていった。それは現在のミキサー・ビルダー・推し活ファンのような、消費を越えた新世代の活動へと発展してきた。コミュニティを信用し、オープン化によってユーザーと共創していくという動きは、ロブロックス（２００４）、マインクラフト（２００９）、フォートナイト（２０１７）などの世界的な潮流にもつながっている。この源流が１９７０〜90年代の日本に存在し、数万人・数十万人と動員してきた歴史があり、それがニコ動や初音ミクや東方Ｐｒｏｊｅｃｔを生みだしてきた事実は、世界的にみても特筆すべきことである。

受け手に対する作り手の数が多いのは、特筆すべき日本の強みだろう。自分の周りに1万人が集まる前提で開く米国の音楽コンサートに比べ、コミケなどのイベントでは、自分の前に足を運んでくれるユーザーが10人程度でもいれば、喜んで創作するクリエイターが集まる。およそ効率的ではないとはわかっていながら、「目の前にお客さんが列をなしてくれるのであれば」と持ち前のサービス精神と職人魂で作り手に転換してしまうのだ。

日本は二次創作国家

日本はその発足からして圧倒的な二次創作国家であった。律令や都城制を中国から取り入れ、漢字を輸入しながらも自主創作のカタカナとひらがなを当て込んで3種類の文字を混ぜ合わせるような文化を作ってしまった。取り入れて、あとから帳尻を合わせるようなことをするものだから、同音異義語が10個も20個もできてしまう。

日本は仏と神を一緒にしてしまうし、院政のように形だけ変えて実質は変えないという技も、他国でみることはない。なんでも闇鍋のようにごった煮で入れ込んで、自分たちの都合の良いように創作的に書き換え、場当たり的に使い回していく。

狂歌は身分・性別などおかまいなしに、みんなが集団になって誰がオリジナルかわからなくなるほどのオマージュとコラージュの嵐。作者名は宿屋飯盛、酒上不埒、芝うんこ、大屁股臭…と、もう誰が誰だかさっぱりわからない。こうした顔のみえないアバターたちが、自分たちを相対化しつつ、「本歌どり」のごとく本質的な部分をうつしかえて、新たな題材と結びつけて楽しむ二次創作カルチャーは、戦後もその威力をいかんなく発揮した。

日本アニメにとってのディズニーアニメ、日本マンガにとってのアメコミ、日本ゲームにとっての米国アーケードゲームなど、ゼロイチの創作は外部にお任せして、見聞きしたものを取り入れながら、原型とはかけ離れたものを二次とはいえ創作してしまう。DTMもボカロのキャラクターも最初は米国であり、それを「日本初のボカロ」のMEIKOにしたり、アニメ・

声優カルチャーと混ぜ合わせて初音ミクにしてしまい、果てはＪ-ＰＯＰカルチャーを牽引するボカロＰが何十万人という規模になるなんて、20年前は想像もできなかっただろう。

二次創作を加速させる著作権の緩さと、明文化されていないがゆえに空気さえ読めれば推進できる社会の構造的な〝破れ〟は、日本を世界に比類ない二次創作国家に仕立て上げた。人々はただ祭りを楽しみながら、ときたま生まれる傑作をいつくしむのだ。

2-4 動画共有サービスという大革命

ユーチューブの登場と社会インフラ化

創作の対象は様々あるが、音楽やテキスト（小説）、絵（アート）に比べると、動画はハードルが高かった。ニコ動も動画部分は他のプラットフォームでできたものを転載し、ちょっとしたキャラ絵を交互に動かしたりする、かなり原初的なアニメーションが多かった。データ容量の問題もあったし、マネタイズができていない中でオリジナル動画を創るコストも賄えなかった。だが、ユーチューブとスマホの登場で状況は一変し、動画創作のハードルは軽く飛び越せるものになった。

ペイパル社員だった3人が２００４年にスマトラ島沖地震の動画を検索したが簡単には見つからず、誰もが動画を共有できるサイトをつくろうと始めたのがユーチューブだった。２００５年の創業から1年でユーザー数は３４００万人、1日あたり6万本以上の動画がアップロードされ、1億回も視聴されるサイトになったのを見て、グーグルが当時としては同社最大の投資額16・5億ドル（約２０００億円）で買収した。その時点でもユーチューブはまだ設立後1年強のベンチャーに過ぎなかった。

グーグルが買収した当時は社員60人のベンチャーだったユーチューブは、黎明期の動画視聴サイトの中では世界シェア４割を握る一強ぶりだった。だが、ニコ動が初期に苦労したのと同様、著作権問題が立ちはだかった。『サタデーナイト・ライブ』[23]などのテレビ番組、スポーツ映像や歌手のミュージックビデオなどの著作権侵害動画が入り乱れ、それらを〝公式化〟するために何年も費やすことになる。２００７年にはメディア大手のバイアコムから訴訟を受ける事態となり、ここからグーグルはハリウッドや音楽レーベルなどコンテンツを生み出してきたメディア企業との長い戦いに明け暮れることになる。

「我々が多額のＲ＆Ｄ投資の末にようやく生み出してきたヒット作にタダ乗りして視聴を稼いでいる」「対価として払うべきものは払え」。コンテンツの著作権を持つメディア企業の主張は、同時期に勃興してきたスポティファイやネットフリックスにも浴びせかけられた。ニューズ・コーポレーションが２０１０年にグーグルニュースを「寄生虫」「コンテンツ泥棒」とクソミソにこき下ろしていたのも、同じ論理の下である。旧メディアと新興メディアの抗戦は20年以上もの長期戦になってきている。

だが、結論からいうと「なし崩し的に新しいモデルを許容せざるをえない」状況に帰結した。テレビ局や音楽レーベルは、お金をかけてファンを集め、コンテンツを創ったから王者になったのではない。限られた企業がメジャーとなり、ディストリビューション（流通）のパイプラインを制限していったからこそ価値が生まれ、安定した収益によって一定額のコスト投下が許容できるようになり、映像や音楽、ニュースなどの制作にお金をかけるようになる、という順番である。

１９９７年にビデオ郵送から始めたネットフリックスが、２００７年にストリーミングを開

23 サタデーナイト・ライブ：米国NBCで1975年から生放送されている深夜90分の公開コメディバラエティ番組。

始し、ずっとコンテンツをもらう受託業者のような扱いをされながら、最初のオリジナル映像『ハウス・オブ・カード』[24]を制作して大ヒットを飛ばしたのは２０１３年になってからの話だ。ディストリビューターとして強固な地位を確立してから、初めてコンテンツに投資を傾けるようになった。そこから10年でネットフリックスは他の並みいるハリウッドスタジオにも負けない映像コンテンツを産出するヒットメーカーとなった。

　コンテンツ各社は、こぞって旧メディアから新メディアに引っ越しを始めている。自分たちのオウンドチャンネルをユーチューブ上で運営し、ほとんど費用の足しにもならない広告収益をグーグルから得ながらも、むしろ自社作品のプロモーションの必須要件として「無料で」コンテンツをユーチューブに乗せ始めた。10年前は「勝手に使うな」「金をよこせ」と盗人呼ばわりしていた新興メディアに、今度はコストをかけてコンテンツを投下するようにもなっているのだ。

　敵に塩を送るような行為だが、ユーザーが新メディアとしてのユーチューブにどんどん集まっている流れが不可逆になってしまったという事実をもって、各社が方針を転換させているのだ。本丸を明け渡さない程度の譲歩ともいえるが、そのうち外堀からどんどんと浸食され、遂にはハリウッド大手スタジオＭＧＭのようにアマゾンなど新興メディア企業にコンテンツごと本丸も食べられてしまうリスクも孕んではいる。

　ユーザーの選択行動が変わってしまった後で「選ばれなかった立場」に選択肢はない。それがここ20年で改めて全メディア企業が実感していることだろう。

24 ハウス・オブ・カード：インターネット配信で初公開されたドラマとして史上初めてエミー賞を受賞した。

全世代が利用するユーチューブ、10代が主役のＴｉｋＴｏｋ

ユーチューブの成長で画期的だったのは２０１３～15年のスマホ普及だ。毎分アップされる動画の量は、その３年間で１００時間から４００時間に増え、ユーチューブユーザーは世界中で激増した。競合もあったが、２０１０年代にユーチューブは動画プラットフォームとして完全な独走態勢に入った。あらゆる動画メディアは「ユーチューブを使った『後』に、どうやって自分たちの配信サービスに呼び込むか」を考えなければいけなくなった。ユーチューブは動画コンテンツの源流となったのである。

図表17に見るように、もはやユーチューブは社会インフラとして世代を超えて利用されている。ＬＩＮＥと並んで、どの世代でも使用率は高い。

逆に世代差が顕著なのはツイッター（Ｘ）とＴｉｋＴｏｋである。この２つは、50代以上では２割ほどしか使っていないのに、10代となると半分以上が使っている。この２つはい

図表17　SNSの年齢別使用率

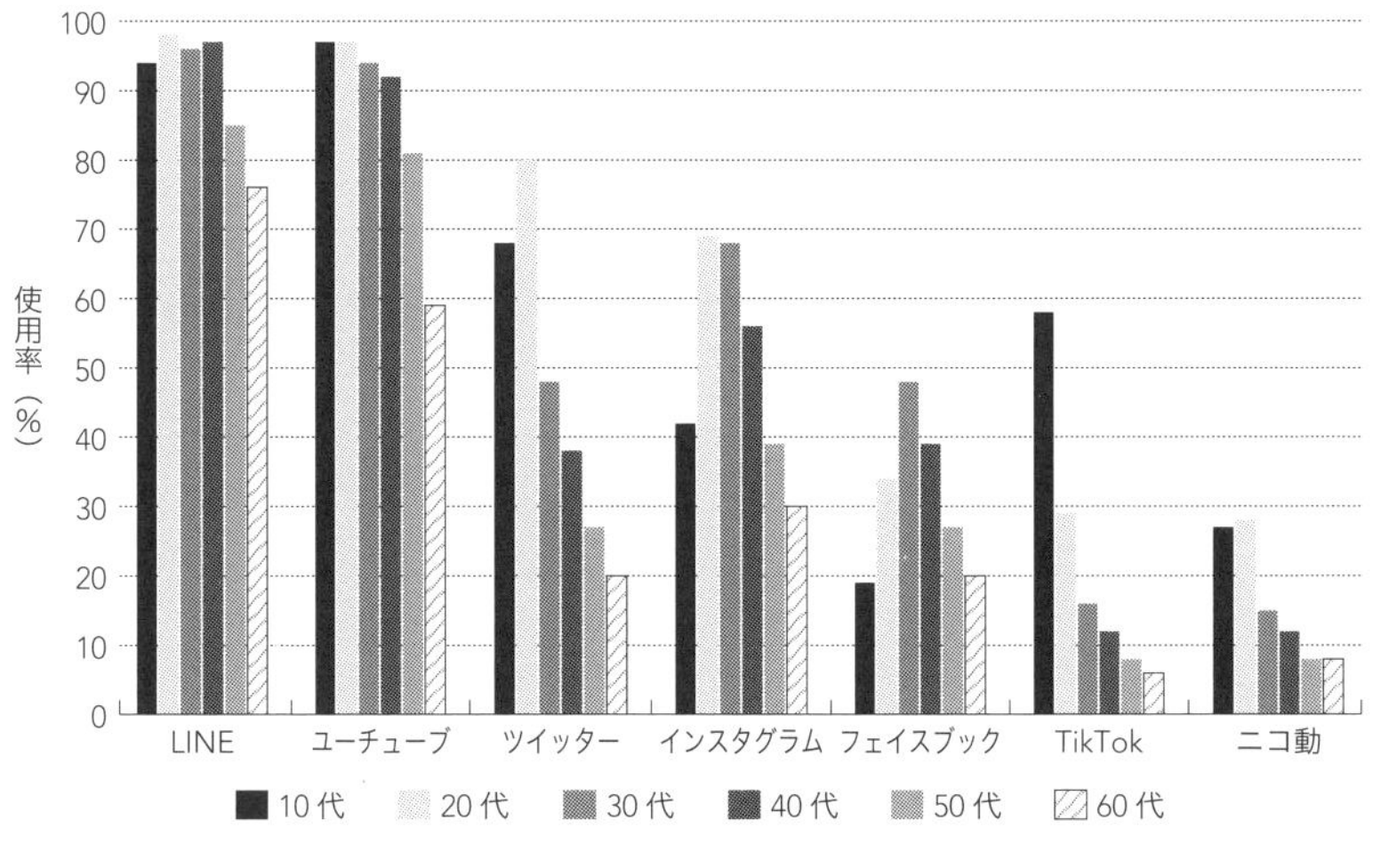

出所）総務省「令和２年度情報通信メディアの利用時間と情報行動に関する調査」

まだ「若者のメディア」でしかない。

ユーチューブはこの10年少々の間に、あらゆる年代にとってのテレビのような存在になった。2023年2月時点で26億人の月間視聴者に対して、1億1400万ものチャンネル数が存在している。1人で最高100チャンネルまで持てるが、基本的には1億ほどの企業・クリエイター・個人が配信チャンネルを作っているといえる。1日10億時間、1か月で300億時間、1年間で3600億時間の視聴がなされている。[25]

もともと人間というものはとかく作りすぎる。新曲は毎年800万曲作られ、新刊本は200万冊出て、新作ゲームも25万本出る上に、新作映画も1・6万本が撮影され、配信され続けている。[26]ただそれらと比べても、「1億人」のクリエイターがいて、「毎月300億時間」も

図表18　ユーチューブの月間ユーザー数・アップ動画総時間・売上

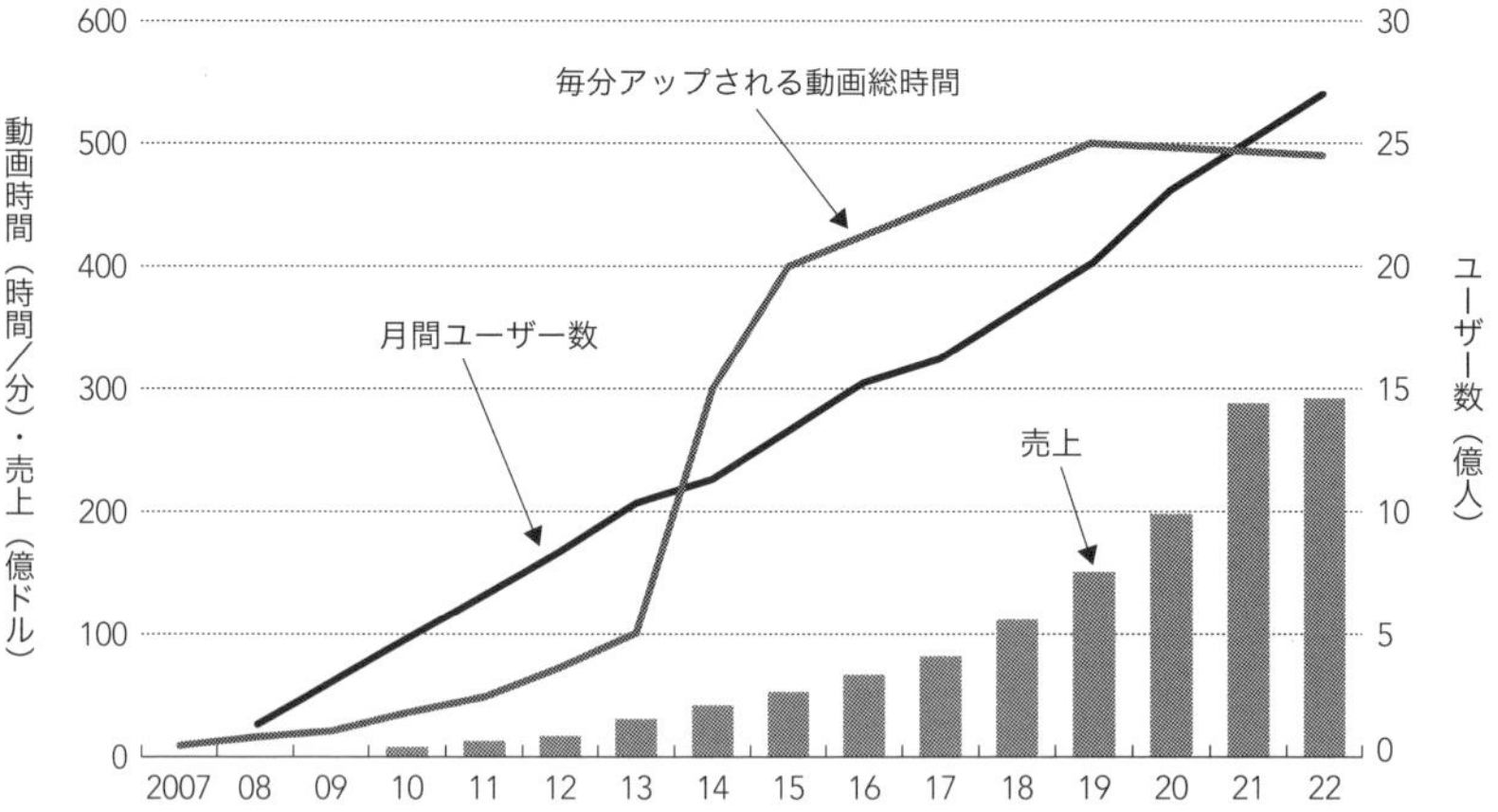

出所）各種調査結果より著者作成

25『YouTube Stats: Everything You Need to Know In 2023!』https://www.wyzowl.com/youtube-stats/

26 ケヴィン・ケリー（著）、服部桂（訳）『〈インターネット〉の次に来るもの　未来を決める12の法則』NHK出版、2016などから著者概算

視聴されているユーチューブは人類史における異常値を更新し続けている。

　だがそんなユーチューブも、ユーザーのエンゲージ（関与度）という点については、すでにピークアウト気味になっている。登録者数こそ今後も30億人を超えて伸びるだろうが、「アップされる動画」は毎分５００時間をピークにして２０１９年前後からむしろ下り坂の傾向にある（図表18）。

　人々が動画をアップする文化自体がピークアウトしているわけではない。むしろ動画をアップする欲求はどんどん広がっており、市場のパイは広がっている。原因は最大のライバル、ＴｉｋＴｏｋの登場である。ユーチューブよりアップロードしやすく、編集・加工に優れたプラットフォームが出現し、ユーチューブも「選ばれない」可能性が出てきているのだ。

　２０１６年中国で生まれ、２０１８年に米国Musical.ly買収によって全世界にサービス展開がなされ、ショート動画で猛烈な勢いで普及したＴｉｋＴｏｋに対し、ＧＡＦＡＭは焦りを隠せず、怒涛のように対抗サービスを提供している。「歌ってみた」「踊ってみた」のショート動画をどんどんユーザーに投稿させていかないとＧＡＦＡＭですら生き残れないという消耗戦が始まっている。

ユーチューバーの台頭と凋落

　日本で「ユーチューバー」が話題に上り始めるのは、２０１３〜15年ごろのユーチューバー第３世代期に入ってからの話だ（図表19）。ニコ動でボイスパーカッションをしていたヒカキ

図表19　ユーチューブの登録者数推移

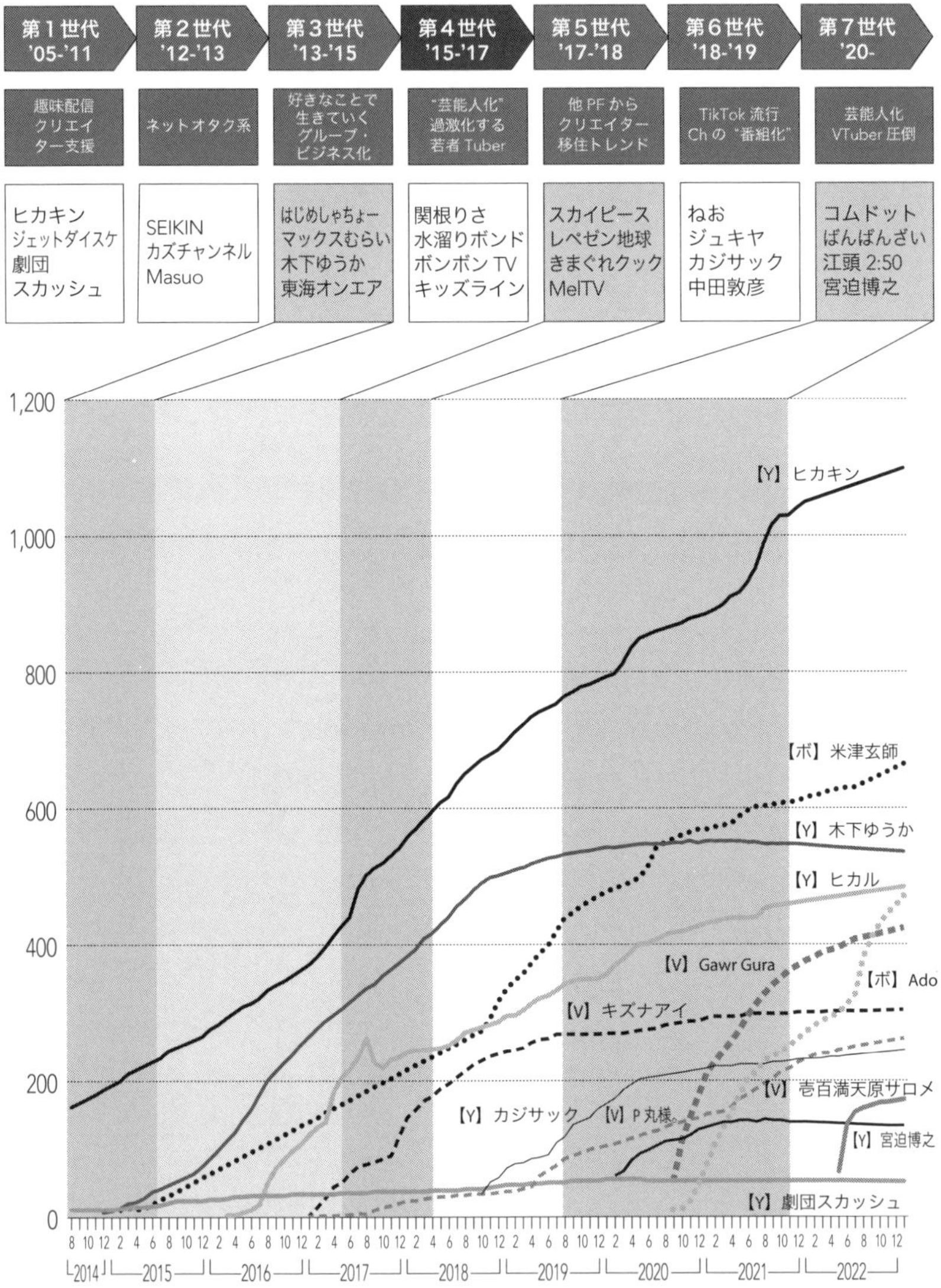

出所）Social Insightより著者作成

ンが、「スーパーマリオブラザーズ」のBGMをメドレーにした「Super Mario Beatbox」を発表し、ユーチューブの国内月間アクセス1位を記録したのが2010年。翌年立ち上げた「HikakinTV」が、現在もなお日本トップの登録者数1170万人を誇るチャンネルである（2023年9月時点）。

そのヒカキン自身が役員を務めるUUUM（当初はON SALE）が設立されたのが2013年、マザーズ上場が2017年。「好きなことで生きていく」という言葉を手に入れた無数のシロウトたちがチャンネル主になる中で、BitStar（2014）、VAZ（2015）、Kiii（2017）と数えきれないほどのユーチューバー事務所が立ち上がってくる。2015～17年がユーチューバーたちの黄金期であり、10年ものキャリアを持ったヒカキンがようやく浮かばれる時代が始まる。

2020年ごろになるとテレビ業界の一流どころがユーチューブに参入してきたが、その時点の20万ものチャンネルを分析してみると（登録者5人未満は対象外）、予想を超えて厳しいマーケットであることも見えてくる（図表20）。半分以上のチャンネルは、広告収益化ができる基準となる登録者1000人に満たない。1万人登録となれば、上位10％に入っている。10万人登録となれば上位2％の数千チャンネルに限られており、100万人登録に到達しているのは上位0・1％に過ぎない。この「不均等な人気配分」は、ヒット作品に人気が過度に集中するエンタメ産業的には自然なことでもある。ユーチューブは多くのクリエイターに救いをもたらしたが、同時にそれは、過酷な現実を数値でまざまざと見せつけてくる。

ではトップクラスの人気度を誇れば、うなるほどお金が儲かるのか、というとそんなことも

図表20　ユーチューブのチャンネル分析（2020年1月時点）

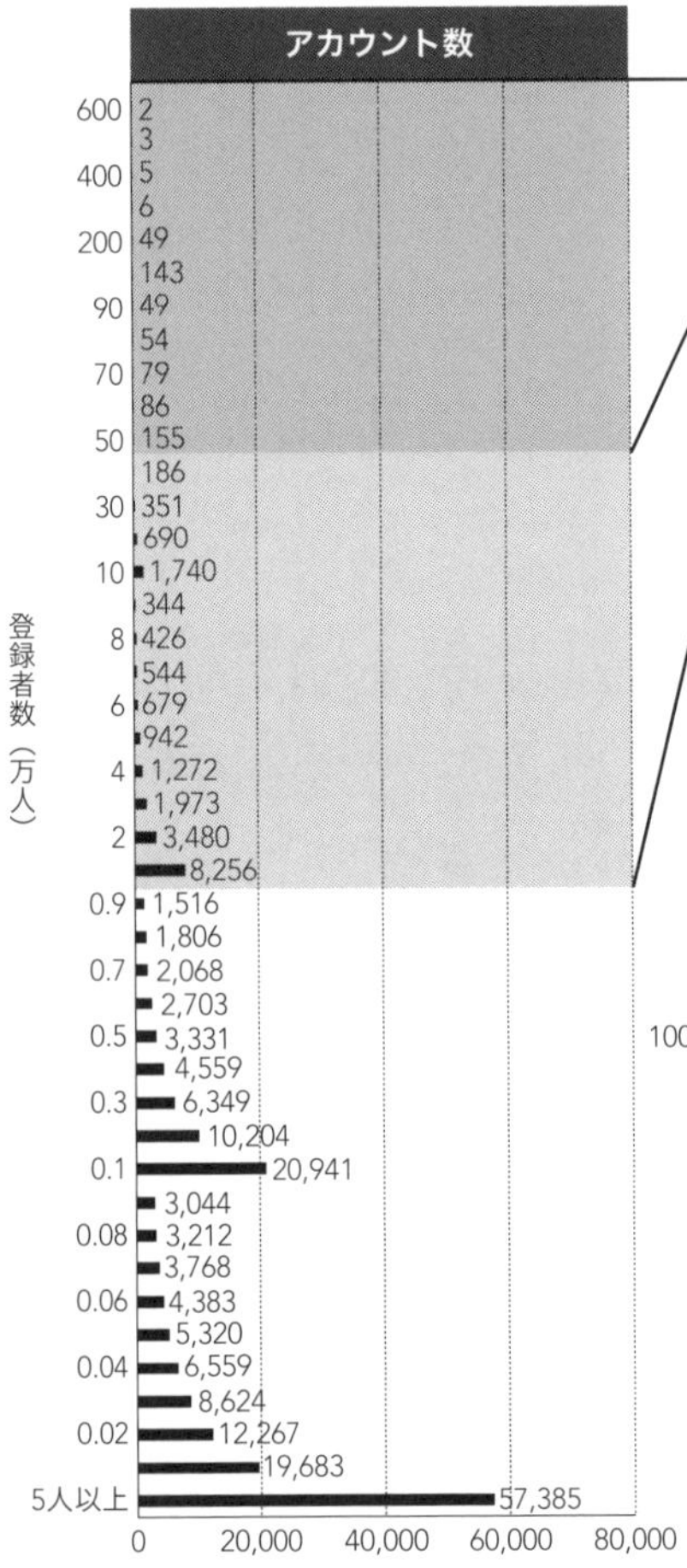

登録者数	アカウント数	比率
100万以上	208	0.1%
50万以上	423	0.2%
10万以上	2,967	1.5%
5万以上	2,935	1.5%
1万以上	14,981	7.5%
5000以上	11,424	5.7%
1000以上	42,053	21.1%
100以上	66,860	33.6%
5以上	57,385	28.8%

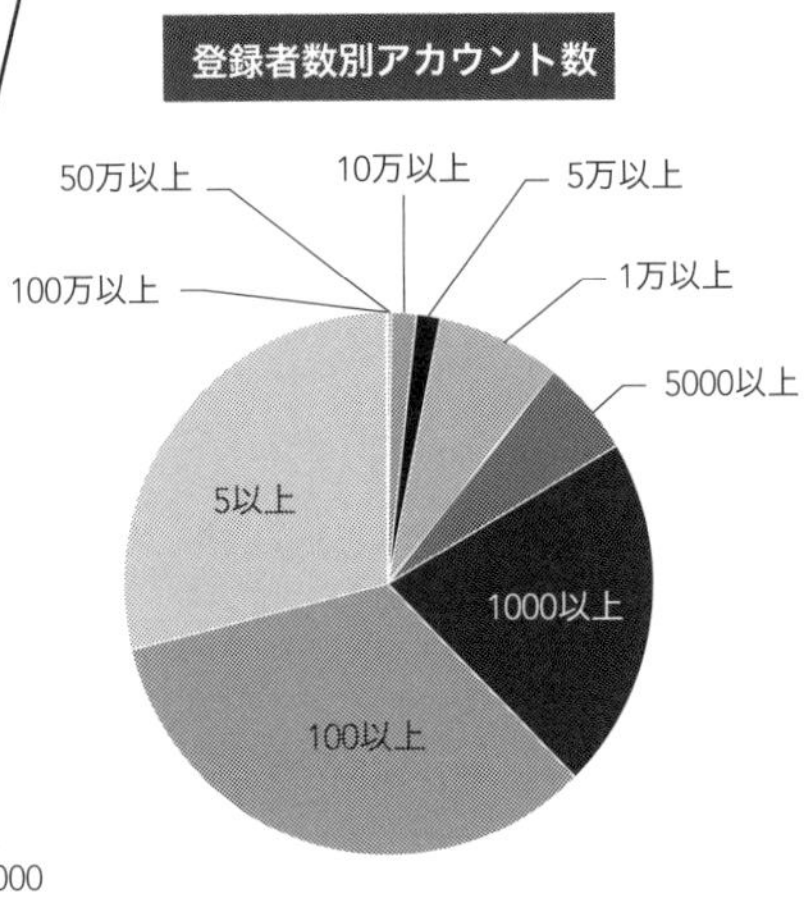

出所）ChartStyle「国内YouTubeチャンネルの登録者数の分布【動画でわかる統計・データ】」より著者作成。
登録者数５人未満のアカウントは省いている

ない。上位0・1%の100万人登録チャンネルで毎月1000万回ほど視聴されていても、広告を張り付けてグーグルから入ってくるアドセンス収入は毎月200万円程度。個人ならまだしも、とても企業が投資するビジネスにはならない。では同じ数をTikTokで実現したらどうかというと、広告収益化が未熟なこの新興プラットフォームでは、同じ視聴数でも収入は10分の1以下になってしまう。

　ヒカキン所属のユーチューバー事務所UUUMが2023年5月期に上場以来初の赤字を出し、広告テクノロジーのフリークアウト社傘下に入ったことも、ユーチューブからTikTokへの流れと無関係ではない。広告収入だけに依存した登録者数ベースの人気商売は、終焉を迎えているのだ。UUUMからのユーチューバー流出は止まらず、果ては、専属ユーチューバー全員の面倒はみきれないとばかりに、300人いた専属ユーチューバーを100人以上も〝リストラ〟している。国内2位のユーチューバー事務所といわれたVAZも、2019年にタレントの大量離脱に遭い、ラファエル擁するKiiiも2021年に17人が退所宣言を発表している。

　ユーチューバーたちは事務所のビジネスサイドの人間と恩や関係性だけでつながっていることも多く、事務所の機能には特に価値を感じていないため（それでいて15%ほどのマネジメント料を納めている）、事務所内での内紛や人の離脱によってタレントも離れるという事例も頻発した。UUUMの時価総額は2019年末924億円⇒2020年末315億円⇒2021年末159億円と縮小し続け、結果的に売却という局面を迎えたことは前述したとおりだ。

　半世紀前からの芸能事務所の歴史を見れば、何をすべきかは一目瞭然だ。ナベプロに対抗したホリプロが歌番組の制作に着手し、ホリプロタレントスカウトキャラバンで新人タレントを発掘し育て、良質なＣＭ案件などスポンサーとつながったように、ただ人気のタレントを所属させるだけでなく、育成や広告マッチング、番組制作といったビジネス機能を補強していかなければ、産業そのものが崩壊する危険性がある。それは米国で5年ほど前に起こっていたことだ。

2-5 日本独自の発達を遂げたVチューバー

れっきとしたIPビジネスとして成功

前述のように２０１３〜15年に大量発生し、２０１５〜18年ごろに企業化していったユーチューバー事務所は、２０１９〜22年に急激に凋落し、最大手のUUUMが売却されることになった２０２３年はまさに転換点といえる。それに対して、同じユーチューブのプラットフォームを使いながら、企業として次元の違う成功をしているところがある。Vチューバー事務所である。

２０１６年に「VR元年」というものがあった。VRヘッドセットをクラウドファンディングで集めた資金でリリースしていたオキュラスをフェイスブックが買収し、グーグルもダンボールで作る簡易VRセットを出したのが２０１４年。そこから2年してソニーやマイクロソフト、アップルなどがVRに注力していくタイミングで、メタバースやVRでキャラクターがリアル化していくという未来が語られ始めた。２０２１年にフェイスブックがメタに社名を変えて、一気にメタバースブームになったのは（そして２０２３年に急速に冷えていったのも）、この流れの一環にある。

この影響から北米では『Ready Player One』（２０１８）、『アップロード ～デジタルなあの世へようこそ～』[27]（２０２０）などバーチャル世界で生きる映像作品も生まれてくるが、同時期の日本は独特の進化を遂げた。

まるでアニメのように、ユーチューブ上で２Ｄ・３Ｄのアバターが動き、声優のように演者たちが声や身振りを交えて生配信する。内容は雑談や歌、ゲーム実況が多いが、「パフォーマーの個人としての人格」が強く出るのが特徴だ。アニメでは設定や台本に沿ったキャラクターが７割の骨子を支え、声優に３割ほどのアレンジ幅があるようなイメージだが、こちらは初期設定キャラが３割、演者の人格が７割というイメージである。

これがのちに「Vチューバー」と呼ばれるようになるが、そのアニメキャラを使った即興演劇型のコンテンツを生み出す企業は、ＣＯＶＥＲ[28]が２０１６年、ＡＮＹＣＯＬＯＲ[29]（当時：いちから）やＢｒａｖｅ Ｇｒｏｕｐ[30]（当時：Ｕｎｌｉｍｉｔｅｄ）が２０１７年、キズナアイ（彼女の活動自体は２０１６年６月から）を擁するＡｃｔｉｖ８[31]が２０１８年と、ほとんどがVR元年から数年間のうちに設立されている。

タレントが素顔で対話をするユーチューバーなら、ファンがつくのもわかる。なぜ作り物のVチューバーをあえて選ぶのか。

「顔も晒さず、オジサン相手に適当なおしゃべりをして、お布施（投げ銭[32]）をもらって生きてるんだろ?世も末だ」。これはよくあるVチューバーに対する典型的なアンチの反応である。だが、顔出しして懸命にライブ配信をし

27 アップロード ～デジタルなあの世へようこそ～：アマゾンが2020年に配信したSFコメディ。人間が死後に、自分自身をデジタルの世界にアップロードすることができる近未来を描く。

28 COVER：Vチューバーのライブ配信「ホロライブ」の運営などを手掛けるバーチャルエンターテインメント企業。2023年3月に東証グロース市場に上場した。

29 ANYCOLOR：『にじさんじ』をはじめとしたVチューバー事業、VR事業を行うバーチャルエンターテインメント企業。2022年6月に東証グロース市場に上場した。

30 Brave Group：Vチューバー事業などを行うバーチャルエンターテインメント企業。

31 Activ8：メタバースエンターテインメント事業を展開する企業。

32 投げ銭：芸人などに対して観客がお金を支払うこと。投稿サイトやSNSには投げ銭機能が搭載されていて、金額を指定すると配信者に対してお金を投げることができる。

ていた地下アイドル的なタレントたちがコロナで食えなくなって、40〜50代のオジサン相手に投げ銭商売をしている、というのは全く実態を反映していない。

Ｖチューバーは元地下アイドルもいなくはないが、もともと素人だった人間が「ちょっと配信してみた」から始めたケースが多い。視聴者もオジサンは少なく、どちらかといえばＺ世代で、女性の視聴者のほうが多いくらいだ。ＡＮＹＣＯＬＯＲは視聴者の8割が29歳以下で女性が64%。女性ＶチューバーのＣＯＶＥＲでも視聴者の40%は女性だ。さらにＶチューバー事務所の収入としての投げ銭は1割にも満たない。

ユーチューバー事務所と圧倒的に違うのは、キャラクターの設定やアバターの著作権をＶチューバー事務所が保有していることだ。アバターの〝裏側〟にいるタレントの音楽コンサートや雑談イベントの運営も、事務所が行っている。いわゆる音楽レーベルやアニメ制作会社のように、れっきとしたＩＰビジネスなのである。「事務所」という名称が隠れ蓑になっているが、タレントの管理ではなく、タレントの創出と運用によって収益をたてているエンタメ・コングロマリットなのである。

社内にはモーションキャプチャースタジオを完備し、エンジニアなど技術集団を抱えている。売上の5〜7割は、キャラクターが認知度を上げた後のグッズ販売などで稼いでいて、キャラクターライセンス企業のビジネスに近い。

図表21のようにＶチューバー企業群をユーチューバー企業のＵＵＵＭと比較してみると、収益力に格段の差がある。ＵＵＵＭの主軸はライブストリーミング（ユーチューブ広告）とプロモーション（企業商品の協賛広告）で、タレントの認知度を使った広告商売で売上の7割以上

をこれが占める。Vチューバー事務所は全く違う。広告収入は3割程度で、収益の主軸はコマース／MDとイベントであり、タレントの肖像著作権をベースにリアルに人々にキャラクター商品を買ってもらう。

ANYCOLORに至っては男性Vチューバーのタレントグッズとして「デジタルボイス」を1000円で配布している。そこでしか聞けない特別な誕生日ボイスなどが収録された2～3分程度のmp3形式のコンテンツである。スマホなどに入れて何度も聞き直すだけなのだが、この商品がにじさんじオフィシャルストアで売られている。原価はほぼタダのような商品で、外部のサイトを使う必要もないため、売上がそのまま利益として残る最強のビジネスモデルだ。そのくらい訴求価値の高いキャラクター性により、ANYCOLORの営業利益率は40％になっている。絶好調時の任

図表21　ユーチューバー、Vチューバー企業の比較

		UUUM	ANYCOLOR	COVER	STPR	Brave
創業年月		2013年6月	2017年5月	2016年6月	2018年6月	2017年10月
創業者・年齢		鎌田和樹(40)	田角陸(27)	谷郷元昭(50)	ななもり(27)	野口圭登(33)
上場年月		2017年8月	2022年6月	2023年3月	非上場	非上場
売上(2023年の決算期)		231億円	253億円	204億円	100億円～	30億円～
経常利益		▲2億円	94億円	34億円	-	-
時価総額(2023年5月末)		135億円	1785億円	1198億円	-	-
事業別売上比率	ライブストリーミング	38%	19%	31%	-	-
	プロモーション/タイアップ	35%	14%	13%	-	-
	コマース/MD	18%	56%	39%	-	-
	イベント		6%	17%	-	-
	その他(投げ銭含)	9%	11%	17%	-	-
	海外比率(概算値)	【数％未満】	【25%】	【30% ～】	-	-
従業員数		639人	323人	409人	56人	114人
従業員1人あたり収益		3600万円	7900万円	5000万円	1億7900万円	3000万円～
所属クリエイター		188人	156人	75人		65人
クリエイター1人あたり収益		1億2500万円	1億7600万円	2億7500万円		5000万円～
YouTubeチャンネル数		13,550	約160	約80		
YouTube総登録者数		1.6億人	4915万人	7252万人	約1000万～2000万人	約800万人

出所）各社IR、ヒアリングをベースに著者作成（2023年８月時点）

天堂をも上回る数字だ。

Vチューバーの人気は海外にまで届いており、英語で雑談や「歌ってみた」を展開するタレントが海外ファンを虜にし、北米やアジアなどのキャラクターショップでは売上1位2位がVチューバーだという店舗も少なくない。ANYCOLORもCOVERも売上の3割以上が海外になってきている。日本の二大大手が世界の二大大手なのだ。

その海外成長ポテンシャルも含めて企業価値は上がり、時価総額は2023年12月時点でANYCOLORが約2370億円、COVERが約1940億円。もはやテレビ朝日やフジ・メディア・ホールディングスといった放送局と並ぶような存在感である。

図表22　ユーチューバー、Vチューバー事務所の上場3社の売上・時価総額

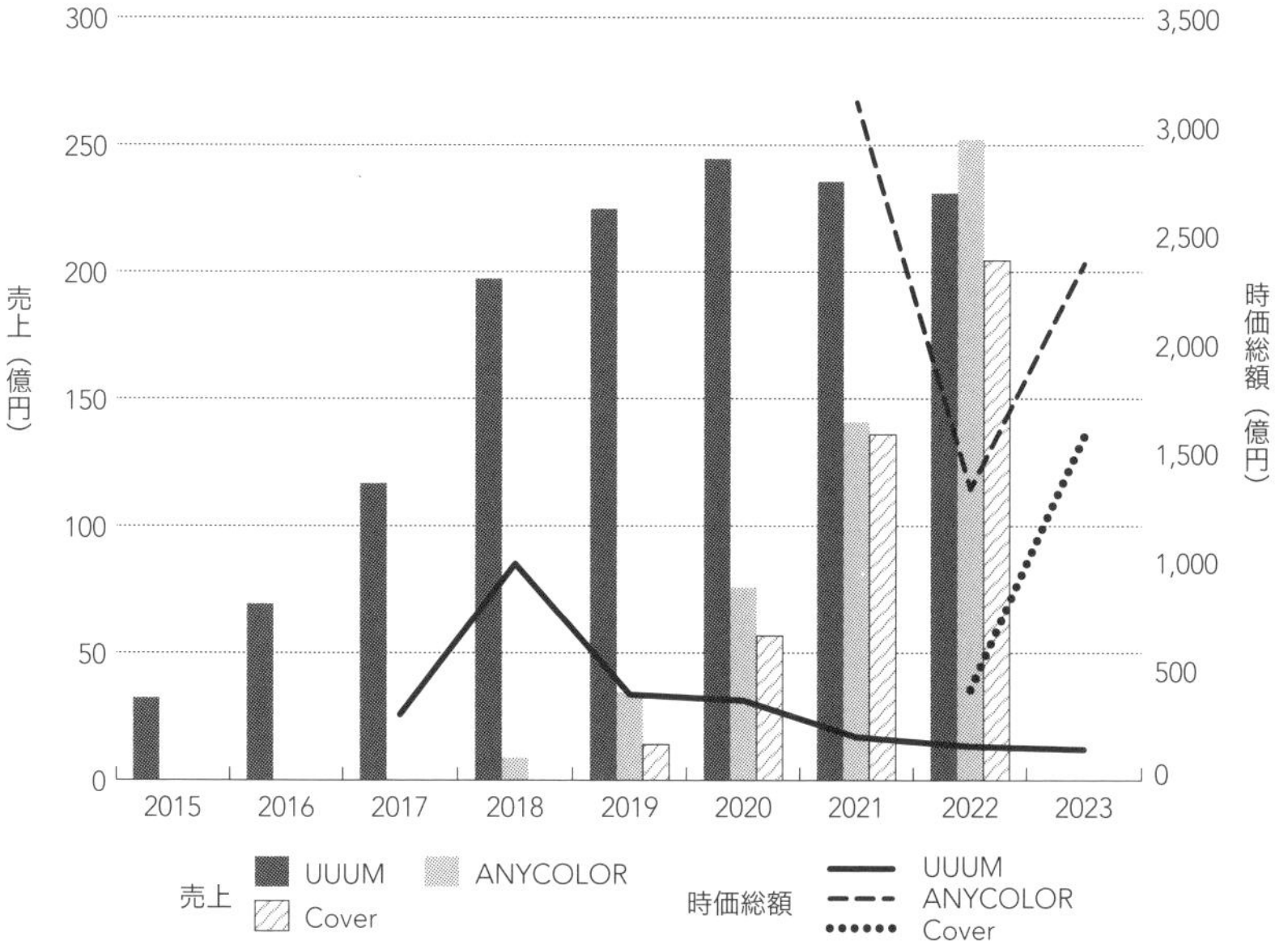

出所）各社IRより著者作成、COVERは2023年3月期を、ANYCOLORは2023年4月期を、UUUMは2023年5月期を2022と表記している。時価総額は各年12月末時点（2023年は6月末時点）

かわいさの自動接続でエンタメ性が確保される

アバター姿のVチューバーを見ていると、『おやすみプンプン』[33]というマンガを思い出す。主人公プンプンとその母親、同居する叔父、失踪した父親の4人が〝鳥のアバター〟で描写され、それ以外はすべて普通の人間キャラクターで、学校生活・家庭生活を過ごすプンプンをとりまく青春ストーリーを描いている。

このマンガは、〝鳥のアバター〟キャラが他人に残酷になったり、死を覚悟したり、レイプしたくなったりと、感情の臨界点に迫ったときにだけ唐突に目や表情、手が部分的にリアルに描写される。アバターが〝きぐるみ〟であり、この4人も特別な存在ではなく、リアルな人間なのだということを随所にチラ見せさせる。

だが不思議なことに、どんな行いをしようが、鳥のアバターである限りは「愛らしさ」が消えない。素っ裸で公園で小便をしようと、相手を押し倒してキスを迫ろうと、主人公たちの下品さが包み隠されている。

これは「人が人をどう見ているか」を克明に象徴化したマンガである。我々が目に入れても痛くないほどかわいがっている子供や、強く憧れの対象になっている異性に対して、誰もが「プンプン」のような存在を仮想しているのではないだろうか。

我々は他人に対するバイアスの強さや想像力の欠如によって、生かされている。すべてが自らごとになってしまったら、あまりに激動する感情や残酷なリアリティに、精神はおいついて

33 おやすみプンプン：2007年から『週刊ヤングサンデー』、2008年から2013年まで『ビッグコミックスピリッツ』に連載された。作者は浅野いにお。

いかない。目を背けざるをえないのだ。

　こいつは鳥のアバターのようなものだと「距離を置く」ことが、他人にやさしくあり続け、秩序だった世界を維持し続けるコツとも言えるかもしれない。Vチューバーにはユーチューバーのような生々しさはないし、自分たちにあまりに近すぎるがゆえに入り込めないという制約もない。半分リアルな人間が見え隠れしながら、「プンプン」のように〝かわいさへの自動接続〟が行えるアバター姿のVチューバーのほうがエンタメ性を確保してくれる。これもVチューバーが人気を博する理由の１つといえるだろう。

紅白出場も実現した「すとぷり」の時代フィット感

　Vチューバーユニットの「すとぷり（すとろべりーぷりんす）」を擁する株式会社ＳＴＰＲの立ち上げは、まさにＺ世代起業を代表する事例だろう。

　すとぷりは２０２３年末の紅白歌合戦にも出場したVチューバーユニットである。ＳＴＰＲの代表者である「ななもり。」は、Ｚ世代１年目の１９９５年生まれ。彼が今の活動を行う原点となったのはニコニコ動画である。

　中学から不登校だった彼はソーシャルゲームのガチャ動画をあげているうちにユーザーがつき始め、「歌ってみた」などのパフォーマンスをしているうちに、ついにはアイドル歌い手ユニットを結成してしまう。２０１６年６月、ネット&スカイプでつながった６人のアイドル歌い手ユニット「すとぷり」を結成した。「当初はオンラインだけでしゃべっただけの、まだ直接会っていないメンバーもいた」というほどだ。

これまでどこの世界に、芸能事務所にも音楽レーベルにも所属せず、プロデューサーもいない、高校生・大学生・フリーターの男子６人のアイドルユニットが存在しただろうか。歌ったり、雑談したり、ゲーム実況したりといった活動をユーチューブ上でしながら、その「素顔」や「芸」でファンを作り、年に１～２回自分たちでリアルなライブを開き、そこでチケット収入を得たり自作のライブグッズを販売したりしている。２０１６年は３００席のライブハウスでの音楽ライブから始まったが、ユーチューブチャンネル登録者が数万人になってきたあたりで数千人のホールで大きめのライブに挑戦するようになる。そうなるとさすがに法人が必要だとなり、結成後２年たった２０１８年に株式会社ＳＴＰＲが設立される。メンバーの１人でパフォーマーでもある「ななもり。」がプロデューサー兼社長をこなす１人企業だった。

驚くべきは２０１９年夏、Ｚｅｐｐ[34]の収容２０００人前後のホール６会場で公演を行い、その流れで最終的には西武メットライフドームで２万人以上を集める過去最大規模のコンサートを成功させた。その当時、ＳＴＰＲはななもり。以外に社員は１人もいなかった。外部に協力会社こそいるものの、６人のパフォーマーと１人企業が、ちょっとどころではない背伸びをしたこの夏のツアーは、手元資金３億円に対して総経費は15億円。たとえ黒字確実なコンサートであったとしても、現金の払い込みのタイミングとチケット代・グッズ売上が振り込まれるタイミングを間違えると「黒字倒産しかねない恐怖感もあった」とななもり。は言う。アマチュアのアイドルが自分で会社を設立し、10億円超を投資して、自主興行を開く。平成から令和にかけてそんな大勝負ができるなんて想像を超えている。

34 Zepp：全国展開しているライブハウス。ソニー・ミュージックエンタテインメントの子会社であるZeppホールネットワークが運営。日本だけでなく台湾などアジア地域でも展開している。

ＳＴＰＲがオフィスを構えて２人目の社員を採用したのが２０２０年、コロナで時代が激変して活動が一時ストップしてからの話だ。２０２３年春時点で年間15〜20回のライブを行い、年商１００億円以上に及ぶような大企業にはなっているが、いまだに社員は50人超。意思決定のほとんどを社長が行う中小企業でもある。

通常のベンチャー企業のステップを踏んだ設立プロセスや成長過程と比べると、バグとしか思えないちぐはぐ感がある。１桁小さい体制と２桁多いファンの熱量・市場規模が広がっており、「Ｆ１エンジンを積んだミニカー」のような企業である。Ｚ世代経営者の企業には、似たような例が他にもいくつか存在している。

ＳＴＰＲはメーカーとユーザーの境界線があいまいになるこの時代の申し子のような事例だ。ニコニコ動画にアップしたり、「歌ってみた」をやったりしていた頃のななもり。は、「推し活ファン」や「ミキサー」といった域を出ていない。だがその〝クリエイターっぽいユーザー〟が、同類でもあるファンたちに押されるがままに「ビルダー」そして「クリエイター」へと進化していく過程は、小さなものが伝統大手のビジネスを打倒するジャイアントキリングの爽快さを感じさせる。

時差・次元をギアチェンジすることがエンタメに

コロナ禍で多くのテレビタレントは視聴をＶチューバーに奪われた。人々の視聴がデジタルに移った時、ユーチューブを寡占していたのがそれらのタレント・キャラクターたちだったからだ。

3次元のトップタレントが月に1回しか動画を更新しない間に、Vチューバーたちは毎日欠かさず動画をアップし、さらに公演・雑談の終了後には数時間とたたずに切り抜き動画が出回り、解説動画が創られる。ショート動画で二次創作も発信される。ユーチューブとTikTokという、人々の最も身近にあるコンテンツショップの「棚」が、彼らによって埋め尽くされているのだ。

そこでは時差・次元をギアチェンジすることがエンタメになっている。年に数回はリアルに開かれるイベントがあり、推しに3次元で出会える希少な瞬間が用意される。2次元のアーカイブ動画で見ていた光景が、1万人の群衆が凝視するなかで、目の前で再現される。自分たちの歓声を聞いて、どこかに潜在している〝裏側の人〟が合いの手を入れて反応してくれる。その瞬間がそのままプレミアムになるのだ。

ライブに行くことのプレミアムの1つが「中身への距離感」である。Vチューバーのライブでは、最初から最後まで2次元のキャラクター画像のみで歌い続ける場合も多いが、最近は〝中身〟のアーティストが3次元で登場し、大きなサングラスをかけて出てくるような演出も増えてきた。2次元で散々聞いてきた〝いつもの声〟が、今その場にいる生身の人間から発せられることを知った瞬間の感動は、なかなかファンではない読者に伝えることは難しいかもしれない。これは、顔出しNGのアイドルやマンガ家と、ひそやかな飲み会をする秘密めいた感動にも近い。

「今この1万円を払えば、生身のななもり。に会えるかもしれない」「追加のプレミアムシートは、ユーチューブでは配信されない話を聞けるかもしれない」といったアクセスへの階段自体が売り物になっていく。

　デジタルアーカイブ時代のZ世代消費者たちは、同じコンテンツを違うバリエーションでみることに慣れている。いや、慣れすぎているといったほうがよいかもしれない。ＹＯＡＳＯＢＩの『アイドル』を聞いたら、5〜6通りは違う歌い手が歌っているバージョンを連鎖して視聴する。半ば自分の意思とは関係なく、アルゴリズムが「あなたはこれが好きなはず」と繰り返し類似コンテンツを当ててくる。ＴｉｋＴｏｋは先鋭的なＡＩ企業でも知られ、１人１人の嗜好性にマッチしたコンテンツ「ばかり見させられる」。こうしてユーザーの嗜好性は固着していく。この世界はすでに、人間が選択せず、ＡＩによって画面を占領されている奴隷化の一面もある。

　だからこそ逆に、この世代はセレンディピティとしての偶然の出会い、リアルな空間に飛び出すことの希少性を、その上のどの世代よりも強く感じている。「今ここにしかない」という臨場感のプレミアム性を求めている。Vチューバーなどの人気沸騰には、デジタルアーカイブとリアルな空間を補完・共創させていくうえでの多くのヒントが詰まっている。

米国トップ級のベンチャーキャピタルも注目する世界最先端領域

　この領域はまだ未開拓で、今後も成長期待のある領域だ。前述のVチューバー事務所はいずれも日本人Vチューバーが日本語配信をしているが、すでに視聴者の1割ほどは東南アジアを中心として海外のファンである。英語で配信するＶチューバーの席巻ぶりでいうと、もはや驚異的とすら言える。世界のトップＶチューバーは日本勢だけで固められているのでは、というほど欧州や北米においても日本のＶチューバーは視聴されている。

　欧米トップ級のベンチャーキャピタルも関心を示していて、フェイスブックやスラック、エアビーアンドビーに出資してきたアンドリーセン・ホロヴィッツのような企業も注目している「世界的最先端領域」だ。

　なおかつ、そのすそ野は広がり続けている。雑談やゲーム実況はしないが、「歌ってみた」だけでプロ並みの歌唱を披露して有名になっていったのがＡｄｏや花譜といったタレントだ。２０２３年12月、「２０２３ ＦＮＳ歌謡祭」で地上波テレビに登場したＡｄｏは、完全なシルエットで「唱」を歌った。顔は見えなくても、そこにリアルな歌い手として実在があり、ユーチューブのままの生声で歌っているというだけで人は感動できる。

　さらには「バーチャルヒューマン」として裏側に人がいない３ＤＣＧとＡＩチャットボットを使ったキャラクターも出てきている。韓国アイドル「ａｅｓｐａ」やＡｗｗの「ｉｍｍａ」などの領域だ。もはやバーチャルとユーチューバーというカテゴリー分け自体が時代遅れにみえるほど、バーチャルの中で多様なタレントが生まれている。

2-6 メディアとクリエイターの権力バランスが変調

メジャーへの階段とマネタイズの壁

我々はいつから供給者と消費者の間に線を引くようになったのだろう。プロフェッショナルとアマチュアは、一体何によってその境界が定められているのか。そもそもアマチュアを経由していないプロフェッショナルはいないし、「プロフェッショナルになれる」という資格試験があるわけでもない。

だが、成功した人間と成功していない人間に恣意的な線を引き、そこに「メジャーデビュー」という梯子がかけられ、プロを目指すアマはその梯子がいつかラッキーでおりてくるのではないかと待ち構えている。オーディションに合格する。小説新人賞を受賞する。ライブハウスで有名プロデューサーから声をかけられる…。誰かが敷いたレールの上でいつか自分にスポットライトが当たるのでは、と期待するようになると、権力バランスは圧倒的に引っ張り上げる側に偏ってくる。エンタメ企業のプロデューサーは、やりたい放題である。

マスメディアの勃興はラジオや出版の普及期である1920年代の大正時代から始まり、約100年かけて成長してきた（詳しくは第5章）。マスメディアに取り上げられることは、ステータス獲得の手段となり、テレビ・ラジオ・新聞は自然と権威性を帯びるようになった。彼らは国民誰もが注視する一大ステージをもっており、そのプラットフォームに乗ることこそがクリエイターとして知名度を得るための唯一の手段とみなされるようになる。テレビ局で〝発掘〟された素人の中からタモリやとんねるずが生まれ、出版社が声をかけたマンガ家の中から『進撃の巨人』の諫山創が生まれ、プロデューサーが先見の明で見出したミュージシャンの中から浜崎あゆみが生まれた。皆が「見出された」のだ。巨大資本によって。

しかしメジャーへの階段は1つではなくなった。ちょっと震えながら初めて自分でゲーム実況の動画を上げてみた瞬間、思いがけない反応が来る。町内会のカラオケ大会のような小規模なステージでやっていくうちに自信をつけ、賛否両論の反応やレビューに押されるうちに、いつのまにか本当のアイドルになっている。

様々なクリエイターがアマチュアから登場してきた10年間だった。ボカロP、歌い手、絵師、作家、ユーチューバー、Vチューバー。近年は『ちいかわ』や『おぱんちゅうさぎ』のように、イラストレーターがツイッター（X）やLINEスタンプを使ってファン層を少しずつ広げ、それがアニメ化やメディアミックスで人気IPに成長していくようになった。巨大企業が入念にクリエイターを集め、巨額の制作費と広告費をかけなくても、ファンたちが拾い上げて支えるものがメジャーを圧倒するようにもなってきた。

マイナー音楽家の著作権料を徴収してくれる便利なサービス

とはいっても、こうしたマイナーなステージは、マネタイズ（収益化）に大きな課題を抱えたままだ。無料のＳＮＳプラットフォームは、有料の音楽配信・動画配信サービスと異なり、あくまで暇つぶしの一見客が素通りする駅前ライブ会場と変わらない。たまたま人だかりはできていたとしても、投げ銭が一定量投げ込まれる保証はない。

　ならば、マイナーでもマネタイズが容易になる仕組みを提供しよう、というプラットフォームも出てきている。例えばＴｕｎｅＣｏｒｅ[35]という、個人の楽曲を音楽配信サービス（ＤＳＰ）につないでくれるサービスが普及してきている。１曲を１４１０円（年額）で〝預けておく〟と、世界１８５か国の50種類以上のＤＳＰに乗せてくれて、どの国でどう視聴されて、どのくらい広告費が入っているかを確認できて、その上、ＪＡＳＲＡＣのように著作権料を徴収してくれる便利なサービスだ。なにより、マージンはゼロで、ＤＳＰから入る収益は１００％著作者に還元される仕組みなのだ。

　なぜそんなものが必要なのか？という声もあるだろう。ＴｕｎｅＣｏｒｅなど経由せずスポティファイやアップルなどのＤＳＰに直接アップすればいいのでは？と思うかもしれない。だが実はそう簡単な話ではない。ＤＳＰごとに違うフォーマット（もちろん英語ベース）に慣れ契約書を書く必要があり、自分で１曲ずつアップしながらその効果を分析する面倒さは、半世紀前のインディーと変わらない。

　昔からインディーズレーベルという音楽のマイナーデビュー・カテゴリーはあった。ライブハウスで演奏しながらファンを増やし、自作のレコードやCDを手売りし、知り合いのレコード店１軒１軒と交渉して隅っこに置いてもらう。それは「地域」を参入障壁としており、そのライブハウスの周辺に息づくロケーションサービスのような仕組みで、越境することは難しか

35 TuneCore：アーティスト自身が楽曲のデジタル配信、販売することを可能にしたサービス。2005年に設立され、ニューヨークを拠点とする。

った。東京では数百人を呼べるようになっても、地方遠征をしてみると数人くらいしか来てくれずにガラガラ、といったことも珍しくない。

　ではメジャーに所属すればいいかというと、そうとも言い難い。同じレーベルに所属している人気アーティストたちと一緒の行列に並ばされ、優先順位は低く、1〜2枚のＣＤを出して終わり、という状態は連載マンガ家や作家が味わってきた光景と同じものであった。なによりメジャーに所属すると、その少ない売上から関係者の取り分が差し引かれ、自分たちの取り分は減っていく。[36]ＣＤアルバム販売では、アーティスト印税は３〜４％ほどである。

　印税率だけ見れば、もちろん全部自前でやったほうが儲かるに決まっている。にもかかわらずメジャーを頼るアーティストが絶えないのは、編集とプロモーションとブランドだ。プロの手が入った編集があり、ブランドある企業が広告費を払ってプロモーションをしてくれる信用は、印税率こそ低くても、広げてくれる力が桁違いになる。だから昔からインディーはあっても、それは選択肢がない者がすがる道だった。

　だが、ツイッター（Ｘ）やユーチューブの浸透によって人気の可視化とファンに対する告知は誰でもできる時代になった。

　ＴｕｎｅＣｏｒｅのアーティスト還元額はうなぎ上りだ。２０２２年に世界の音楽ストリーミング市場は2兆円レベルだが、ＴｕｎｅＣｏｒｅの還元額は５００億円以上ある。２００５年のサービス開始以降の累積還元額は30億ドルを突破している。日本でもＴｕｎｅＣｏｒｅ事業は２０１２年から始まり、２０２２年には音楽ストリーミング市場の９２８億円に対し、ＴｕｎｅＣｏｒｅは１２６億をアーティストに還元している。つまり音

36 音楽の権利は大まかに「楽曲著作権（作曲・作詞の著作権）」と「原盤権（楽曲を録音する権利）」に分かれ、CDを売った時の収入は、楽曲6％（作詞1.4％、作曲1.4％、音楽出版社2.8％、JASRAC0.36％）と原盤権94％（事務所11.8％、レーベル52.6％、販売店28.2％）に配分されるのが一般的。アーティスト個人が作詞・作曲・出版権・原盤権（販売含）など権利を保有すればするほど取り分が多くなる。

楽ストリーミング全体の10％以上が、このダイレクトにインディーズからアップされる市場となっている。日本における累積還元額は約４００億円に達している。

　２０１０年代を通じて築かれたスポティファイやアップルミュージック、ユーチューブミュージックといったデジタルインフラは、そのツールに習熟さえすれば権利を自分たちのものにしたまま個人でも稼げる時代を実現した。そこにＴｕｎｅＣｏｒｅというマネタイズ支援のプラットフォームが加わり、音楽の世界における「世界中に広げられる自費出版市場」が出来上がったのである。

　特に、２０１９年以降に日本でも世界でもＴｕｎｅＣｏｒｅが広がっているのは、ＴｉｋＴｏｋの浸透とコロナ景気が作用している。環境は整っている、あとはこの世界で羽ばたく多くのアマチュアを待つタイミングなのだ。

図表23　日本の音楽市場とTuneCoreの還元額

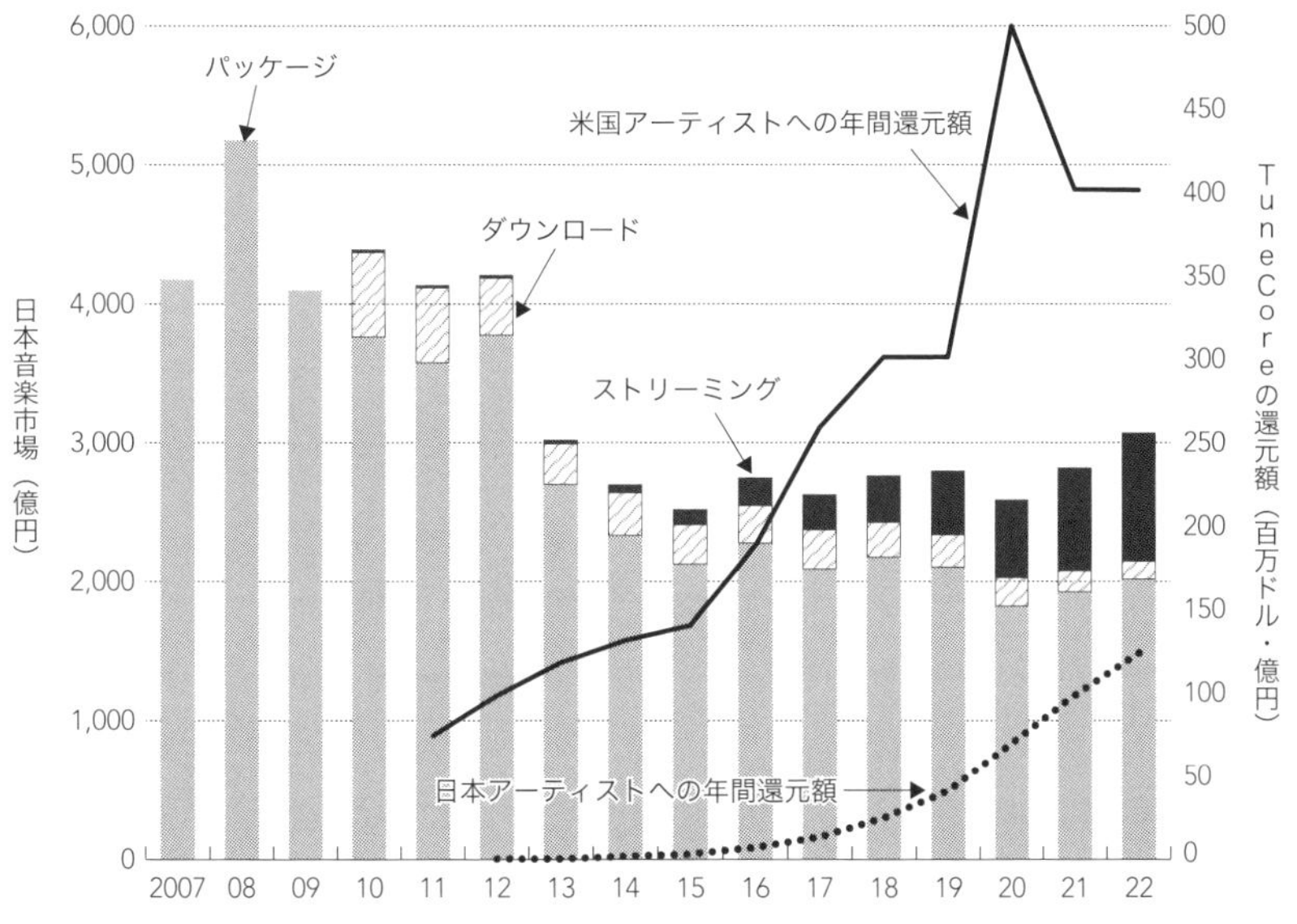

出所）日本レコード協会、TuneCore発表資料から著者作成

2-7 コンポーザビリティ（共約性）がバズる

「歌いやすい」「踊りやすい」を求める

コロナによる社会的インフラの〝大型停電〟は、１つの社会的実験として機能した。エンタメにとって、コンサートはライブ開催という意味でもＣＤやグッズ販売の場という意味でも重要なインフラだった。それらが全部機能停止したときにどうなるのか。

エンタメ飢餓に陥った人々に最初の救いの手を差し伸べたのは、第3章で取り上げるライブ配信やアナログゲーム、ファンアプリ、マンガ配信などであり、そして何より大規模化していったのがＯＴＴ（動画配信）とストリーミング（音楽配信）である。『鬼滅の刃』のヒットがＯＴＴインフラを使った成功であったことは前著『推しエコノミー』でも述べた。

図表24のオリコンデータを見ると、２０２０年４月以降、急激に「インディーズレーベル」の楽曲が聞かれるようになっている。２０２０年2月まではソニーミュージックやユニバーサル、エイベックスといった「メジャーレーベル」がリリースしている楽曲が視聴の95％を独占していた。ところがコロナのタイミングをきっかけに、「インディーズ」と「Ｋ－ＰＯＰ」が急激に割合を増やし、3か月もしないうちに3割を超えてしまった。メジャーレーベルに所属せず、自分たちのＣＤを手売りしていたようなバンドやミュージシャンのいない素人ユーチュ

ーバーが使っていた楽曲が、ストリーミングで突然脚光を浴びるようになったのだ。

「どんな音楽が聴きたいか」という嗜好性と、コロナやロックダウンなど物理環境は、ほとんど無関係のはずである。数か月の間に嗜好が変わるわけではないだろう。むしろ人々が音楽にアクセスするチャネルが、生活スタイルの変化に合わせて変化したと考えるほうが正しい。ライブコンサートや地上波テレビで音楽を聴く行為が〝停電〟になり、ユーチューブで歌いやすい曲、特にTikTokで踊りやすい曲、合わせやすい曲が広がった。

配信サービスに提供されていた楽曲の中から、ほかの遊びに転用しやすいものが突然の注目を集める。瑛人の『香水』がビルボードJapanで1位になり（2020年5月）、松原みきの『真夜中のドア〜stay with me』はインドネシアのユーチューブ歌姫Rainychによる「歌ってみた」

図表24　コロナ発生期（2020年）におけるストリーミングTOP100のメジャーとインディーズの再生数比率

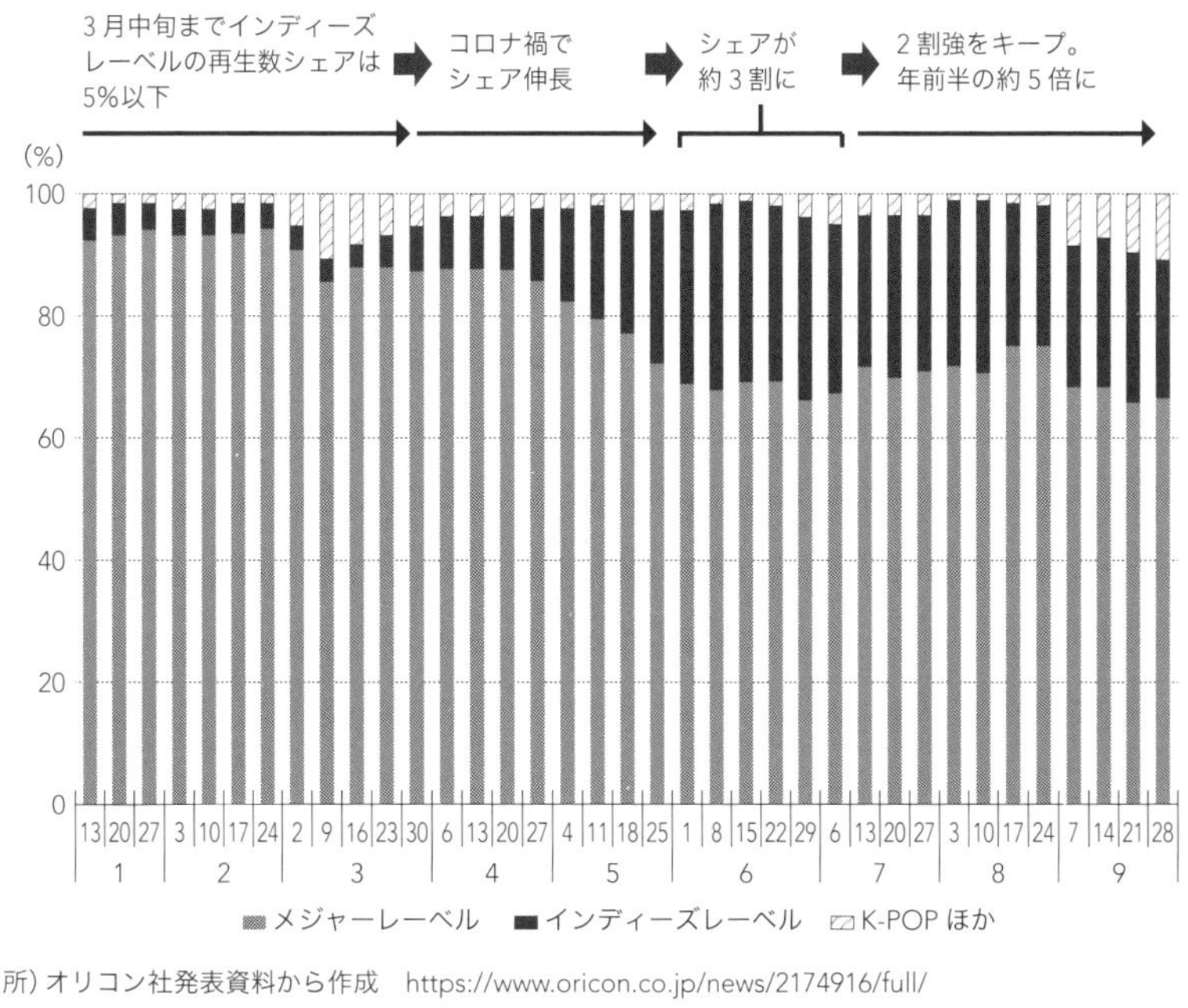

出所）オリコン社発表資料から作成　https://www.oricon.co.jp/news/2174916/full/

のおかげでスポティファイのグローバルバイラルチャートで1位になった（２０２０年12月）。なんと40年前の曲であり、ここから日本のシティポップと呼ばれる１９８０年代の楽曲が人気を集め始める。いわゆるメジャーレーベルのトップ楽曲は当時ストリーミングに載っていないケースも多く、シティポップで以前から海外人気もあった竹内まりやの『プラスティック・ラブ』は配信ではアクセスできなかったが、２０２０年12月に急いで配信を解禁している。

数年前からアップされていたものの誰も聞いていなかったような曲が、「使いやすい」という新しい価値提供によってスターダムに上がる。配信・ストリーミングのアーカイブ性が、ＴｉｋＴｏｋと化学反応を起こし、どんなに古いニッチな曲でもあっという間にアクセスさせてしまう。数十年前であればニッチなＣＤショップで店長のキュレーションを頼りに探し当てていたレコードが、口コミと「踊ってみた」動画で一気に日本中どころかグローバルに拡散してしまう時代に入った。

ここで鍵となるのは「聞きやすさ」ではなく、「コンポーザビリティ（共約性）」である。これは翻訳の難しい言葉だが、「構成可能な」「通約性・共約性・同化性」といった意味をもち、わかりやすく言えば「切り抜きしやすさ、編集しやすさ」だろう。

もともとフリー素材として「使われる」ことを前提としたボカロ楽曲が急激に聞かれるようになったのもこのタイミングである。コロナ後の3年間で米津玄師はユーチューブ登録者数を５００万から７００万に、ヨルシカは１００万から２８０万に、ＹＯＡＳＯＢＩはゼロから６００万まで増やした（図表13）。なんだかカバーが多いなと皆がマスメディアの停電中にユーチューブを回しまくっていたうちに、配信をジャックしていたインディーズ系楽曲が急激に人々の心を捉えたのである。

ゲームが手段化していったように、音楽も手段化していく。そしてユーチューブ動画もまた、手段化していくのだ。コミュニケーションの道具としてエンタメを使うようになり、それは２０１１〜12年のＬＩＮＥや２０１８〜19年のＴｉｋＴｏｋがみせたように爆発的な波及をもたらし、ミキサーとビルダーと推し活ファンによる天文学的なコンテンツ生成が起こった。

ひろゆきＡＩの大流行

アマチュアたちが共約性をもって同時多発的に連作コンテンツを創る環境を提供したという意味では、その〝始祖〟もいえる起業家がいる。「2ちゃんねる」創設者のひろゆきである。彼は、ドワンゴの川上量生と共にニコニコ動画をつくり、この文脈を最初に切り拓いた人と言えるだろう。

そんな彼を「ＩＰ」としてＡＩ展開をした「おしゃべりひろゆきメーカー」をご存じだろうか。ＣｏｅＦｏｎｔという会社が作った自動音声ＡＩで、打ち込んだテキストを、ひろゆきの声で読み上げてくれる。いわば「初音ミク」が「ひろゆき」になったようなものだ。

このＡＩをつくるにあたって、もちろん本人の了解はとってはいるものの、ひろゆき自身は事業にはタッチしていない。声の収録にも協力していない。本人から許諾を得た上でネットに散らばっているひろゆきのアーカイブ音声をピックアップし、そこから「音素」「声質」になるものを束ね、ＡＩに読み込ませることで「ひろゆきＡＩ」として本人の声紋をコピーした。

2022年9月にリリースされ、1週間のうちに300万人ものユーザーが「ひろゆきAI」を使った。300万人が「視聴した」のではない。オリジナルのセリフやコンテンツをひろゆきの声で再現し、各自のSNSに「アップした人」が300万人なのだ。累計アクセス数は1億回ほど。まさに天文学的なコンテンツ生成の〝祭り〟である。大喜利のように、「ジェダイ評議会に参加するひろゆき」「女の子とのサシ飲みで絶対に奢らせたいひろゆき」「ONE PIECEシャンクスになったひろゆき」といった、1ファンがつくった創作が何千万人に広がっていく。

どんな人間がコンテンツ生成の役割を担ったのだろうか。「(ONE PIECEのシャンクス役として)なんだろう、腕返してもらっていいですか?」動画は428万回再生となったが、それを作った「全細胞」というチャンネル主は、もともと名もない創作者の1人に過ぎない。この動画1本以外は何も上げていない彼のチャンネルは、登録者2000人。いわゆる「ビルダー」としてクリエイターと消費者の間で、編集的な遊びをやってみたに過ぎない。それによって広告費収入をあてにしたわけでもなく、継続してそれを商売にしようとしているわけでもなく、ただ面白いと思ってこの1本の動画を上げ、428万回再生されたのだ。

大手企業ではこうした「表現する消費者」を戦略的に味方に引き込もうとする事例は、まだそれほど多くはない。彼らにとっては、こうした表現者たちが敵か味方か判断しかねるのだろう。「ファンが」広げてくれるのは大歓迎だが、自分たちの資産をかすめ取ろうとしてきた「海賊かもしれない」という疑念がよぎってしまうのだ。その目的外利用は別のビジネスを生み出していて、我々は何かを奪われているのかもしれない。もしくは表現を茶化されているだけなのかもしれない。自分が創り上げたキャラクターのあるべきブランドが損なわれてしまうかもしれない。

自分の一発芸が真似されて「著作権問題」として取り上げる芸人はいないだろう。彼らにとって流行を創り出してくれる二次表現者たちは、ありがたい存在でもある。だが流行ったところで、彼らのギャラには一切変化がない。基本的にはテレビ番組やＣＭへの出演のギャラなど企業からもらっている売上が彼らの収益源であり、二次利用や真似をされることで人気者にはなれても大富豪にはなれない。数年後に真似されなくなって、一発屋の烙印を押されて終わる。

だがキャラクターは違う。〝素材〟として転用されていけば、それはライセンス料が取れる著作物として広がっていく。

動画の「切り抜き」が商売になる

２０２１年には「ひろゆき切り抜き動画」という新しいビジネスが生まれた。ひろゆき自身のユーチューブチャンネルは２０１６年にできたが、登録者数は２０１８年末で７０００人、２０１９年末で５・８万人とコロナ前はそれほど人気チャンネルだったとは言えない。それが２０２０年末11・７万人⇒２０２１年末31・５万人⇒２０２２年末１３７万人と爆発的に伸びたのは「巣ごもり需要」だったというだけでは説明がつかないだろう。「＃ひろゆき切り抜き」というタグをつけて、勝手にひろゆきのしゃべりを面白おかしく広げる切り抜きチャンネルが同時期に急増した。その数はなんと２０２２年夏時点で２１００チャンネル、動画５・４

万本だ。ひろゆき自身が過去7年で上げた動画は500本にも達していないが、1年ほどの間に2000人が5万本のひろゆきの切り抜き動画を上げたことで、急激なバズが発生し、本人のチャンネルは登録者を増やし、広告収入が急増していく。

勝手に切り抜きをされる見返りは「広告収入の折半」である。動画を使ってもよいが、原作としてのひろゆきには広告収入を還元してね、というリモートの著作権管理の仕組みである。ユーチューブは2007年から、肖像・楽曲・動画などの原作元が、勝手な切り抜きをバン[37]したり、そこの収益を獲得できる「コンテンツID」の仕組みを導入し、それがうまく機能している。ひろゆき切り抜きビジネスを主導したユーチューバー事務所のGuildは、この仕組みの運用によって売上100億円の企業へと成長した。ひろゆきも含めた400もの有名人のチャンネルを運営し、その〝切り抜かれ促進ビジネス〟で成長することができたのだ。[38]

ひろゆき切り抜き動画の作者の1人に「ひろゆきの控え室」の運営者がいる。彼の売上は月700万円、年1億円近くになる。これはほぼ個人だけで稼いでいる金額だ。ひろゆきへの還元をしたうえで、広告収入の3~5割が「ひろゆき控え室」に入る。逆算すると「ひろゆき控え室」だけで2億~3億円もの広告料（アドセンス）がユーチューブから入っていることになり、それは年間40億~50億回も再生されているから、という状況になる。[39]

部分的な匿名性を担保しながら楽曲を運用するボカロPや歌い手などの話を前述してきたが、同じように動画を借り物として運用する切り抜き師もまた「ひろゆき」を使い、企画力と編集スキルだけで年商1億円といった金額を稼ぐのだ。この3年間を通して構築されてきた「ひろゆき経済圏」の住民たちは、敏感なる反応により急激なバズを生み出す。既存の動画の切り貼

37 バン（BAN）：アカウントやチャンネルを停止されること。

38『ひろゆきの切り抜き動画は“新たなビジネスモデル”？　Guild高橋将一に裏側を聞く』RealSound2021年5月22日　https://realsound.jp/tech/2021/05/post-763732.html#google_vignette

39『＃ひろゆき切り抜き』https://onl.la/knrgmve

りだけでは限界があった彼らの二次創作的なクリエイションの幅が、新しいサービスの登場によって新たな次元に昇華していった。

「切り抜き師」が商売になるなんて、誰が考えただろうか。誰かの肖像を切り取り、ＡＩでそのオリジナルを引き伸ばしながら、音楽と即興落語を組み合わせたかのような動画を編集し、アップする。それを１人で行う。広告費は雀の涙ではあるが、バズって何億回再生ともなっていけば、１人で食っていくには十分な金額でもある。

彼ら自身は生活のためにやっている部分もあるが、基本的には「２ちゃん民」と行動特性は変わっていない。ネットでうまいこと言って、いいねコメントが殺到するような、まるで学校のクラスで人気者になるくらいの気軽さで、編集力によってのし上がっていく。「クリエイター」として認めるにはいまだハードルはあるが、編集者とクリエイターの間の「ビルダー」の位置にある、セミプロである。

だが注意が必要なのは、「燃えやすいかどうか」はコンテンツ側が選べる特性ではない。ただフリーにして「使っていいよ」と発信したところで、二次創作の情熱が燃えたつようなツッコミやすさ、遊びやすさというのは、そのキャラクターやタレントが持ち合わせている個性に依存している。同じ切り抜きの仕組みとして、ひろゆきに勝るとも劣らない知名度をもつホリエモン（堀江貴文）の「#ホリエモン切り抜き」は５０００本ほどで、ひろゆき切り抜きと比較すると10分の１に過ぎない。それは戦略の優劣ではなく、彼らの個性が切り抜きに向いているかどうか、しゃべらせたりあそばせたりしときにエッジがたっているかどうか、といったキャラと共約性の高さによるものでしかない。「おしゃべりひろゆきメーカー」のモデルはその後ＣｏｅＦｏｎｔによって岡田斗司夫や田原総一朗などのバージョンでも展開されているが、ひろゆきの時のようなムーブメントにまでは至っていない。

まずは〝原作〟が動画配信や音楽配信がユーチューブにアップされ、それがポータルとなって様々なコンテンツのハブになる。切り抜きで興味をもったユーザーはＡＩアルゴリズムで嗜好が補強され、何度も見るするうちにファンとなって〝原作〟にどんどん引き寄せられ、複数のプラットフォームをまたいで視聴するようになる。

２０２１年に入るとクラブハウスをきっかけにポッドキャストが大隆盛し、皆が骨伝導イヤホンをつけながらスマートスピーカーなどで流し聞きするスタイルが一般化した。２０２１年はＮＦＴ[40]元年ともなり、トークンなどの価値経済圏が広がっていった。まるで10年分で起こるはずだった変化が、この3年に圧縮して早送りされてしまったかのような、目まぐるしい激流の中に我々はあった。

全年齢層に歌われるカラオケ曲が増えた理由

コンポーザビリティが重要になる世界は、「古いもの」が大活躍する時代でもある。コロナがみせた新しい未来の1つに、「旧譜の復活」がある。

任天堂のゲームはＳｗｉｔｃｈオンラインの時代になり、古い作品もコレクションとして立ち並ぶ。私の8歳になる息子がハマっているゲームが2つある。1つは『マインクラフト』（２０１１）、言わずと知れたスウェーデンで始まったビルダーゲームである。もう1つはテク

40 NFT：ブロックチェーンを基盤にして作成される代替不可能なデジタルデータのこと。デジタルデータに唯一性を与えることができるNFTは、ゲーム、アート、不動産など様々な分野で実用化が進んでいる。「非代替性トークン」を意味するNon-Fungible Tokenの略。

ノスジャパンの『熱血硬派くにおくん ダウンタウン熱血物語』（１９８９）だ。なんと30年以上前のドットの粗いゲームを、小学生が好んでプレイしている。画像の良し悪しの違いはあっても、プレイの難易度や楽しさはそう変わるものではない。

１９９３年の名曲『ロマンスの神様』を10代の少女が見事に歌いこんだりするのも、『パリピ孔明』の主題歌『チキチキバンバン』をＲａｉｎｙｃｈｅがグローバルで流行らせるのも、偶然ではない[41]。ＴｉｋＴｏｋで耳馴染みのない曲を使っているうちに好きになるというセレンディピティが頻発した３年間、「全年齢層でカラオケランキングのトップ２００に入っている楽曲が20曲もある」という、かつてなかった現象も起こっている（図表25）。

10代から60代までカラオケで歌っている共通の楽曲は、10年前は５曲しかなかった。音楽の嗜好は自分の青春時代のヒット楽曲に強く依存するため、世代差が如実に出るエンタメであった。この30年ずっとそれは「定説」であったが、２０２０年にそれがくつがえったのだ。

中高年層はＴｉｋＴｏｋを使わないため、Ｚ世代が〝降りてきている〟ということになる。ＴｉｋＴｏｋという音楽の新しい使い方の中で、Ｚ世代が古い曲に目覚め、ポルノグラフィティ『サウダージ』（２０００）のような、自分たちが生まれる前のラインナップを歌うようになっている。

これは別に日本だけの現象ではない。２０２３年８月、ビルボードヒット１００の中に３曲のカントリーソングがランクインした。65年続く米国ビルボードチャート史においても初めてのことである。さらにスポティファイトップ50の36%がカントリーになった（２０１６年時点ではたった２％だった）。この激変は、ヒップホップやＲ＆Ｂなどここ10年近くのヒットジャ

41 チキチキバンバン（Chiki Chiki Ban Ban）は、2013年にハンガリー歌手JOLLYがユーチューブにミュージックビデオとしてアップし、それをエイベックスが2020年8月に日本で配信している。日本で流行したのはそれを新たにQUEENDOMがテレビアニメ『パリピ孔明』の主題歌とし、アニメ放送された2022年4〜6月の間である。

			23 曲	
			タッチ 岩崎良美	
			糸 中島みゆき	
		20 曲	残酷な天使のテーゼ 高橋洋子	20 曲
		タッチ 岩崎良美	チェリー スピッツ	タッチ 岩崎良美
		糸 中島みゆき	ハナミズキ 一青窈	糸 中島みゆき
		残酷な天使のテーゼ 高橋洋子	奏（かなで） スキマスイッチ	残酷な天使のテーゼ 高橋洋子
		チェリー スピッツ	粉雪 レミオロメン	チェリー スピッツ
		ハナミズキ 一青窈	猫 DISH//	サウダージ ポルノグラフィティ
		奏（かなで） スキマスイッチ	Lemon 米津玄師	ハナミズキ 一青窈
	13 曲	粉雪 レミオロメン	さよならエレジー 菅田将暉	奏（かなで） スキマスイッチ
	タッチ 岩崎良美	ひまわりの約束 秦基博(ハタ・モトヒロ)	マリーゴールド あいみょん	粉雪 レミオロメン
11 曲	糸 中島みゆき	Lemon 米津玄師	Pretender Official 髭男 dism	ひまわりの約束 秦基博(ハタ・モトヒロ)
タッチ 岩崎良美	残酷な天使のテーゼ 高橋洋子	さよならエレジー 菅田将暉	まちがいさがし 菅田将暉	猫 DISH//
ダンシング・ヒーロー(Eat You Up) 荻野目洋子	チェリー スピッツ	パプリカ Foorin	紅蓮華 LiSA	Lemon 米津玄師
糸 中島みゆき	雪の華 中島美嘉	マリーゴールド あいみょん	夜に駆ける YOASOBI	さよならエレジー 菅田将暉
津軽海峡・冬景色 石川さゆり	ハナミズキ 一青窈	Pretender Official 髭男 dism	うっせぇわ Ado	マリーゴールド あいみょん
残酷な天使のテーゼ 高橋洋子	栄光の架橋 ゆず	まちがいさがし 菅田将暉	炎 LiSA	夜に駆ける YOASOBI
チェリー スピッツ	Lemon 米津玄師	紅蓮華 LiSA	香水 瑛人	炎 LiSA
ハナミズキ 一青窈	U.S.A DA DUMP	馬と鹿 米津玄師	虹 菅田将暉	虹 菅田将暉
栄光の架橋 ゆず	さよならエレジー 菅田将暉	炎 LiSA	白日 King Gnu	裸の心 あいみょん
ひまわりの約束 秦基博(ハタ・モトヒロ)	パプリカ Foorin	香水 瑛人	裸の心 あいみょん	残響散歌 Aimer
Lemon 米津玄師	マリーゴールド あいみょん	白日 King Gnu	群青 YOASOBI	水平線 back number
U.S.A DA DUMP	まちがいさがし 菅田将暉	裸の心 あいみょん	ドライフラワー 優里	ドライフラワー 優里
2018	2019	2020	2021	2022

図表25　全年齢層でカラオケランキングTOP200に入っているタイトル数の推移

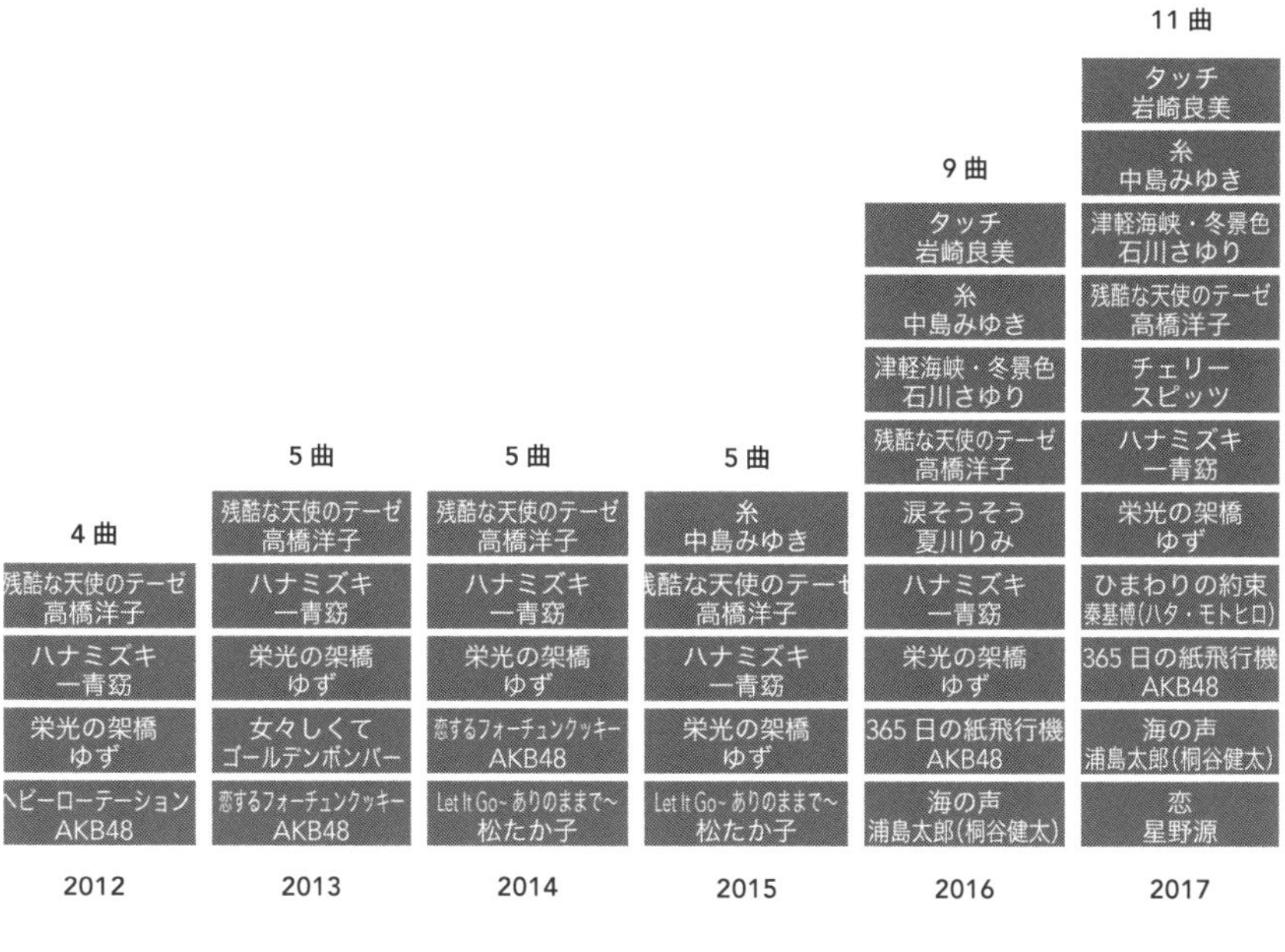

出所）博報堂生活総研　https://news.mynavi.jp/article/20230430-2668362/

ンルのトレンドを塗り替えるほどのものであり、しかもこれは中高年ではなく10～20代の女性が牽引しているという結果も衝撃である。ＴｉｋＴｏｋでは「#CountryMusic」が毎日のように上がっており、ミキサーたちの好みで何十年も前の楽曲が掘り起こされ、一躍トップヒットに躍り出ている。[42]

42 “Thanks to Morgan Wallen, country music's popularity has surged” The Economist, 2023/9/1, https://www.economist.com/culture/2023/09/01/thanks-to-morgan-wallen-country-musics-popularity-has-surged

エンタメ世代分析の視点②
プロの隙を突く

「商売にならない」「素人にはできない」という思い込み

２０００年代は、ネットを使ったユーザーの参加がコンテンツ業界に大きな影響をもたらした。ただし、そのプラットフォームとなったユーチューブもニコ動もｐｉｘｉｖも、当初は「海賊版」の温床とみなされ、著作権ビジネスを行うメーカーにとっては「敵」だった。それは出版業界がコミケを警戒してきたのと同様である。

なぜ誰もが知るＩＰ・コンテンツを持つ企業が、新しい才能を見いだすプラットフォームを生み出せなかったのかといえば、「アマチュアのユーザーが（消費ではない形で）参加すること」が少なくとも好意的に受け取られてこなかったからだろう。

Ｗｅｂ１・０の時代、２０００万人（２０００年時点）が登録するメールマガジン「まぐまぐ」を創設した〝メルマガの父〟深水英一郎は、大手企業がなぜもっと早くネットサービスに参入してこなかったのかについて、２つの参入障壁を指摘している[43]。

１つ目は「商売にはならない」という思い込みである。まだ誰もがビジネス化する方法を知らず、フリーミアムやＣＧＭ（コンシューマー・ジェネレイテッド・メディア）といった言葉もなかった時代。プラットフォームという概念もなかった。そこでコンテンツがユーザーによ

43 中山淳雄『【連載】中山淳雄の「推しもオタクもグローバル」第16回「創作」の民主化―Web1.0世代が築き上げたまぐまぐ、2ちゃんねる、ガジェット通信』gamebiz 2022年4月20日 https://gamebiz.jp/news/347604

って作られ、大量に集客していく中で広告収入を得られ、コンテンツ視聴に課金ができる、という成功例が出てくるのには時間がかかった。お金にならない前提でサービス開発できるのは、それを楽しめるベンチャー企業しかなかった。

2つ目は「プロにしかコンテンツは作れない」という思い込みである。「アマチュアが発行するメルマガに誰も興味なんて持たないだろう」と高をくくっていた。その後のユーチューブやSNSで、プロとしてのトレーニングを受けていない情報発信者やインフルエンサーが人気になっていった状況を見ても、「プロにしかコンテンツは作れない」という考えは間違いであったことがわかる。

「目的外利用」というアングラ行動

私がもう1つ付け加えるならば、「正しくないような気がする」という3点目の思いがあり、これが枷《かせ》となって大きな組織は成長産業への参加に二の足を踏んだ。すでにビジネスモデルを回転させて利益を生むことを10年20年と続けてきた企業・会社人にとっては、売れる売れない以上に「正しい正しくない」という道徳的な枠組みが意思決定を拘束する。

二次創作は、オリジナルをつくっているメーカーにとっては、商品・作品の「目的外利用」だ。「歌ってみた」も「踊ってみた」も、今でこそ作品を作った企業が率先して煽り、公式がやっているんだからと皆が真似るようになっているが、かつては許容されない行為だった。２０００年代にキャラクターグッズを手に批評・コメントしようものなら「作品の人気にあやかつての人気取りか」と誹《そし》られ、ゲーム実況しようにもゲーム画面の配信サイトへのアップは「違法」であり、アニメの解説をしようにもユーチューブでバンされるので、部分的に切り出して、画面枠の中でさらに小さなワイプをつくって見せていた。これも公式には当然「違法」である。

だが著作権保有者側は、数々の妥協と折り合いの上に、そうした違法の温床となっていた新興プラットフォームと手を組むことを余儀なくされてきた。映像でいえばネットフリックス（1997、ストリーミング機能は2007から）、音楽でいえばスポティファイ（2006）やアマゾンミュージック（2007）、サウンドクラウド（2007）、そして映像も音楽もゲームも総合したユーチューブ（2006）の〝侵略〟があった。

公式な著作権者たちがそうした新興プラットフォームとの付き合い方をルールとして整備するようになると、大手企業が一気呵成にストリーミングサービスに進出してくる。アップルミュージック（2015）、JOOX（2015）、LINEミュージック（2015）などである。それまでの10年あまりの戦争がウソのように、レーベルも音楽著作者も我先にとDSPにアクセスをするようになる。そうした文脈の中にTuneCoreのようなメジャールートを回避するサービスも勃興してきたのだ。

100年続いた二項対立の境界があいまいに

以上の3点をふまえると、ベンチャーが巨大資本と戦う上でブルーオーシャンを探すなら

「ビジネスモデルがわからない」「アマチュアが溜まっている」「正しくないようなグレーな領域」から始めるのがてっとり早い、という話にもなる。

Ｗｅｂ２・０の時代を突き動かしたのはメーカーでもメディアでもなく、ユーザーだった。映像も音楽もゲームも、共約性に配慮したコンテンツがコロナの追い風を味方につけた。その結果が、全音楽視聴の２割に達してきた「アーティストも知らないが、なんだかＴｉｋＴｏｋでよく皆が使っている楽曲」というインディーズの勢力拡張である。

アンダーグラウンドなメディアたちがアマチュアの才能を誘《いざな》い始めたのが２０２０年代、新しいスターがどんどん生まれてきたのが２０１０年代後半、そしてコロナ禍での３年間だった。小説、イラスト、音楽、自撮り動画といった〝軽い〟コンテンツを生み出すミキサーやビルダーといった人々が、まるで民衆の英雄のようにもてはやされ、数十万フォロワーという「票をもつ力」とともに、かつて見向きもしてこなかったメジャーなパブリッシャーやプラットフォーマーから迎え入れられる。それはゲームや映画の世界にも広がっており、マスメディアの専売特許を浸食している。「供給者／消費者」という１００年続いた二項対立の境界を、極めてあいまいなものにしているのだ。

第3章

ファンダム革命とクリエイターエコノミー

3-1 クリエイターを手助けするファンたち

ネットワークの発展とコミュニティ化の条件

第2章で見てきた事例は、2000年代半ばにブログやSNSが生まれ、「ユーザーが参加する」テクノロジーが見せた二次創作型クリエイターのカンブリア大爆発[01]である。初音ミク、ニコ動、なろう、pixiv、ユーチューブ、TuneCoreを皮切りに、アマチュアたちは解釈と考察力によって新しいステージに上がっていく。ファンとの共創関係によって、メジャーデビューではなくマイナーデビューするルートが生まれたのだ。第3章はそのマイナーデビューを持ち上げるファンダムの話だ。

ファンダムについて考察するうえでは、第2章で取り上げた成功ストーリーが「生存バイアス[02]」のかかったものであることに自覚が必要だ。フェイスブックの流行の前には、先行した企業があった。1997年に「6次の隔たり[03]」を有名にしたシックスディグリーズは、登録者350万人まで成長したが、2001年にはサービスを閉じた。2003年にはフレンドスターが生まれ、登録者1億人まで達しながら、2011年には終了している。マイスペースも2003年に始まり、こちらも月間1億ユーザーを超える盛況であったが、後発のフェイスブックに追い落とされている。

01 カンブリア大爆発：古生代カンブリア紀の5億4200万年前から5億3000年前にかけて、生物の多様性が急激に増大した現象

02 生存バイアス：生き残った人、勝ち残ったチームなど「生存者」のみを基準に判断し、生存しなかった人やチームなどを無視してしまうこと。判断の誤りにつながりやすい。

03 6次の隔たり：「知り合いの知り合い」といった関係をたどっていくと、5人の仲介者を経て、6人目で世界中の人間はつながるという考え。

２００４年に19歳のマーク・ザッカーバーグがハーバード大学で学生名簿をネットにあげて「Ｈｏｔ ｏｒ Ｎｏｔ（アリかナシか）」で実験をしていた頃、すでに6〜7年前から、人々をつなげる仕組み自体は様々に試みられていた。だがダイヤルアップ式モデム[04]の限界があったり、実名制に拘り過ぎたり、資本オーナーの政治（マイスペースは親会社ニューズ・コーポレーションがプラットフォーム化構想を追求し、サードパーティの他社アプリを排除したことが失敗の理由と言われる）などの結果、次々と消えていったのだ。

この根本的な原因は、ネットワークが成長しなかったからではない。十分に成長をしていたのである。しかし、注目を浴びながらも、「信頼できる」ネットワークを維持し、ユーザーにとって「意味のあるつながり」を提供できたかどうか。それが生き残ったフェイスブックとそれ以外を切り分けた大きなポイントでもある。

２０１０年に一世を風靡した「チャットルーレット」というサービスがあった。ユーザーをランダムに結びつけ、2人をウェブカメラでライブチャットさせるという仕組みで、17歳のロシア人が立ち上げたものだ。世界中で４００万人が訪れ、ピーク時の同時接続数は数十万人。だがこの〝革新的な〟サービスが、たった数か月でスラムと化した。「かつての偉大な文明に残されたのは、パンツを脱いでうろつく男だけになった」と後に言われるが、大人気になった直後に成人男性が殺到し（最後は9割方が男性ユーザーだけの空間になった）、うち15％は全裸でひわいな行為をしているだけの変態ユーザーだらけの空間になってしまったのだ。ヌード検出の仕組みなどを取り入れて正常化を図ったものの、時すでに遅しで大半のユーザーは逃げ出した後だった。「十分な規模に達したネットワークは、放置しておくと自然にユーザーと使

04 ダイヤルアップ式モデム：高速インターネット接続が普及する前に利用されていた電話回線を使うネット接続装置。

用法の質が低下する」として、『チャットルーレットの法則』と金言化された事例でもある。[05]

ユーザーを大量に集めればよいわけではないのだ。熱狂できるサービスは熱狂のままに放置していると、放埒《ほうらつ》のままに悪用するユーザーが跳梁跋扈《ちょうりょうばっこ》する。1990年代のネットやEメールもそうだったし、児童同性愛者と年齢を偽る未成年が集って危険な空間になったマイスペースもそうである。2022年のメタバースブームの時にはアバター痴漢が流行し、突然抱き着かれたり胸を揉みしだかれるような事例も多発している。

フェイスブックでは、最初「.edu」の大学メールと本名登録を義務化し、ダブルオプトイン[06]で相互承認のもとにつないだ。信頼ができ意味がある関係性を少しずつ築き、成長の速度ではなく、信頼できる成長を優先したことが勝因となった。

「ネットワークのはしご」という考え方がある。プラットフォームのようなネットワークの成長には5つの段階があるという理論で、「コネクション」から始まり、「コミュニケーション」が生まれ、そこに「キュレーション（情報をまとめて整理）」として意味ある情報だけがフィードされ、「コラボレーション（参加者同士の協力）」が自然発生し、その後に「コミュニティ」となる。この各段階に、ネットワークは常に質の悪化と崩壊のリスクを抱えている。プラットフォームはどんどん成長しているように見えて、このリスクを回避すべく水面下でもがいているのだ。

皆がフェイスブックを使っている今のこの世界は必然ではない。タイミングと創設メンバーと資本ストーリーによっては、フレンドスターやマイスペースが覇権を握っていたとしても不思議はないほど、当時は肉薄していたし、その勝因は曖昧模糊としたものだ。

05 アレックス・モザド、ニコラス・L・ジョンソン（著）、藤原朝子（訳）『プラットフォーム革命―経済を支配するビジネスモデルはどう機能し、どう作られるのか』英治出版、2018

06 ダブルオプトイン：ネット上のサービスの利用登録をする際に、ユーザーが会員登録を申し込んだ状態を仮登録とみなし、登録アドレスに送信されたメールのURLをクリックして正式に登録が完了する方式。

だが、唯一、明確な指標がある。ツイッター（X）でもユーチューブでも、フォロワー数が少ないままに有名になる事例はほぼ皆無である。フォロワーがいて、それがファンとなり、その推しの圧力が高まっているかどうか。サービスの普及には、明確なファンの介在が必要不可欠になっている。

ファンたちがどうつながるのか。そのつながりは意味があるものなのか。そのつながりから生まれる価値が徐々に高まっていくものなのか。ファンの存在を抜きに成功は語れないのである。

女性ファンの力

アマチュアの力、恐るべし、である。２０００年代半ばに、ほぼ個人が思い思いに創り上げた「なろう」や「ニコ動」のようなサービスは5年ほどで日本中を席巻し、モノによってはｐｉｘｉｖのように世界に届く一大サービスとなり、そこから時価総額数千億という企業も生まれてきている。インターネットとスマホが表現空間にもたらした影響は計り知れないが、同時にそれらを享受するユーザーの変化についてもみておく必要があるだろう。ここで注目したいのは「女性」である。

セクシャリティのみで差別化しすぎるのは〝よろしくない〟印象があるかもしれない。だが「消費者としての女性」は、特別視するに値する。元来、男性に比べるとファッションや消費に対して敏感で、それらを応用的に使うことに長けてきたのは女性である。

クレオパトラは、音と香りのプロデューサーとしての演出力も含めて「絶世の美女」になった。彼女が長距離の移動をする時、人々はその船影からクレオパトラが近づいていることがわかったという。彼女の船は、常に音楽を奏で、芳香を焚きあげていたからだ。「絶世の美女がここにいる」というメッセージをプロデュースしていたのである。エジプトを制圧しようと迫るローマ皇帝カエサルに対して、自らが〝贈り物〟として絨毯に包まり、裸で出てきた逸話は有名だが、それは権謀術数が渦巻く当時の政情の中で、小国エジプトが生存するための起死回生の一擲《いってき》であった。まるで天敵に襲われることもいとわぬ孔雀の羽のように自らを演出し、「絶世の美女」という口コミを生み出して価値を高めた上で、サプライズ演出によって国を守った「プロデューサー・クレオパトラ」の偉業は、現在まで続く女性のプロデュース力の象徴的事例でもある。

　1990年代まで「オタク」とは、ほぼ男性を指していた。1995年段階ではネット民の95%が男性というほど偏った世界であり、女性ユーザーであることが分かられてしまうと、途端にマウントをとられたり、セクシャルな言葉を浴びせられたりすることも少なくなかった。[07]この世界で、男か女か、大人か子供かを匿名化できるアバターの特性は、自己防衛の意味でも大事な機能であった。

　アニメ・ゲームなどのコンテンツに対する女性オタクの貢献が急激に顕在化するのは2010年前後のことである。オタク系コンテンツの〝対象〟として「女性」に注目するのは、かなり後回しにされてきた。少女向けのマンガやアニメは古くからあったが、成長しても2次元コンテンツから離れず、大人になってもゲームで遊ぶオタクは、男性に特有の傾向と思われ

07 NHK『平成ネット史（仮）』取材班『平成ネット史　永遠のベータ版』幻冬舎、2021

ていたからだ。

20世紀にも少数とはいえ女性オタクは存在した。コミックマーケットは今でこそ男性が半分以上を占めるが、第1回が開催された１９７５年は、参加者７００人の9割が女性であった。アニメ3大誌の1つ『アニメージュ』（徳間書店）の女性ライターとして１９９２年に入社し、30年にわたって女性オタクを追ってきた渡辺由美子は、なぜコミケのような「自作」のイベントが勃興してきたかという問いについて次のように答えている。

「バブルで女性が自分で自由に使えるお金をもったことと、キャラクターに対する思いを昇華する派生商品が、『公式』からそんなに出ていなかったんですよね。少年マンガも今のようにキャラクターグッズを出してくれる時代ではなかったし、アニメも、公式のメーカーがマネタイズしていく手段がまだソフト販売（ＶＨＳ、レーザーディスク）に限られていて、女性ファンが望んでいるような『キャラクターの心理描写に重点を置いたスピンオフの物語』は公式から出ることは少なかった。それで私たちの願望を消化する先として同人誌が選ばれるようになったんです[08]」。

コミケや二次創作、アニメ雑誌といった「自分たちで手を加えられるメディア」は、メーカーが置き去りにしたファンの需要をすくいとる手段であった。欲しいものがないならば自分たちで作ってしまえ、とばかりに１９７０～80年代の女性オタクは持ち前の工作スキルを発揮する。コミケの二次創作も、自前のアクリルスタンドも、ジャニーズの応援うちわも、「公式」からではなくファンの創造性から生まれ、それをあとから公式が追認していったものである。

そうした「女性ヲタ」がメディアで顕在化してくるのは２０００年代も後半になってからの

08 中山淳雄『【連載】中山淳雄の「推しもオタクもグローバル」第33回　アニメ界はいつ「女性」を発見してきたのか:アニメライターが見つめてきた30年間の発展の軌跡』gamebiz 2022年9月8日https://gamebiz.jp/news/356051

話だ。『サイゾー』の2010年11月号でこんな特集があった。「女子が二次元作品を支える!?社会学的に見る女ヲタの進化論」。『薄桜鬼』『黒執事』『戦国BASARA』など女性向けのオタクコンテンツの調子がいいことが「発見」として描かれているのが2010年という時代なのだ。[09]

女性向けゲームは、当時ゲーム会社経営者として紅一点であった襟川恵子によって生み出された。『アンジェリーク』（コーエー、1994）である。「女性はゲームをしない」「女性のオタクはいない」「女性向けはニッチ」と言われた時代に、女性特化の作品を創ろうという意思決定は、襟川のように女性が当事者として決裁権を持っているという稀な状況でしか起こらなかった。

ゼロイチで市場を創るつもりで出した作品は最初から手ごたえがあったわけではない。だが、ゲームに技術的に声を吹き込むことが可能になり、ボイスCDを売り始め、声優を使ってライブをしよう（2000年代までは声優が顔出しを前提としていなかったので露出を拒む声優も多かった）というあたりから、黎明が始まった。女性向けゲームの2作目『遙かなる時空の中で』（コーエー、2000）を出したころには、『ときめきメモリアル Girl's Side』（コナミ、2002年）など他社も徐々に追随するようになり、雑誌社が〝乙女ゲーム〟を1つのカテゴリーとして捉えたのは『電撃Girl's Style』が生まれる2007年ごろの話だ。

前出の渡辺が「女性向けコンテンツのルネサンスが起きた」と指摘した作品は、2000年代に登場してきた『金色のコルダ』『純情ロマンチカ』『夏目友人帳』『戦国BASARA』『ヘタリアAxies Powers』『薄桜鬼』『Tiger&Bunny』などである。このあたりからアニメDVDの販売

09『サイゾー』2010年11月号「女子が二次元作品を支える!?社会学的に見る女ヲタの進化論」で「最近、ゲーム誌やアニメ誌を中心に、開けば必ずといっていいほど『薄桜鬼』『黒執事』『戦国BASARA』の特集が」と言及されている

枚数は数千枚どころか1万、2万本といった規模になり、2010年代に「女子がソフトを買う」時代に入っていったのだ。

そうした女性ファンの反応を見る中で、男性声優がアイドル化して定期的にコンサートも開くようになる『うたの☆プリンスさまっ♪』（2011）が、ゲーム発の女性向け音楽ライブの始祖タイトルであったことも考えると、「女性向けゲーム市場」の活性化はこの10年くらいの話だとも言える。

女性ファンが増えると、コンテンツは〝立体化〟し、楽しみ方が多軸化していく。2・5次元舞台は2003年の『テニミュ（ミュージカル・テニスの王子様）[10]』から始まり、2000年代はまだイロモノ感が強かったが、2010年代半ばに急激に作品数、市場規模を増やし、舞台関係者の顔色が変わった。

第4章で述べるテーマカフェもまたその1つだろう。女性の女性による女性のためのカフェという意味では、池袋の有名な執事喫茶「スワロウテイル」がある。この営業開始も2006年である。2000年代後半は女性向け立体化コンテンツの百花繚乱時期であり、2010年代に市民権を得て広がっていく助走期間であった。

ファンクラブに入り、グッズを購入し、「推し」を続ける傾向は、一般的に女性ファンのほうが強い。第2章で取り上げたVチューバー事務所で見ると、女性ファン向けのANYCOLORの営業利益率40％に対して、男性ファン向けのCOVERの営業利益が15％なのは、ファンの性別の影響という側面もある。組織化・社会化に優れた女性は元来、宝塚やジャニーズの事例のように1つの作品や作者、アーティストを推し上げていくことに強く貢献

10 週刊少年ジャンプに1999年から連載開始された『テニスの王子様』は、それまで「少年マンガ誌」として黄金時代を築いたジャンプの発行部数の凋落期に、『るろうに剣心』『BLEACH』などと共に女性ファンの心を捉えた新しいジャンルであった。

してきた歴史がある。

韓流スターを迎え入れた日本

女性による「コンテンツの立体的な消費」が化学反応を起こしたという点では、３次元のタレントであるＫ‐ＰＯＰアイドルもまた、その恩恵に預かっている。日本における女性向けの男性アイドル市場はジャニーズ事務所（現ＳＭＩＬＥ‐ＵＰ.）が寡占してきた。10代のうちからジュニアとして育成枠をつくり、数年どころか10年単位での育成期間を経て男性アイドルをデビューさせていくジャニーズは、１９８０年代の少年隊や光ＧＥＮＪＩから始まり、90年代にＳＭＡＰを国民的アイドルにのし上げて巨大事務所になり、２０００年代にはグループ合計で売上高は１０００億円超に達した。レコード収入で売上が拡大しやすいソニー・ミュージック・エンターテインメントやエイベックスと並ぶ、一大芸能事務所となったのである。テレビ局とジャニーズ事務所が協働して利益を得る構造が確立され、他のほとんどの芸能事務所は「男性アイドルグループを立ち上げる」といった敵対行為を避けてきた。

そのジャニーズをお手本として韓国の芸能業界をゼロからつくってきたＳＭエンターテイメント創業者のイ・スマンも、日本への展開は女性アイドルのＢｏＡ[11]（２０００）から始めたが、韓国系という日本でのマイノリティであったからこそ〝空気を読まず〟に２００４年に男性アイドルグループ東方神起を立ち上げる。東方神起の成功は他のＫ‐ＰＯＰ事務所に大いなる自信をもたらした。その日本展開を支援したエイベックスにとっても、自社で立ち上げた男性ア

11 BoA：1986年生まれの韓国出身の歌手・女優。日本での活動を主体として『FNS歌謡祭』の人気歌手賞、日本レコード大賞の金賞を受賞。16枚目のシングル「DO THE MOTION」は韓国人として初めて日本のオリコン週間ランキング1位に。流ちょうな日本語を操り、ほとんど日本人タレントと変わらぬ形で日本に根付いたBoAは、その功績を認められ2014年にはSMの取締役にもなっている。

イドルではないため、CD販売やプロモーションのみを担当するレーベルとしてジャニーズに角を立てずに間接的に男性アイドルに進出することができた。

韓国音楽事務所の大手企業は、その創設も新しく、SMエンターテイメントが1995年、YGエンターテイメントとJYPが1996年と、韓国経済が不況まっただ中の時代に始まっている。それ以前の韓国歌謡界は反社会的勢力とのつながりも深く、枕営業のような事例も珍しくなかった。それが通貨危機下で既存勢力が倒壊していく中で、米国や日本の音楽産業を見てきた歌手自身がゼロイチで立ち上げたのである。また韓国が戦後から続けてきた日本ポップカルチャーへの規制を緩め、公式に受け入れ始めたのが1998年。海賊版でひそやかに楽しまれていた日本のトレンディドラマや音楽が、急激に韓国に公式に入ってくるようになったこの時代は「現代のルネサンス」のごとき状況でもあった。

そして韓国コンテンツの日本における人気に火をつけたのは、2002年の日韓ワールドカップと、そのタイミングでNHKが輸入を決めた『冬のソナタ』だ。『冬のソナタ』は日本で364億円という経済効果を上げ、ユーザーの平均年齢47歳というオバサマたちを対象とした韓流ブームの始まりだった。[12]その後、東方神起などもあって韓流ブームが大きく広がっていく。

これがいかに韓国にとっての〝悲願〟だったか想像できるだろうか。2005年前後、日本の音楽市場5000億円規模に対して、韓国は100億円程度しかなかった。当時はアジア全体の音楽市場を合計しても1000億円にも達しない時代、その5倍をCDで売り上げていた日本市場は「全アジアのミュージシャンにとってのスター市場」だった。ハリウッド映画と日本映画の差よりも、日本音楽と全アジア音楽の差のほうが大きかったこの頃は、韓国にとって

12 林香里『「冬ソナ」にハマった私たち　純愛、涙、マスコミ…そして韓国』文藝春秋、2005

の海外展開の成功とは、すなわち「日本音楽市場での成功」であった。

　それからというもの、日本における韓国アイドル人気が次々と爆発していく。ＳＭは少女時代、ＥＸＯ、ＮＣＴと日本市場に攻勢をかけ、ＹＧも負けじとＢＩＧＢＡＮＧ、ＫＡＲＡ、ＢＬＡＣＫＰＩＮＫを展開していく。ＪＹＰは少し遅れてＴＷＩＣＥやＮｉｚｉＵで頭角を現していく。そしてＪＹＰのプロデューサーだったパン・シヒョクが音楽事務所Ｂｉｇ　ＨｉｔＥｎｔｅｒｔａｉｎｍｅｎｔを２００５年に設立し、２０１３年に送り出した防弾少年団すなわちＢＴＳは、のちに北米におけるＫ－ＰＯＰの位置づけを確変させる台風の目となっていく。

　それまでアジアに敵なしだった日本の音楽業界で、欧米の「洋楽」はまだしも、韓国などの「アジア楽曲」を聴いていたのは、業界人でも視聴者でも本当にごくわずかだった。そうした

図表26　アジアの音楽市場

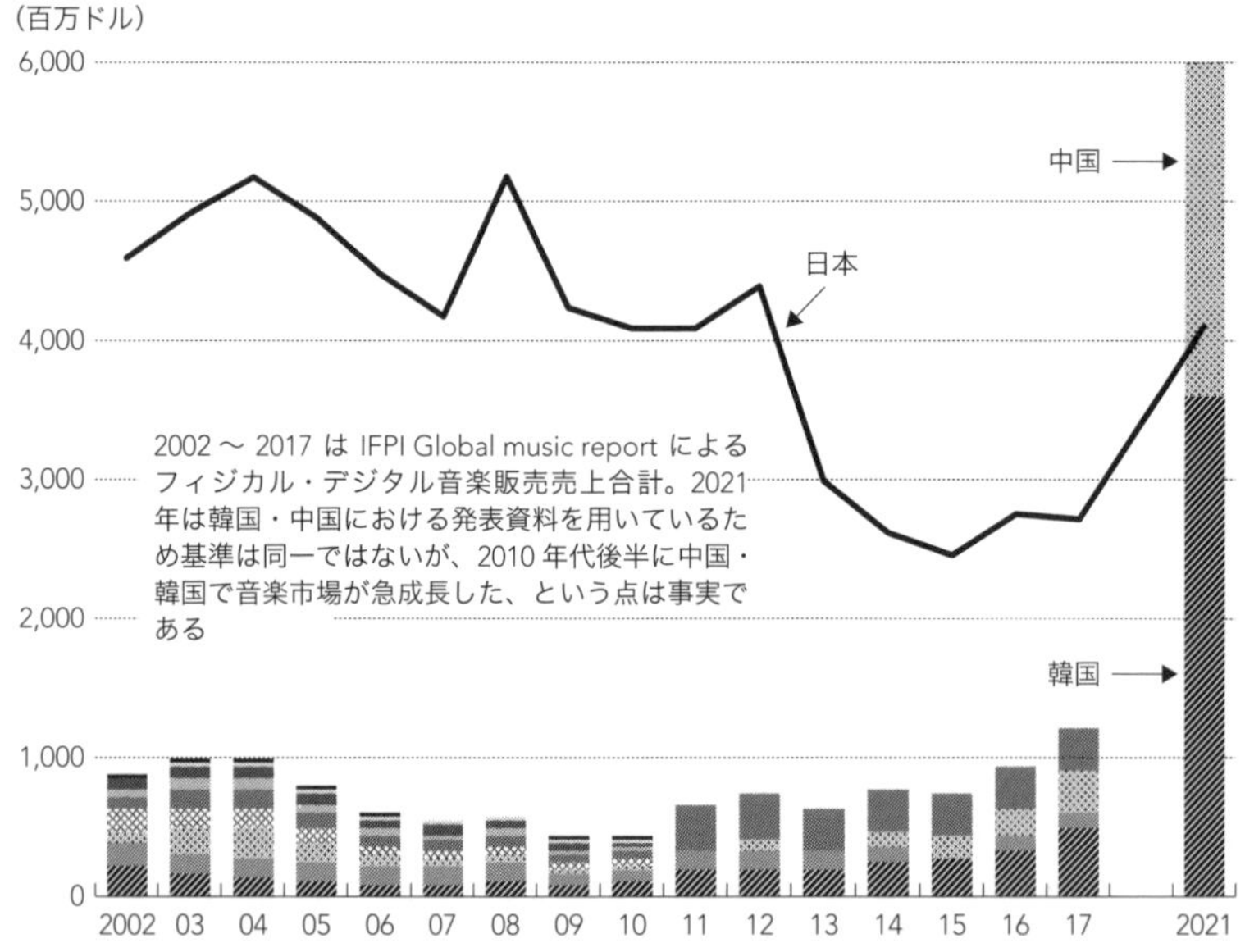

出所）2002～2017はIFPI Global music reportによるフィジカル・デジタル音楽販売売上合計。集計対象は韓国、中国、香港、台湾、インド、タイ、インドネシア、フィリピン、マレーシア

中で韓国の男性アイドルを受け入れていったのは、特に若い女性からであった。

　ＢＴＳの日本展開を仕掛けた元アミューズ海外担当役員の齋藤英介は、すでに東方神起でファン層が出来上がっていたＫ‐ＰＯＰ第1世代のＯＬ・大学生に対して、差別化できるポジションとして「妹」の層に注目しＢＴＳをぶつけた。「姉は東方神起、私はＢＴＳ」と姉妹交代でコンサートに行けるような仕組みを描き、ニッポン放送、ポニーキャニオン、オリーブ、ａｎ・ａｎ、ＣａｎＣａｍなどのメディアから露出を図り、母親も巻き込んだ「家庭内女性たちが交換しあえる趣味」としてＫ‐ＰＯＰを連鎖的に展開していく[13]。

　Ｋ‐ＰＯＰのブームを大ぐくりで分類するのであれば、「地上波テレビで日本アイドル化した韓国タレントの冬ソナ連動時代（２０００〜08）」「低迷期（２００８〜12）」「ユーチューブやＳＮＳを駆使し、Ｋ‐ＰＯＰのままでブームとなった時代（２０１２〜18）」となる。

　だがコロナ前の時期は、ブームとは言っても部分的なものに過ぎなかった。あくまで日本音楽市場の数％が異色の海外アイドルにはまっている、といった程度のものである。日本音楽レーベルの顔色が変わるのは、まさにそこからの5年、「コロナ期に日本音楽業界が絶不調に陥った中で、急激に成長したＢＴＳ基軸のＫ‐ＰＯＰブームの時代（２０１９〜）」である。

　ＢＴＳの成長を背景にＢｉｇ　Ｈｉｔは２０２１年に社名をＨＹＢＥに変更する。２０１６年時点では、売上は日本のエイベックスの１５００億円超に対して、ＨＹＢＥは30億円程度だった（図表27）。だが２０１８年には３００億円、２０１９年には６００億円弱と倍々ゲームで成長する。なにより衝撃だったのは、コロナ禍によってライブコンサートと物販頼りだった日本の音楽レーベル・芸能事務所の売上が半減していた２０２０年にも、Ｋ‐ＰＯＰ事務所は成

13 中山淳雄『エンタの巨匠』日経BP、2023

図表27　韓国のHYBEと日本のエイベックスの事業別売上

HYBE

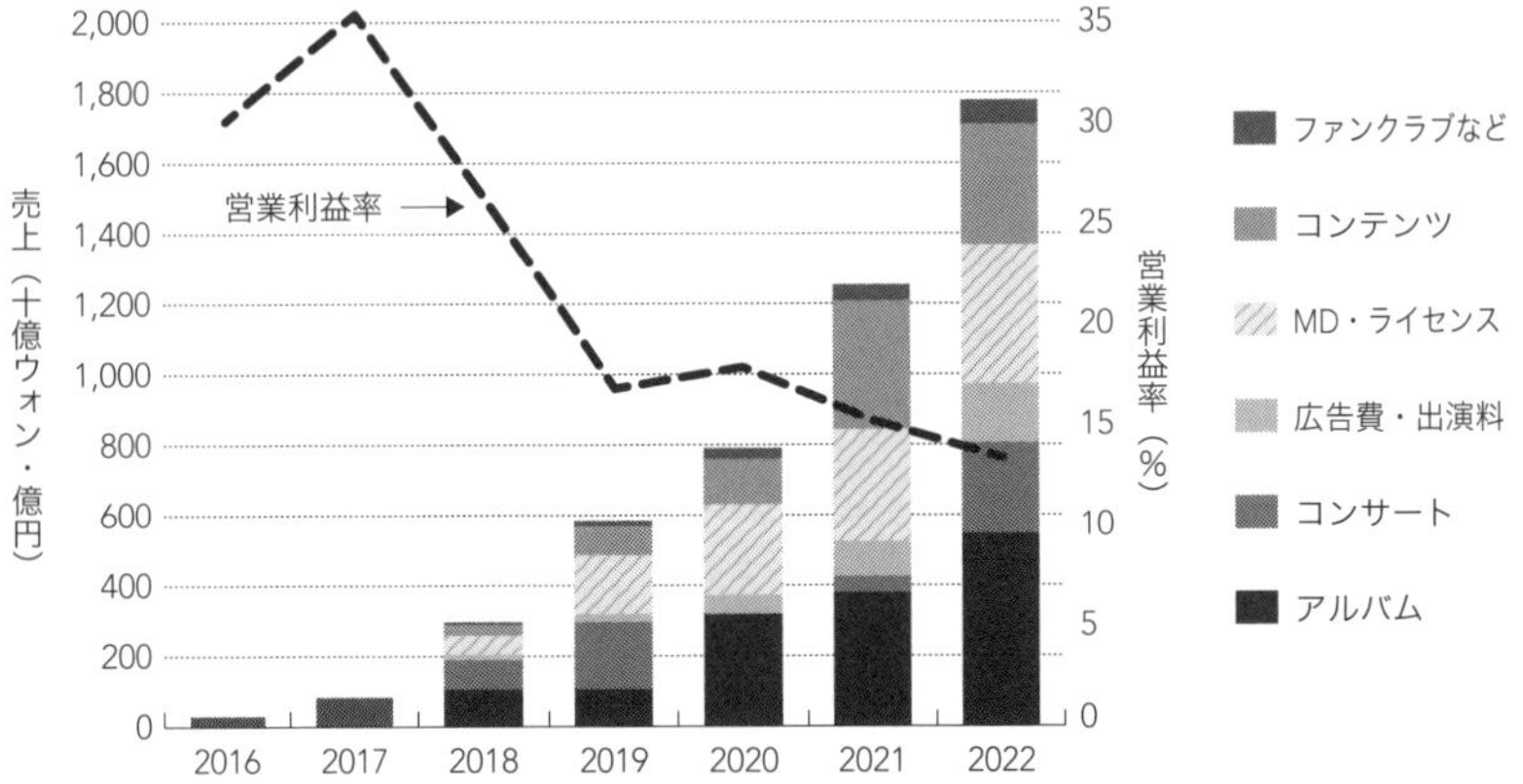

エイベックス

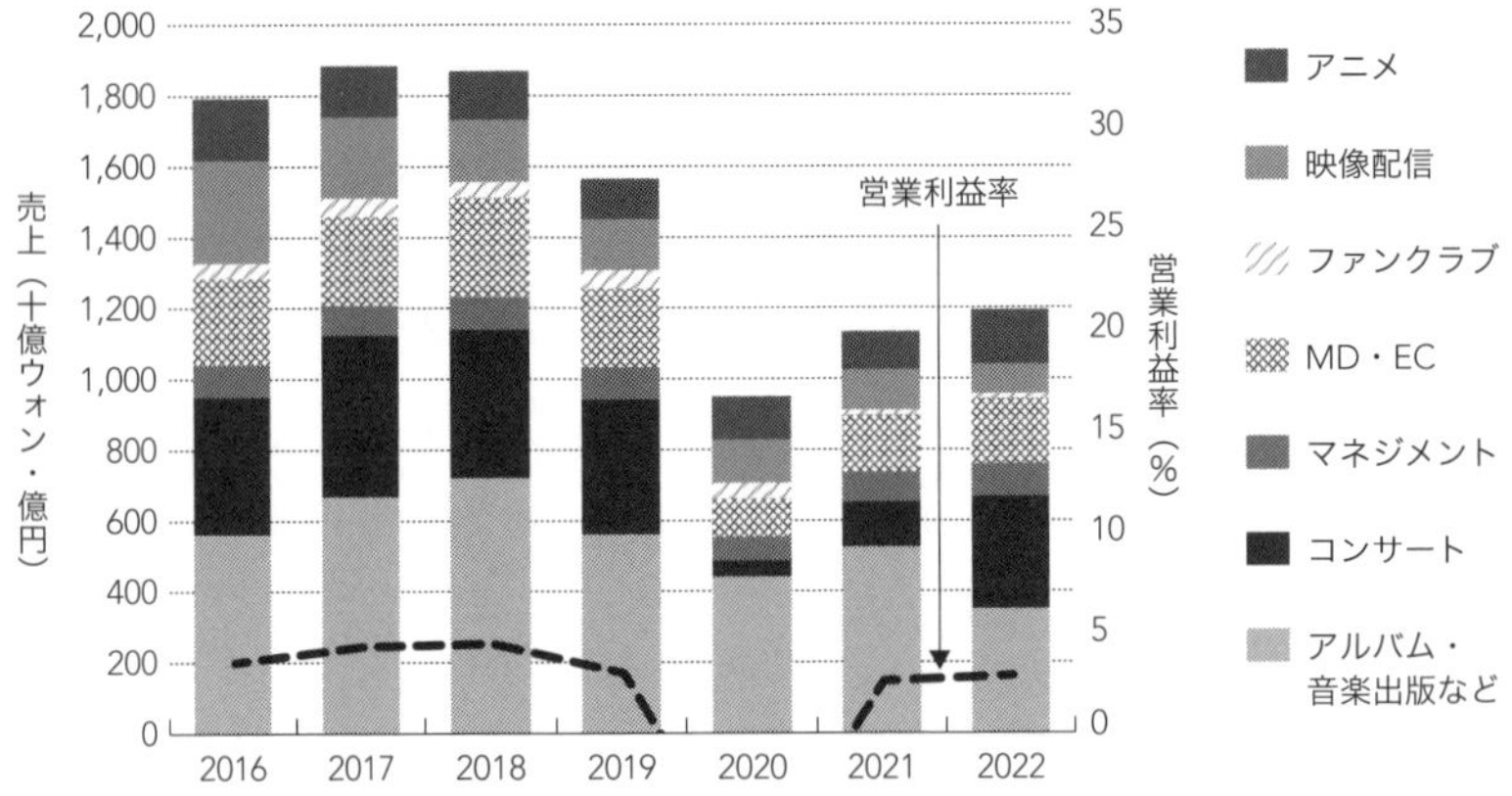

出所）IR資料、HYBEの2022年度は第3四半期までの数字を4/3にしている、1ウォン=0.1円で計算

長を維持したことだろう。そしてＨＹＢＥは２０２２年には売上が約１８００億円と最盛期のエイベックスを超える数字に到達した。ＳＭもＪＰＹも成長は加速している。

韓国の音楽レーベルがコロナ禍でノーダメージだったわけでは決してない、ＨＹＢＥにしても２０２０〜21年のコンサート売上はほとんどゼロに近い。それでもなぜ成長できていたかといえば、「デジタル×グローバル」である。

ファンダム時代を象徴するアプリＷｅｖｅｒｓｅ

ＨＹＢＥは、韓国のインターネット企業ＮＡＶＥＲと共同で運営するＷｅｖｅｒｓｅというアプリで１０００万人近いファンを確保している。このアプリの凄さは、70組以上ものアーティストに関して、ＳＮＳと連動したニュースも追えるし、ファンクラブにも入れるし、オンラインでのコンサートチケットも買えるし、物販・ＥＣにも対応している。ファンのための画期的なサービスなのである。

特に注目すべきは、Ｗｅｖｅｒｓｅがオープンなプラットフォームになっている点である。２０１９年に始まったときはＨＹＢＥのＴＯＭＯＲＲＯＷ×ＴＯＧＥＴＨＥＲとＢＴＳの２組をベースとしたサービスだったが、２０２０年以降、他社のユニットも続々と参加していく。ＳＥＶＥＮＴＥＥＮ（ＰＬＥＤＩＳ）、ＴＲＥＡＳＵＲＥ（ＹＧ）、ＢＩＧＢＡＮＧ（ＹＧ）などのほか、日本からもｉｍａｓｅやＡＫＢ48まで入っている。あらゆる「推し」のカテゴリーを選択できるようになっているのである。かといって、自分が選択したユニット以外の情報がむやみに告知されることもない。プラットフォームにありがちな、興味のないユニットの押し売りがないのだ。

Ｗｅｖｅｒｓｅはファンダム時代を象徴するようなサービスである。各社がディストリビューションのスペースを取り合い、企業ごとにプラットフォームを運営する時代があったのに対して、Ｗｅｖｅｒｓｅは中立的にユニットを並べ、ファン目線で好きなもの以外の情報は入らないようにカスタマイズができる。押し売りではなく、ユーザーが自分の選択のもとに「好き」になっていく感覚がつくれる。

ＢＴＳのユーチューブ視聴者数は、２０２３年１月時点で韓国で年間３・５億回に達するが、それは国別では世界８位に過ぎない。米国が５・２億回（４位）、メキシコが６・６億回（３位）、インドが７・８億回（２位）で、ダントツ１位は日本である。人口１億人強に過ぎない日本で９・２億回も再生されている。[14] ＢＴＳの最大の支持母体は日本であり、かつてのＫ-ＰＯＰがそうであったように、全世界に広がっているとはいいながらも、「海外」における半分以上の売上は日本市場で形成されている。いかにＫ-ＰＯＰにとっても日本の女性ファンが大事なものかを物語っている数字である。

ＢＴＳを持ち上げたのはメディアというよりもファンであった。「デジタル×グローバル」で広がったＢＴＳがさらにユーザーの力によって買われるようになっているのだ。この流れは２０２３年にジャニーズ帝国が性的加害問題で崩落した中で、さらに続いていくことだろう。まさにＫ-ＰＯＰとの競争の〝圧〟こそが、日本音楽業界の進化の種となっていくはずだ。

14 charts.youtube.com

3-2 ファンダムのプラットフォーム

1人で1・7億人のフォロワーを集めて53億円を稼ぐ

サッカーの世界的選手であるクリスティアーノ・ロナウドは、クラブからの年俸64億円のほかにスポンサーからの広告収入を50億円も得ている。これだけでも驚くべきタレント力だが、さらに衝撃なのはそれらとは別に、1・7億人のフォロワーがいるインスタから53億円の収入を得ていることだ。これは億を超えるフォロワーをもつロナウドの発信力・広報力を見込んで、1ポストあたりに160万ドル（約2億円）も支払うような商品メーカーの積み上げによるものである。[15] ロナウドが「無料で」2012年10月にインスタのアカウントを作ったところから始まり、10年ほどで1人テレビ局をつくったようなものだ。50億円というのは、日本の地方テレビ局でいえば「テレビ北海道（テレ東系列）」や「新潟テレビ21（テレ朝系列）」などと同じ規模になる。約100人が働く地方テレビくらいの広告料は、1人の有名人が稼げる時代になっている。

この数字を逆算すると、1フォロワーあたりの年間広告収益価値は30円という計算になる。1万人いれば30万円、100万人いれば3000万円、1億人いれば30億円である。「誰かが注目している」価値というのはそれほどまでに大きい。

15 サッカーダイジェストWeb『C・ロナウド、インスタグラムの「長者番付」で初の世界1位に浮上！ 1投稿当たりの広告料収入はなんと…』https://www.soccerdigestweb.com/news/detail/id=93670

これは数十年もの間、メディア1時間視聴あたりのコストが変わっていないことからも裏付けできる。1人に1時間視聴してもらうことにかける映像制作、テキスト制作のコストは1995年3・08ドル、2000年2・69ドル、2015年3・37ドルである。[16]金額がほぼ一定なのは、そのコストを支払って期待できるユーザーの購買単価もある程度一定だからであろう。確率的に1人100円払ってくれる、となれば1人30円の広告単価も無茶な話ではない。

〝パトロン〟としてファンを集めるパトレオンとサブスタック

ファンがクリエイターを直接応援するのは、多くの若者がロックスターのファンクラブに入った半世紀以上前から習慣にしてきたことではあるが、デジタル時代においてクリエイターとファンの距離は圧倒的に縮まり、クリエーターエコノミーが広がりを見せている。

日本では馴染みがないかもしれないが、全世界で250万人が使っているパトレオン(Patreon)というアプリがある。好きなクリエイターを見つけて〝パトロン〟として支援するためのプラットフォームである。支援対象のクリエイティブは4割がビデオ、2割がライティング、オーディオとビジュアルアーツがそれぞれ1割強。ゲームや写真もある。

ここで支援を受けているクリエイターは20万人に達する。クリエイターが自分でメニューをつくり、それに合う支援金額のテーブルを作っている。プラットフォームの手数料は、クリエイター側が受け取る金額から5%(プレミアムは9%)、支援側が支払う額から4~6%で、合計で1割ほどとなる。

16 ケヴィン・ケリー(著)、服部桂(訳)『〈インターネット〉の次に来るもの　未来を決める12の法則』NHK出版、2016

支援額をクリエイター1人あたりの平均で見れば、年間10万~20万円といったサイズになる。250万人が月25億円（1人月1000円）を支払う先に、20万人ものクリエイターが生息している。1人が年間15万円分も支援を受けているというパトレオンの現状は、ずいぶんとあたたかい世界といえるかもしれない。

だが実際には、支援金の大半は数万人レベルの支援者を抱える人気の高いクリエイターたちに集中することになり、彼らは年間で10億~20億円といった収入と得ている。支援が最高額に達するクリエイターは6万人もの有料フォロワーがいる。

同じロジックはニュースレターの定額有料サービス「サブスタック」にも共通している。この2017年にできたばかりの米国の有料メールマガジンサービスでは、最も稼ぐ「Letters from an American - Heather Cox Richardson」が月500万ドル（約7億円）もの収益を上げている。トップ20の収益は月5000万~1億円に達し、作家でいうと100万部のベストセラーを毎月連発しているようなものだ。2018年7月に1・1万人だった有料

図表28　パトレオンのクリエイター数・還元額

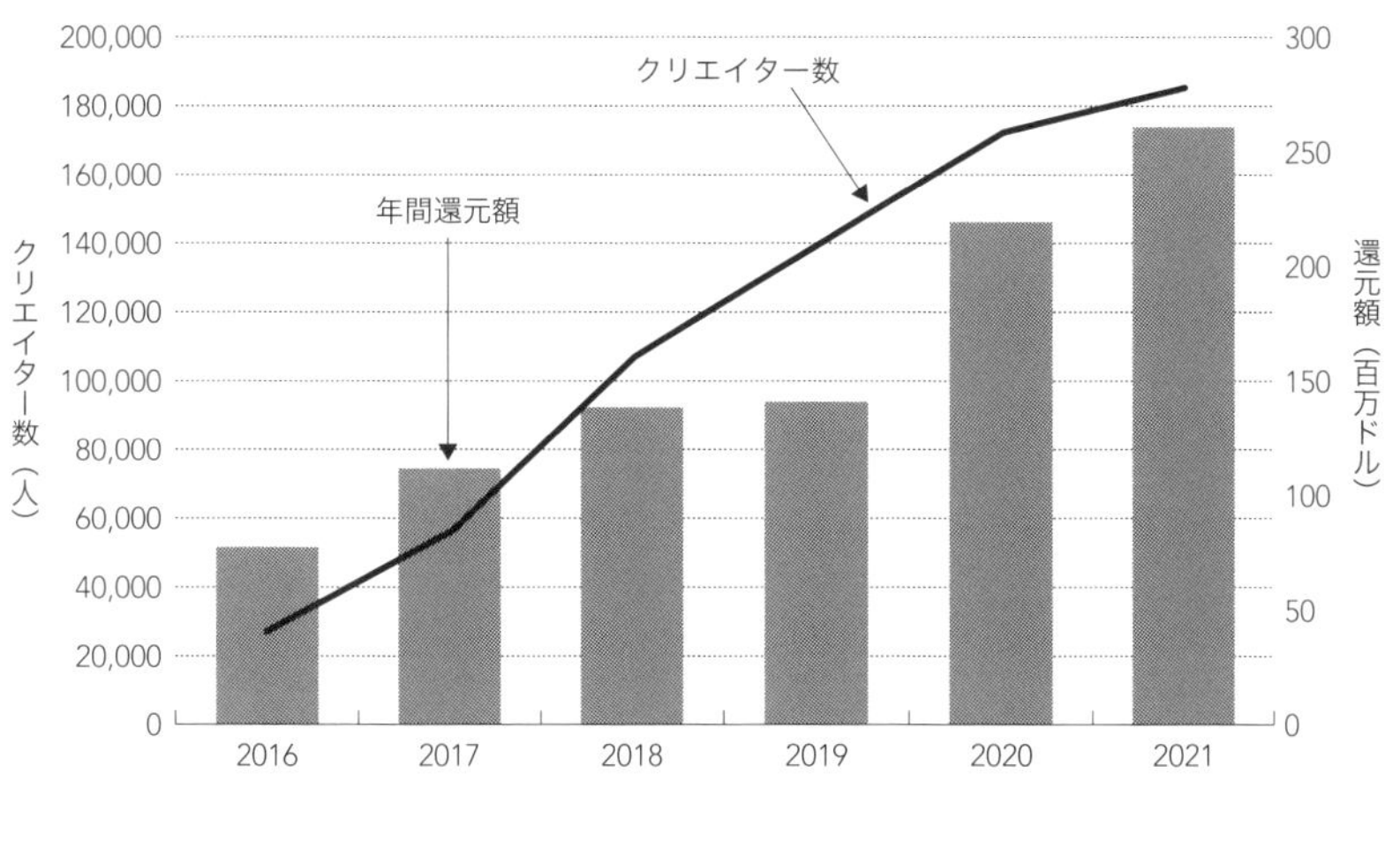

出所）Backlinko、Patreon、Graphtreon資料などから著者作成

課金者は２０１９年７月に5万人、２０２０年９月に25万人、２０２１年11月には１００万人に達した。こちらもコロナ期に爆発的に増えている。課金収入を得ているライター数１・７万人からすれば理想的な作り手／受け手の比率だろう。平均でいえば、１人に60人ほどの有償支援者がついているようなものだ。

日本版サブスタックといえばｎｏｔｅだが、こちらになるとだいぶすそ野が広がる。毎月３０００万人以上ものユーザーがいて、会員数も約６００万人近い。だが、有料登録して月間購読をしている人は38万人。１０７万人のクリエイターで分け合うには原資があまりにも少ない。ｎｏｔｅ全体の取引額は年１００億円以上になるが、上位１０００人だけでその８割を独占しており、99・9％の書き手にはほとんどお金が落ちることはない。10年前にはサイバーエージェントのアメーバが席巻していたブログの世界は、今ではｎｏｔｅの寡占に近い状態になっているが、その中で「食えるクリエイター」の数は０・１％にも満たない。

ｎｏｔｅ社は取引のマージンが売上になるが、２０２２年11月期は売上が23億円、純利益は７・５億円の赤字。その結果、株主の失望売りが加速し、上場前には３３７億円だった時価総額は上場後50億円前後まで落ちてしまった。

クリエイターエコノミーは錬金術ではない。すでにメジャープラットフォームなどに支払われてきたお金が、ルートを変えて直接「すでに人気がある個人」に再配分されているに過ぎず、そこで救われるごく一部のクリエイターもいるが、ほとんどの素人同然のアマチュアクリエイターにとっては宝くじのような確率である。

そういう実態の中で、ファンたちは〝還元率〟を見るようになった。『「この１０００円あったらガチャ1回引けるけど、推し出る確率5%じゃん?」「募金箱入れたら京アニに１００%課金できるよね?」「しかも未来の推しピを生み出してくれるかもじゃん?」「あたしら投資家じゃね!超ＣＯＯＬ」って2人とも千円ねじ込んでた[17]』、というツイートが象徴するように、どのルートにどのくらいの金額を入れると、直接クリエイターにどのくらい還元されるか、ということはファンからセンシティブに見られるようになっている。直接クリエイターとつながれる現状にあって、ビジネス構造に「透明感」が重要になったという点では、パトレオンやｎｏｔｅのようなサービスの影響力は大きい。

クリエイターとファンが直接つながるという革命的変化

クリエイターとファンが直接つながるようになったことは、実に革命的な変化である。パトレオンにせよサブスタックにせよ、プラットフォームの取り分は1割そこらの話だ。クリエイターは支援額の9割以上もの額を受け取ることができるというのは、従来のファンベースにおいては考えられないクリエイターフレンドリーな状況にある。

20世紀の日本においては、本を作って売ろうとすればクリエイターの印税はせいぜい1割、映画監督が半年かけて1本映画を撮ったとしても脚本・監督あわせて１００万円、よほどヒットすればＤＶＤの印税2・5%として毎年数十万円が入ってくる、くらいのものだった。

これまで「作り手」は「ビジネス」から疎外されてきた。作ることだけに集中し、営業もプロモーションも流通もすべて企業任せで、そうしているうちに自分自身の取り分は減るばかり

17 https://twitter.com/minasera/status/1156516742388043777

だった。映画会社と監督の関係は、あくまで発注者と受注者であり、パートナーではなかった。配給会社やアニメ制作会社でプロモーションの会議になると、「じゃあ、監督はこのへんで……」と会議室から追いやられる日本の現状は、ハリウッド映画でも韓国でも考えられない。世界中で興行して収入が数千億円にもなるような巨大な映像IPビジネスにおいては、印税を何％獲得するかという企業対クリエイターチームの戦いなのだ。

　日本でも、作り手が自ら法人を作って収益を獲得している事例が少しずつ出始めている。シンガーソングライターの山崎あおいは、所属事務所もレーベルもなく、1人でライブを自主興行し、グッズの販売まで自ら手掛ける。彼女は2009年にヤマハのPOP CONでグランプリ受賞後、約7年ヤマハミュージックエンタテイメントに所属し、ビクターエンターテインメントというレーベルでCDを出し、いわゆる「メジャーデビュー」の脚光を浴びてきた存在だ。だが、毎年500人がメジャーデビューし、10年もすると8割以上が活動をやめているという競争の激しい日本音楽業界では、自らが歌手として露出するより作詞・作曲を中心にした活動で生きていきたいという気持ちがあり、2017年に独立する。

　ホームページの更新やツイッター（X）の発信は自分自身で行い、ミュージックビデオの撮影・編集やポスターのデザインは友人に頼りながら、SKIYAKI[18]のサービスをつかって数百人からなるファンクラブを自前で運営。そこでコアなファンとの関係性が出来上がり、数百席のコンサート会場を自前で借りるリスクもある程度許容できる。ファングッズも100個単位のロットで作り、コンサートの場で売っていく。[19]何千曲と作曲をしてきたが、そのうち数百曲を原盤としてレコーディングし、200曲以上を自分でJASRACなどに楽曲登録して印

18 SKIYAKI：クリエイターとファンをつなぐプラットフォーム。

19 中山淳雄『【連載】中山淳雄の「推しもオタクもグローバル」第31回　デビュー10周年、クリエイターエコノミーを体現するシンガーソングライター。レーベルと事務所が不要になる音楽業界』gamebiz2022年8月3日 https://gamebiz.jp/news/354045

税が落ちる仕組みをつくっている。ＴｕｎｅＣｏｒｅ（第2章の２‐６参照）を使って全世界に配信されている数字をみると、意外にも台湾で多く聞かれていることに気づく。今度は友人のツテで台湾のライブハウスを借りて興行をやってみるのもいいかもしれないと考えてみる。

メジャー時代は数百枚から数千枚のＣＤが売れていたが、事務所やレコード会社の取り分が差し引かれるので、食っていくには不十分だった。だが数百人のファンクラブメンバーと直接つながることができて、その周辺にも認知を持つユーザーがいれば、1人のアーティストとしては〝十分に食える〟状態になる。

作詞作曲ならまだしも、レコーディングから宣伝、ライブ興行にファンクラブ運営、グッズの企画・製造・販売、ついには海外興行まで1人のアーティストが自前で行えてしまう。多少のテック・マーケティングの知識と友人ネットワークがあれば、これまで事務所やレーベルが担ってきた機能を自分自身で代行してしまうことも可能な時代なのだ。それもこれもファンが目に見える距離に存在し、直接アーティストとつながれる時代になったことで実現した、小さいけれども革命的な変化なのである。

世界的にみるとクリエイターの数は増えている。２０１５年、著述家のスティーブン・ジョンソンは5年ごとの人口調査を参照し、２００２〜12年の間に「独立系アーティスト、ライター、パフォーマー」の数が40％も増えており、その収益も60％増えているということを確認した。「過去15年間の社会の変動により、かつてないほど多くの人々が、歌を書いたり演奏をすることで生計を立てるという経済状況が生まれたと思われる」と結論付けている。[20]

20 Johnson.S. “The Creative Apocalyse That Wasn’t,” The New York Times Magazine, August 19, 2015 https://www.nytimes.com/2015/08/23/magazine/the-creative-apocalypse-that-wasnt.html

クラウドファンディングでアナログゲームが復活

アナログゲームが今、急激に市場を伸ばしているのをご存じだろうか。『人生ゲーム』や『モノポリー』など、ファミコン以前の娯楽だったアナログゲームが、２０１０年代に入って成長事業になってきている。

その背景には「クラウドファンディング」がある。アナログゲームはビデオゲームに押され、１９９０~２０００年代は不遇な状況にあった玩具産業の〝劣等生〟である。そこに救いとなって現れたのは２００９年にできたキックスターターのような、ユーザーから直接開発資金を集める仕組みであった。２０１３年にこのクラウドファンディングサービスで開発資金を集めたビデオゲームのプロジェクトは総額45億ドルだったが、アナログゲームは総額52億ドルも集めている。開発費としては桁が違うビデオゲームのほうが総額が少ないのは、少人数がアイデアベースで提案をするアナログゲームのプロジェクト数がビデオゲームよりも圧倒的に多いことを示している。

１９９０年代にアナログゲームが凋落した理由は「もう衰退産業だと思って、誰も新作を創らなくなった」ことにある。当時の人気ラインナップは半世紀も前に売り出された『モノポリー』『リスク』『スクラブル』であり、もはやビデオゲームに駆逐されるだろうと思ったこの市場で、新規参入する声はほとんど聞かれなかった。例外となったのは１９９５年の『カタンの開拓者たち』だ。20世紀末にこの衰退産業で産声をあげた久々の新作は、35カ国で翻訳され

２３００万セットも販売された。

マス流通をあてにせず作りたいものをつくると奇抜なものが増える、というのは我々がテレビの深夜バラエティや深夜アニメで経験してきたとおりである。２０１１年に発売された『Cards against humanity』というボードゲームはその最たる例だ。言葉を組み合わせて、いかにバカげた差別たっぷりな表現をつくるかでスコアを競う。差別を助長するような内容に眉をひそめる人も多いが、マス向けメーカーでは絶対に創れないものである。これがファンの声から生まれたのだ。印刷費に必要な４０００ドルどころか１万５０００ドルも集まり、25ドルのこのボードゲームは世界で１００万セットも売れる大ヒット作となる。売上は30億円にも達した。[21]

日本でも『カタカナーシ[22]』が２０１９年に発売され累計17万セットも売れた時期を皮切りに、幻冬舎や集英社などの出版社、ＣＨＯＣＯＬＡＴＥやノーミーツなどのクリエイター集団まで、様々な新興勢力がボードゲームを作るようになったのは、まさにコロナ禍の「デジタルシフト」の最中であった。ファンの可視化、ファン化のプロセスのデジタル化が、日の目をみなくなっていた古いアナログの市場にも、新たなイノベーションの種を植え始めている。

クラウドファンディングは日本では２０１０年代に始まり、２０１５年ごろを境に急激に増えていった。その形式には様々なパターンがあるが、２０００億円近い市場の大半は「融資型」と言われ、資金を提供して金利・配当などさらに多くの金銭が返ってくることを期待したものである。いわばベンチャー投資の間接金融バージョンであり、ここで想定しているようなファンによる応援の形式ではない。

21 デイビッド・サックス（著）、加藤万里子（訳）『アナログの逆襲:「ポストデジタル経済」へ、ビジネスや発想はこう変わる 』インターシフト、2018

22 カタカナーシ：カタカナ語のお題を、カタカナ語を使わずに説明し、みんなに当ててもらうカードゲーム。

融資型が幅を利かせていた市場で、「購入型」は新興勢力である。プロジェクトごとに起案者が「なぜ創りたいのか」「なぜこの金額が必要なのか」をプレゼンし、プロジェクトに参加する人はクレジットカードで「寄付を購入」していく。2017～19年に末端集金額ベースで100億円程度だったものが、2020年に500億円を超え、READYFOR、CAMPFIRE、Makuakeなど10年近く前から市場を温めてきた企業群が急にフィーチャーされ始めた。

取引額の15～20%を手数料として得るビジネスモデルで、Makuakeは年間約8000件のプロジェクトで200億円ほどの寄付購入を集め、売上40億円の企業となってはいるが、1件はそれこそ数十万～数百万円といった小さな案件である。目標金額に到達せずに集まった寄付を受け取れないプロジェクトも少なくない。累計約5000万人がサイトを訪れ、実際に購入するのは数十万人で、数万円ずつ購入している。リピート応援率（以前購入した経験のあるユーザーの購入）が8割というところから、およそ数十万人の「ファン」がリピートで支えている市場だ。

クリエイターが「映画をつくりたい」「ゲームをつくりたい」とアイデアベースでファンの支援を求めるプロジェクトもあるが、この500億円市場の大部分は「チェーンレス電動アシスト自転車」（4973人出資で6・2億円）や「カスタマイズポータブル電源」（6098人出資で5・1億円）など、まだ市場に出回っていない商品を先行もしくは独占で購入ができるというもので、1人10万円ほど集めて形成するEC市場のような趣がある。文具メーカーのキングジムが売り出した卓上電子メモパッドは、社内でボツ企画になっていたが、開発者が需要調査としてＭＡＫＵＡＫＥで募集をしたところ１３００万円が集まり、商品化に成功した。こうした事例のように、企業内で商品化されない２番手、３番手の企画をユーザーに問うて、資金が集まるレベルであれば商品化していくという使い方もなされており、「０次流通市場」とも称されている。

私も過去７～８件ファンディングに参加しているが、すべて友人による顔の見える距離の関係性のプロジェクトであり「目標に到達できないかも」といった時間制限の中で、ご祝儀のように数万円を支援するといった使い方になっている。他の友人の何人かが支援していることが分かり、目標達成率80％で、あと数百万円あれば実現する、といった状況において、見返りなしに「このくらいなら」と、出せる金額の範囲で支援することが主である。モノやサービスではなく、彼らとの関係性のインフラの上に自分の貢献が可視化できるというプロセスにお金を払っているのだ。

ただし、２０２０年を頂点に購入型クラウドファンディング市場は頭打ちである。１００万～２００万人とい

図表29　日本のクラウドファンディング市場

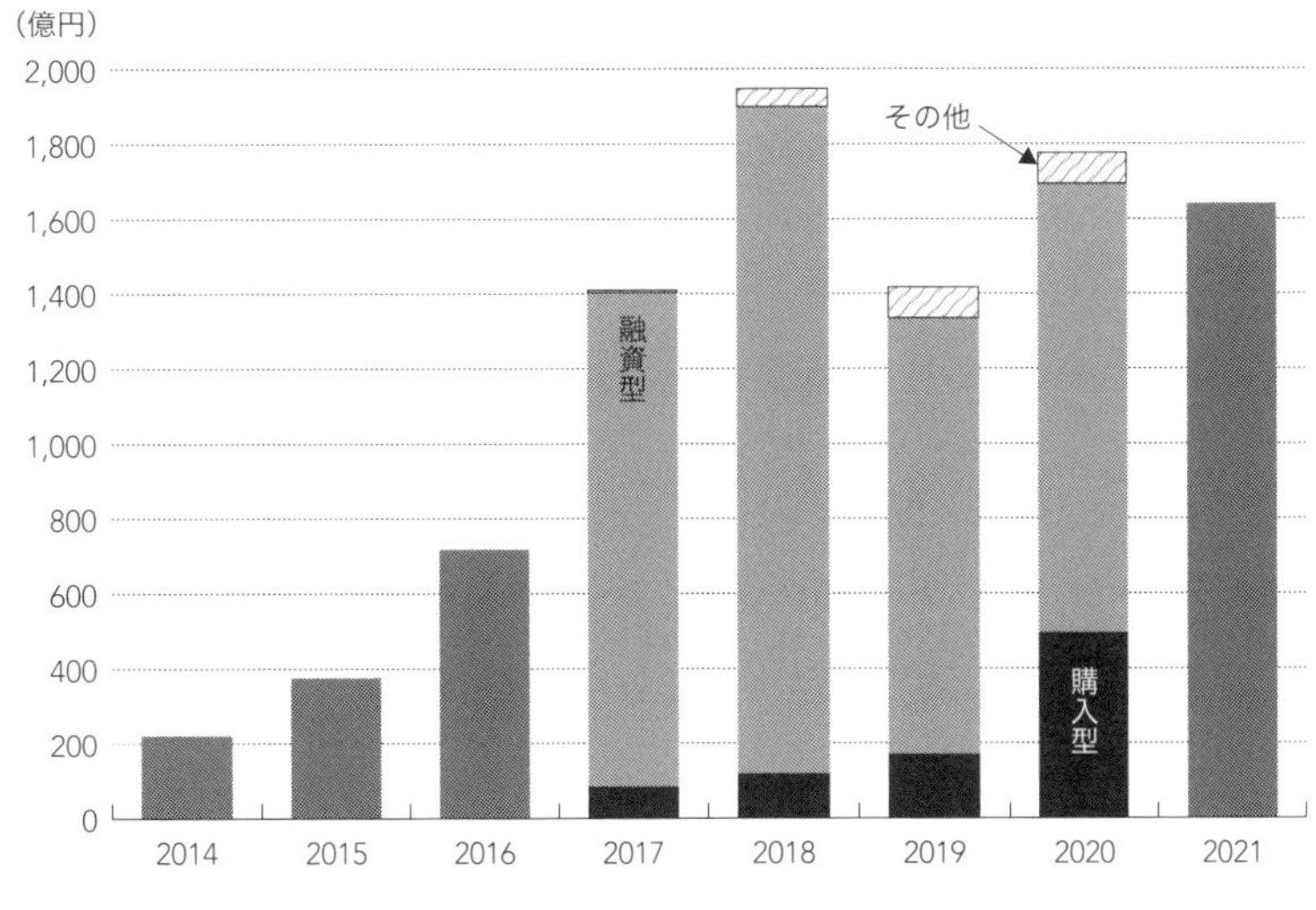

出所）矢野経済研究所、日本クラウドファンディング協会資料などから著者作成

った限られた規模のクラウドファンディング経験者に対して、関係性の経済圏をうまく活用して一定額を集める市場でしかなく、次の確変のタイミングを待つ必要がある。

素人が「ガチ恋距離のコミュニケーション」を売るライブ配信

ユーチューバーといわれる配信者たちはユーチューブのみに存在しているわけではない。２０１０年代後半に、ＳＮＳのような気軽さでライブ配信を行い、雑談や歌を披露する「ライバー」のプラットフォームが乱立した。ツイキャス（２０１０）、ＳＨＯＷＲＯＯＭ（２０１３）やミクチャ（２０１３）に始まり、海外からもＢＩＧＯ ＬＩＶＥ（２０１４）や１７ＬＩＶＥ（２０１５）が登場、Ｐｏｃｏｃｈａ（２０１７）に加えて、最後発だったＩＲＩＡＭ（２０１８）が２０２１年に１５０億円もの高額でＤｅＮＡに買収された事例は、この業界への成長期待の高さを物語っている。

ちょっとした人気のインスタ女子が登場し、30分ばかり自分の部屋を見せながらライブ配信をする様子に、２０２０年のロックダウンの最中、多くのユーザーがかぶりついた。あまりにパーソナルな距離感でのライバーたちの配信は「ガチ恋距離」（恋に落ちそうなほど近い距離）とも言われ、時には美少女が1時間ただ無言で唐揚げを食べる様子を50人ばかりの中年男性が固唾をのんで視聴し続ける〝部屋〟もあったりする。「孤独」を埋めたこのサービスは日本だけでなく全世界で同時多発しており、特に中国・米国では日本以上の百花繚乱ぶりを見せている。

ライブ配信はライバーとファンの間での「コミュニケーション」を売り物にしたものである。磨き上げたパフォーマンスを見せるメジャーステージとは異なる、非常にプライベート性の高いサービスだ。ログインするとほぼ例外なく、どのライバーも入ってきた視聴者の名前を呼び、挨拶する。「〇〇さん、はじめまして。来てくれてありがとう」。雑談中でも会話を止めて挨拶する。時には歌唱の合間ですら一旦歌を止めてでも挨拶する。来客1人1人に声をかけることがフォーマットになっていて、まさにこの「自分の名前を呼んで挨拶してくれる瞬間」がライブ配信の最大の付加価値でもある。

　2010年から「ツイキャス」を運営している最古参のモイ社は、月間ユーザー数約200万人で市場シェア20%。ほとんどは暇つぶしの無料ユーザーだが、そうした視聴者群の中には、特別なアイテムをライバーに送ったり、「投げ銭」のポイントを購入したりする者もいる。皆が無料で獲得した星を投げてにぎやかしている中で、1本1万円の〝東京タワー〟（配信中に画面に大きく表示されるデジタルアイテム）を投げ込む。まるでキャバクラのシャンパンタワーだ。瞬時に注目が集まる。「タワーが建った！」と、ライバーも他の視聴者たちも、豪気な太っ腹ユーザーにリスペクトも含めた視線を投げかける。その瞬間、1万円の効果は発揮されているのだ。

　そうした有料課金者は年間8万人で全体の4%に過ぎないが、それでも課金者が毎月6000円、年間7万～8万円を費やす結果として、ツイキャスを運営するモイ社の年商は60億円になる。ライバーへの還元率は平均3～5割、ざっと30億円が配信者報酬という「原価」となる。さらに16億円をアップルやグーグルなどアプリのプラットフォーム手数料に支払い、残り16億円でインフラや人件費、マーケティング費用をまかなっている。お金を払うユーザーが10万人足らずという小規模な経済圏の中で、２００万人が無料でテレビ代わりに視聴しているワイワイとした空間が維持されているわけだ。

この領域は、広告収入というネットの無料経済を支えてきたビジネスモデルと相性が悪い。アーカイブであれば一度広告に飛んでも、戻ってきて同じところから視聴すればよい。だが生配信においては、広告に飛んでしまえば、今この瞬間にしか見られないものを見逃すことになる。演劇や映画、コンサートで途中に広告が入らないのと同じ原理である。俗世を忘れる没入空間あってこそのコンテンツなのだ。

モイ社の市場シェアの数字から逆算すると、国内で数十もあるライブ配信プラットフォームは、約１０００万人の視聴者と約50万人の課金者を取り合っているというのが実態だ。ここで一番大事なのはタレント、すなわち「配信者」である。業界トップのＰｏｃｏｃｈａでは、4万人いる配信者が19のランクにセグメント化され、週次・日次でどのくらい視聴者やプレゼントを集めたかを競っている。その様は、新宿のキャバクラ・ホストの熾烈な世界を彷彿とさせる。このうち「稼ぎになっている」というトップランクのライバーは１０００人もいない。５０００位以降のランクにもなると、それぞれの部屋にお客は数人いるかどうか。心折れて途中で配信停止している配信者も少なくない。[23]

この「プラットフォーム⇕配信者⇕課金視聴者⇕無課金視聴者」のどこに重点を置くかが、ライブ配信サービスの肝となる。顔出しなしのラジオやアバター露出は「配信者」には優しいが、課金につながらず、無課金視聴者がサーバー代を食うだけのサービスになりやすい。安全

23 さとあり@配信ヲタク『ライバーは何人いるのか大調査！〜2021年6月〜』https://note.com/liver_liker/n/n2eac72843ac3

性のため24時間監視をするコストはバカにならず、ゲーム実況やカラオケには著作権処理も必要になる。かといって課金視聴者を優遇しすぎると砂漠化して、〝流行っている〟感が演出できない。公式なイベントを定期化したほうが沸いている印象は強まるが、その分の人件費がかかって労働集約性も上がり、「配信者」へのプレッシャーも高まる。それぞれの配信サービスがそれぞれの方針をもってサークルの部室のように分かれていることで、配信者も集まるお客の雰囲気も文化も異なり、結果的にそれがサービスのアイデンティティになっている。

ライブ配信はなかなかに清濁を併せのんだサービスだ。日本では一般的なユーザーが使用するBIGO LIVEは、東南アジアに出張し現地ネットワークでログインすると、驚くほどに画面全体の「肌面積」が変わる。ほとんどの配信者はプラットフォームのレギュレーションのギリギリのところまで半裸か全裸となってユーザーを挑発し、あとは直接テキストで連絡をしながら「交渉」に入るのだ。いわゆる風俗の代替サービスとなっている。

BIGO LIVEを運営するJOYYは中国発のシンガポール企業で売上は2019年の7・2億ドルから2021年には

図表30　世界のライブ配信市場・月間アクティブユーザー数

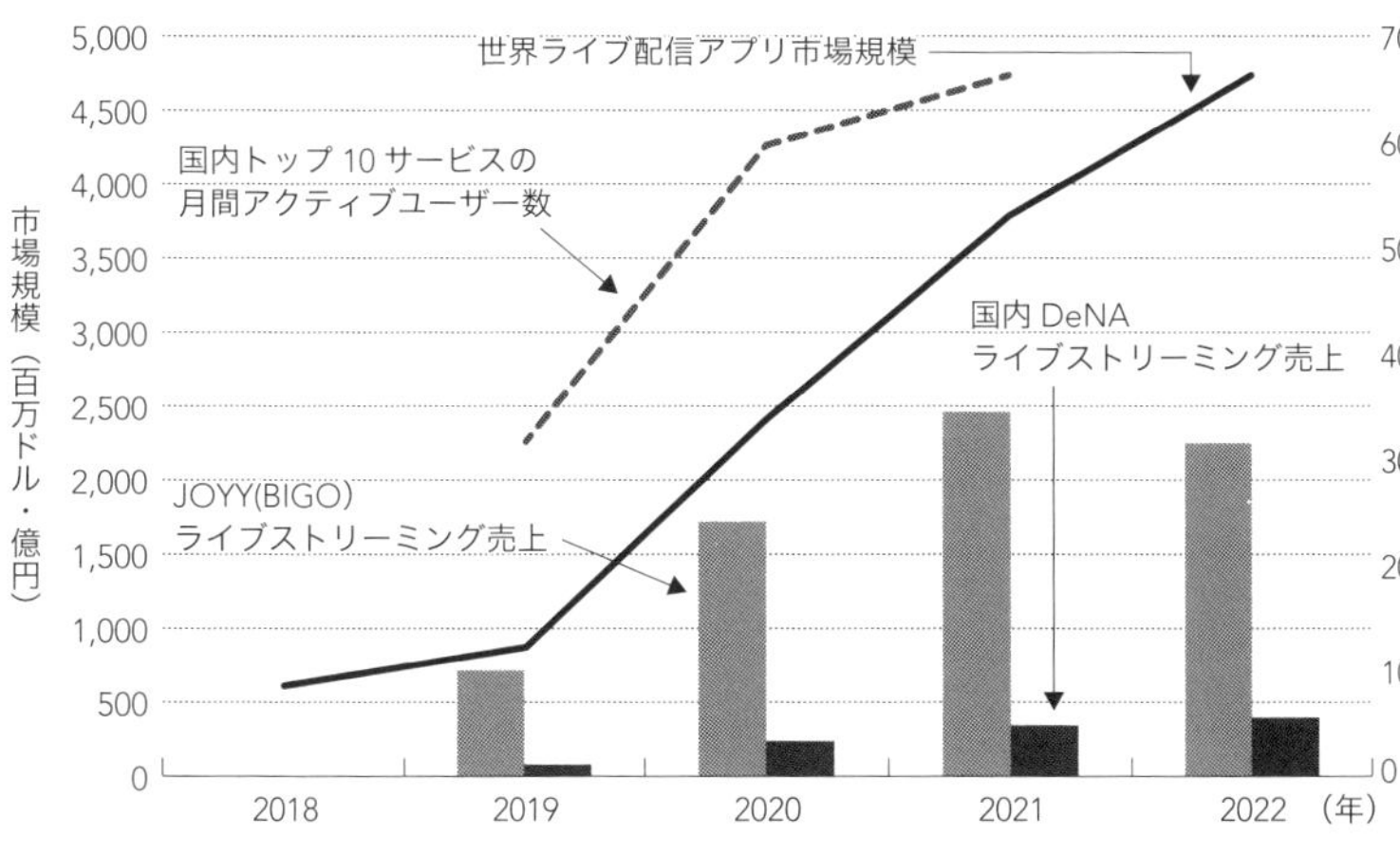

出所）JOYY、DeNA、Sensor TowerのIR資料などから著者作成

24・8億ドルと3倍以上に成長した。２０２２年末の月間ユーザーは３６８０万人、課金ユーザーは１５５万で1人あたり年10万円以上を費やしている。

日本においてＰｏｃｏｃｈａ、ＩＲＩＡＭ、ＳＨＯＷＲＯＯＭなどを擁し、業界の覇権を握っているＤｅＮＡも、国内売上４００億円と順調な成長を見せているが、世界で５０００億円超ともなるライブ配信市場においてはＪＯＹＹの９分の1で、ほんの一部を取ったプレイヤーに過ぎない。

場末のスナックのようにあたたかく濃い空間

ユーチューブ配信が全世界的に視聴・開催されるオリンピックとすると、ライブ配信サービスは数百人、時には数人というセグメントにまで細かく分散された地方の場末スナックのような空間だ。あまりにだだっ広い空間に放り投げるような動画配信は誰にも刺さらないが、常連客が集い、雰囲気の演出も含めてコミュニティ化するライブ配信では、どんなに認知度のない新人配信者も、あたたかく迎え入れられる。ＩＲＩＡＭなどはライバー同士の関係性が濃く、スナックでカラオケの順番を交代するかのように先輩が後輩に場を与え、自分がもらった投げ銭を後輩に威勢よく投げ込んだりする文化がある。そういったものも含めて「パフォーマーとファンの質」「空間の中での文化」がライバーを集わせるサービスの核となっている。Ｖチューバー同様に次元・空間・距離感によってユーザーを没入させていく双方向型のエンタメである。

ライブ配信の競争優位性はＰｏｃｏｃｈａにせよＩＲＩＡＭにせよ、「１つの配信で数十人～多くて１００人の小規模コミュニティ」を数百単位で成立させている群生プラットフォーム化にある。大規模にすることはライバーへの負荷もあがり、サービスへの要求値も高くなってしまう。少人数だからこそ失敗が笑えて、にぎやかしのコミュニティマネジャーが皆を誘いかける小技も効いてくる。「普通の人をエンパワーして広げていく世界」を目指すこのサービスは、完全にアマチュアをファンが支えることで出来上がった世界だ。

逆にＳＨＯＷＲＯＯＭが失敗した理由は、ＡＫＢ48やジャニーズなどテレビ業界のトップタレントを集めたものの、実はそうした「完成されたもの」への視聴者の熱狂度が弱い、というサービス特性から来るものである。数万人が同時接続するＡＫＢ48のトップアイドルよりも、数百人しかいない「ＳＨＯＷＲＯＯＭだけが露出の場」というローカルアイドルのほうが投げ銭を多く集める。「余白」や「成長物語」がないと、このライブ型デジタルサービスが熱狂しないのである。

コロナ期に、ＡＫＢグループの中でＳＴＵ48（瀬戸内7県を拠点とするアイドルグループ）がずば抜けた人気を見せた。全国各地、東南アジアまで広がったアイドルフランチャイズの劣等生だったＳＴＵ48は、２０１７年の発足後に西日本豪雨やコロナによって「船上公演」もなくなり、最初から逆境に立たされた。そうした中での代替手段として「セトウチライブラリー」というオンラインサロンを始め、まだ少人数のファンに対して個性と会話を売りに、地域密着の〝深さ〟で勝負しにいった。ＣＤを1枚買うと推しと30秒話せる「オンラインのお話し会」では、接近戦に慣れた彼女らのパフォーマンスが、テレビで数百万人に向けての演技に慣れていたトップグループの遠距離スキルを凌駕するのだ。ライブ配信やオンラインお話し会の世界では、スキルセットがまるで変わる。

全国区のテレビに出られるタレントは１００人、チョイ役含めても１０００人足らずといったテレビ芸能界に対して、ライブ配信はそこに憧れるアマチュアをタレントに仕立てて、10万人が活動できるマイナーステージを用意した。そこに集う常連客は、テレビスターを見飽きた「ガチ恋距離」の面白さに目覚めた数寄者たちである。

この〝場末〟デジタル空間でのライブ配信に習熟したライバーたちは、徐々にインフルエンサーとしてコマースの世界に行ったり、俳優・声優の卵として芸能の世界に入ったり、キャラクターを与えられてVチューバーになっていったりする。全国区のマスメディアの周縁にいた人々が、ファンからミキサー・編集者、そしてクリエイターになっていくプロセスを、ライブ配信の世界は切り拓いたのだ。

マイナーアーティストのファンクラブを運営するアプリ

分散化するプラットフォームは、ＧＡＦＡＭのようなプラットフォーム巨大化への危機感の表れでもある。これまでグーグルやフェイスブックが、どれほど多くの新規事業を手掛けてきたかを知れば、消費者のすべてを握ろうとする巨大資本と自由を求めるファンダムとの格闘の歴史があったことがわかる。

フェイスブックがかつて試み、試験的運用の中でユーザーからクレームを浴び、撤退していった機能の一部を紹介しよう。バーチャルギフト機能（2007〜11）、広告機能のビーコン（2007）、Q&A機能のクエスチョンズ（2010〜12）、EC・ギフト機能のKarma（2012〜14）、ポーク機能（2012〜14）、写真共有のスリングショット（2014〜15）…。何も残ってないのではないかといった全滅ぶりだ。他社が流行させた機能において、フェイスブックが追随して試してないものはないのではないかというほどに、同社は「成功の横展開」に長けた企業であり、それはグーグルにしても同様の性質がある。

それでもユーザーは1つのプラットフォームを集約を拒み、使い分けることを選択した。ユーザーの嗜好や人間関係まですべてを握ったプラットフォームは、それならばと動画も見せるし、ECでも買ってもらおうとするし、決済まで自分たちで囲い込みたがる。だがその便利さを拒否しているのは我々のほうなのだ。アップルのような画期的なブランドを構築した企業に対してでさえ、我々はアップルペイでお財布まで握られることを拒む。ユーザーは狭い領域の寡占は許すが、広い領域をすべて明け渡すことはなかった。スマホとアプリはアップル、検索はグーグル、古い友人向けSNSはフェイスブック、趣味友にはツイッター（X）。それ以上は求めなかった。

プラットフォームは単機能に特化し、その単機能の中での選択の幅を最大にすべきなのだろう。その一例といえるのが、THECOOが提供するファンクラブアプリのファニコン（Fanicon）である。「完全有料制・完全会員制」を標榜し、アプリ内は約2500人のアーティストごとにタコつぼ型に分断されていて、「そのアーティスト」のファンが部室のようにアプリを使う。

密室性を高め、余計な雑音の入らない空間を使ったほうが良い、という設計のファニコンに集っている有料課金ユーザーは21万人。1アーティストあたり100人足らずのファンで維持されている。参加アーティスト全体の7割は、有料登録ファンが100人未満しかいない「マイナーアーティスト」だ。これは「1万人のファンがいないとファンクラブが維持できない」と言われてきた旧来の郵便式ファンクラブとは次元の違う世界である。

　このサービス設計には、THECOO創業者である平良真人のグーグル日本法人での経験が強く影響している。「プラットフォームを狙うなら、それは必ずロングテールから始めるべきだと考えています。グーグルのアドセンスも最初の日本のお客さんってはんこ屋さんなんですよ。（要求が様々な大企業よりも）SMB（中小企業）が一番ニーズをフラットに出してくるから、最初は小さいところが皆フラットに使いやすいようにやっていくべき、という考え方があるんです」。2000年代に日本の検索マーケットを席巻したグーグルが中小企業から利用者を開拓し、シンプルなサービスを誰もが使いやすい形にした経験から、どんなマイナーなアーティストでも入口として使える、ガスや水道のようなファンサービスアプリが創りたかった、という[24]。

　Weverseもパトレオンもファニコンも、設計思想としては共通したものがある。「プラットフォームをブランド化してファンを集める」というマスメディアの発想とは違い、「ファンがいるところにコンテンツやアーティストを寄せて、結果的にそれが『場』になる」という逆の発想なのだ。ユーザーはWeverseやファニコンという名前からサービスに入ってくるわけではない。「BTSがファンクラブを開いているのがWeverseだから」

24 中山淳雄『【連載】中山淳雄の「推しもオタクもグローバル」第48回 無数の『花より団子』を生み出すファンコミュニティアプリFanicon、「熱量の非対称性」を是正する10年計画』gamebiz2023年1月5日https://gamebiz.jp/news/362295

「久々の魔人倶楽部35周年の限定コンテンツがファニコンでしかみれないから」という理由で入ってくるのだ。

　これまでは「規模」が勝負の基準だった。ファンクラブのサイズだけでいえば、ブラジルのサッカーファンの熱狂に敵う者はいない。フラメンゴが４２７０万人、コリンチャンスが２９９０万人、サンパウロが１７１０万人と、１０００万人級のファンクラブをもつサッカーチームが３つも４つもある。[25] 無料のデジタルファンを入れてしまえば、バルセロナやレアルマドリードのように数億人規模のフォロワーをもつサッカーチームも珍しくない。

　日本で有料の最大のファンクラブといえば「ジャニーズファミリークラブ」で、年会費４０００円で会員数１３００万人、年間約５００億円の売上となる（ＢＴＳはこの会員数を全世界で超えた）。コンサートに行くにはまずファンクラブに入らないとチケットが入手できない、という条件のもとで永らく郵便手段を使ったファンコミュニケーションがなされてきた。

　だがこうした「規模最大化」を目指すようなファンクラブは、今後も生まれうるのだろうか。巨大であることが、ユーザー体験としては必ずしも望ましい結果を生むわけではない。むしろアーティストとファンの距離感を近づけていくマイクロ型のサービスが増えてきている。「１０００万人もファンがいるのだから自分も入らないと」ではなく、「まだ１００人しかファンがいないから自分にもチャンスがある」「成長幅をみて推し甲斐がある」といった近接性や時限性をもった楽しみが主流になってくるのではないだろうか。

25 Brazilian Institute of Geography and Statistics

巨大プラットフォームもクリエイター還元を問われる時代に

スマホの浸透とともに生まれた巨大プラットフォームにアップストアとグーグルプレイがある。この２つは本来「個人が勝負できるクリエイターエコノミーの代表例」だった。

２００８年７月にアップストアがオープンし、最初の輝かしい成功例となったのは『アングリーバード』であった。２００３年にヘルシンキ大学生がノキアのフィーチャーフォン市場でヒットアプリを生み出したが、その後の不況でリストラを余儀なくされ、２００９年には会社を畳む予定だった。だがアップストアの可能性が無限大であることに期待し、このベンチャー企業は13万ドルを投じて大勝負に出た。52作目として『アングリーバード』を２００９年12月にリリースすると、たちまち彼らは「アプリディベロッパーのスーパースター」となり、世界中のアプリ開発者を勇気づけた。

２つのスマホアプリ市場はその後、巨大化していく。アプリ数はアップストアで２０１６年に２２０万個、グーグルプレイで２０１７年に３５０万個にも達している。売上は２０２０年には２つ合わせて１０００億ドルを超えている。だが、この時期がまさにピークで、直近１〜２年は下降傾向が出始めている。

それもそのはず、スマホのOSという根幹を握るアップルとグーグルの２大企業は、あまりにスマホ上の消費を寡占しすぎており、反発を招いている。反旗を翻したのは、フォートナイトを擁するゲーム会社エピックゲームスである。「販売価格の30%をアップルに利用料として支払う」というルールがあまりに一方的であるとして２０２０年８月に独占禁止法への抵触を訴えて訴訟に踏み切った。当時でも３・５億人のプレイヤーがいた世界最大規模のゲーム会社であるがゆえの蛮勇である。かつてアップルがＩＢＭ支配の市場に反旗を翻したＣＭを模倣して、アップルを糾弾した。

その後、アップストアは徐々に条件を緩和する。２０２１年１月から売上１００万ドル未満の中小ディベロッパーには手数料を30%から15%に引き下げ、２０２２年から自社の決済手段以外の利用を認め、ネットフリックスやスポティファイなどコンテンツのハブとなるサブスク型アプリは、外部の決済サービスにもつなげられるようになった。コンテンツ側の代表企業が反旗を翻したことで、プラットフォーム優位からコンテンツ優位に変わりつつある。

今各社が気にしはじめているのは「クリエイター還元」という観点である。もはやプロばかりになってしまったアップストアも、２０１４年からの累積で３２００億ドル（約50兆円）もの収益をアプリ開

図表31　アップルとグーグルのストア上のアプリ数

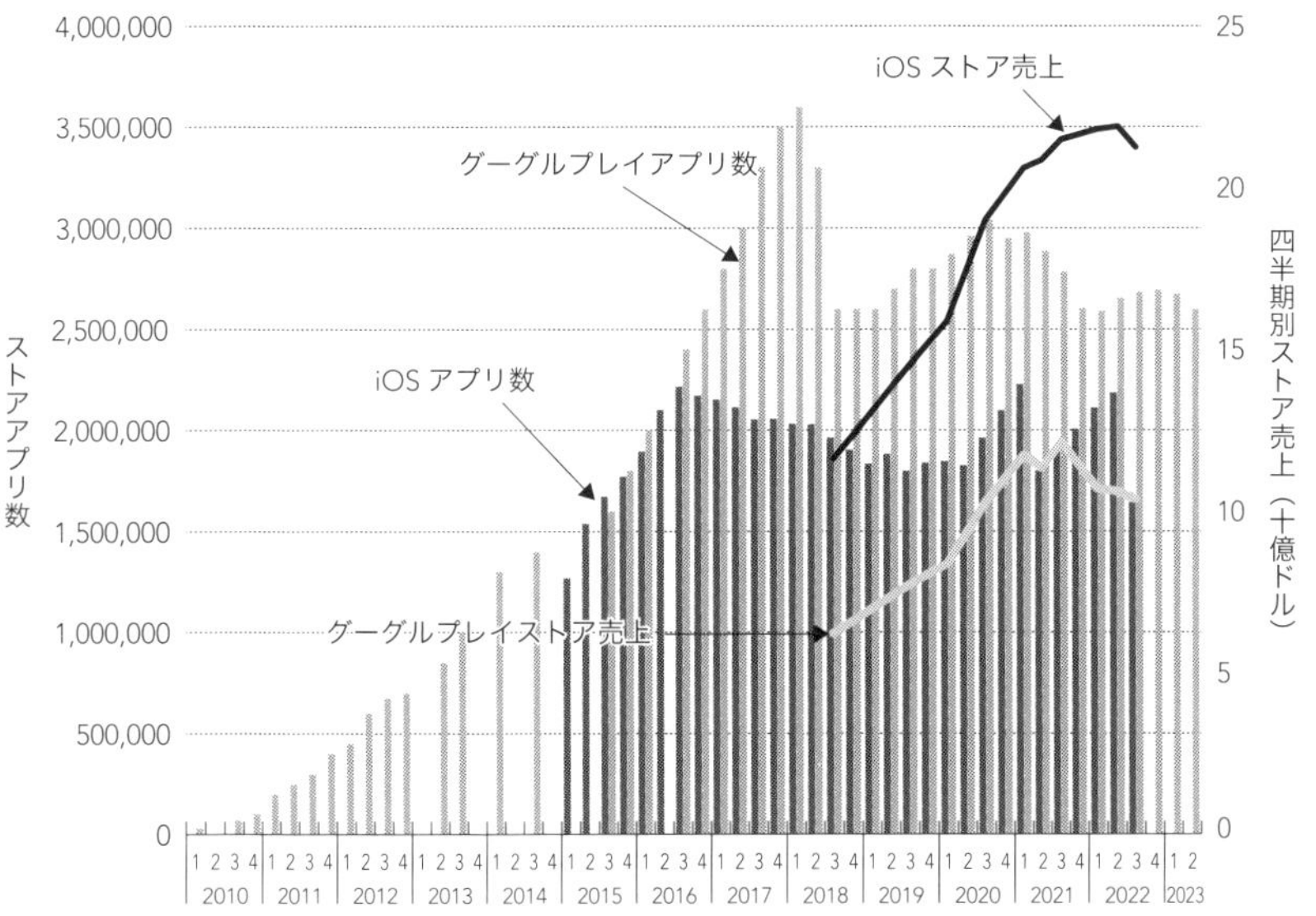

出所）Android、Google、Data.ai、AppBrain発表資料より著者作成

発者たちにもたらしてきた。ユーチューブが過去３年間でクリエイターに還元した金額は３００億ドル（約４・５兆円）である。音楽のアグリゲーターではスポティファイが70億ドル（約１兆円）、ユーチューブミュージックが40億ドル（約６０００億円）といった数字になる。ＴｉｋＴｏｋはショート動画ブームにのって、どんどんクリエイティブを集めようと「クリエイターファンド」を創設し、２０２０年から３年にわたって20億ドルを還元することを発表した。メタはフェイスブックとインスタグラムのショート動画用に10億ドルを用意した。

フォートナイトでも、「クリエイティブモード」でユーザーが作ったゲームの課金は、その40％を還元するような仕組みが導入されていて、２０２３年４月時点でトップ５人は１０００万ドル、50人以上が１００万ドルを稼いでいる。少なくとも毎月２億ドルが素人の個人を含めたクリエイターに流れる市場になっている。そもそもフォートナイトが毎月５億ドルを稼いでいるがゆえに可能な還元額だが、それ以上に驚くべきは個人が作ったゲームがこれだけ遊ばれ、稼ぐようになっているという事実である。ロブロックスもまた、２０２２年の１年でゲームを作ったユーザーに６億ドル以上も還元している。

クリエイターエコノミーの代表格としては、カナダ発ＥＣサイト構築サービスのショッピファイがある。初期費用ゼロのサブスク方式でＥＣサイトを立ち上げることができて、販売に際しての手数料もかからないというモデルで、年間取引額２０００億ドル（約30兆円）と、アマゾンの年間取引額６９３０億ドルの３分の１近くにまで迫っている。マージン商売のアマゾンとはビジネスモデルが異なるため、企業サイズとしては売上５００億ドルのアマゾンの１００分の１程度しかないが、こうした「作り手に優先権を持たせたプラットフォーム」は、情報も顧客へのアクセスも独占するGAFAMのWeb2・0的なモデルに対して、明らかなオルタナティブとして立ち現れてきている。

　プラットフォームが「いくら稼いだか」ではなく「その稼ぎの中からどれだけクリエイターに還元されたか」を発表するようになったのは、大きな時代の変化だ。これは「プラットフォームが抜いているマージンの公表」でもある。2000年代において業界人以外にそういった数字を認識する者は多くなかった。プラットフォームとコンテンツが密約のように握り、大手企業か中小企業かでそのマージンが可変するような不平等な取引だった。

　2020年代は反GAFAM、反独占の時代だ。2024年には日本

図表32　クリエイターへの還元額・率の推定値（2022年）

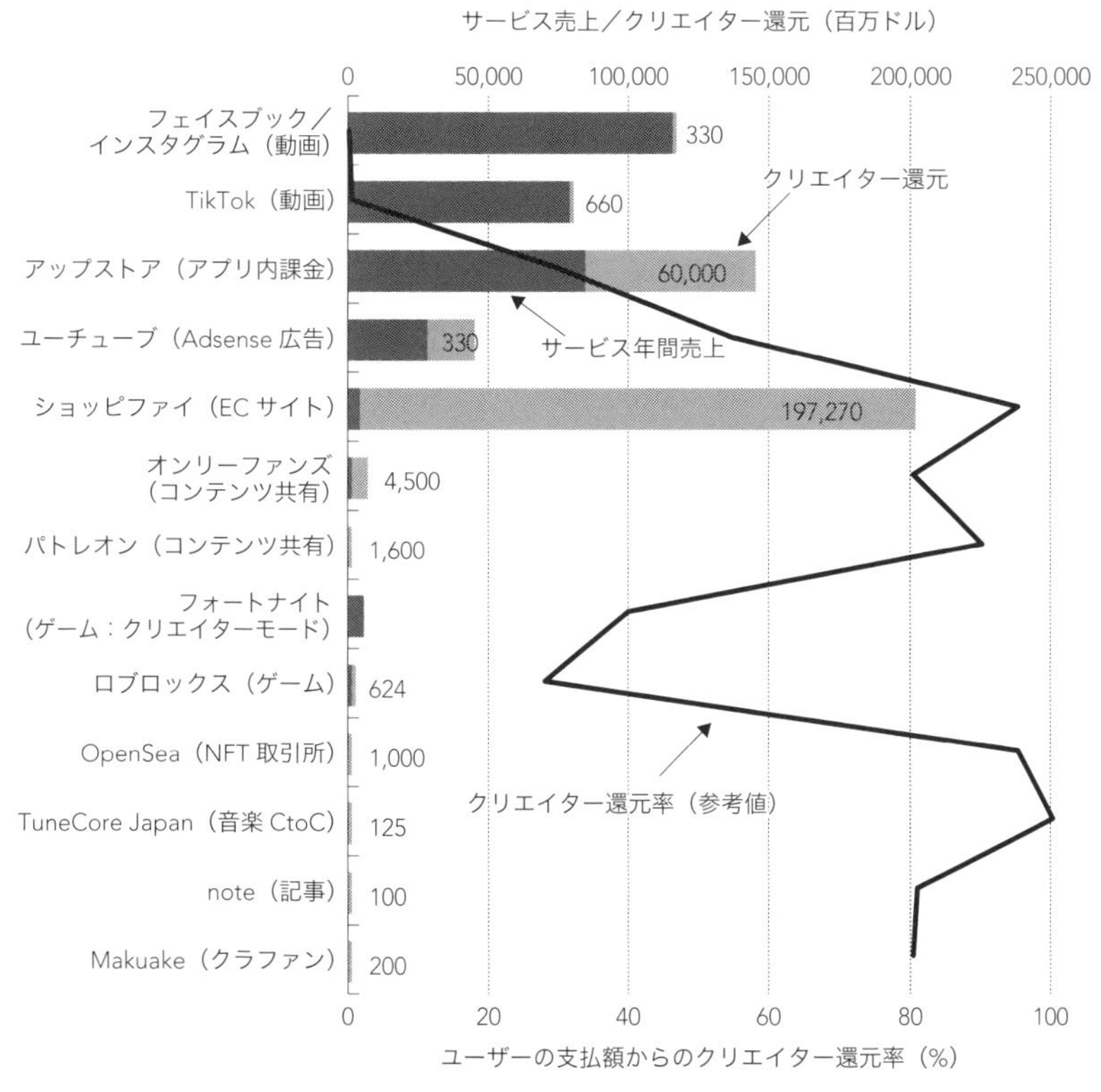

出所）NeoReachや各社IR資料から著者作成

政府もアプリストア、検索、ブラウザ、ＯＳに対する独占禁止を義務付ける法制化の準備に入っている。

アプリストアもライブ配信もＳＮＳも、ファンクラブアプリもアーティストの配信サービスも、「タレント・クリエイターへの還元率」は真摯さを証明するために不可避の概念になってくるだろう。ファンは搾取構造に敏感だ。ファンはタレント・クリエイターのファンなのであって、その管理事務所や原作権を持つ会社を愛しているわけではない。タレントに見限られる会社は、そのままファンからも見限りを受けることになるだろう。

3-3 「透かし見」をして確かめたい

「順番通り」に消費されることが難しい時代

もはや「順番通り」に消費されることは難しい時代だ。例えばユーチューブ動画において、100～200と用意されたシリーズのどれから見始めるかは、作り手側が選ばせることなどできない。好みのジャンルを見た後に、次に見るのはアルゴリズムによってサジェスチョンされた類似動画である。

マンガのアプリにおいては、無料の第1話から読むことは通例でも、その後に第2話ではなく最終話を読むという人も珍しくない。全シリーズの最後にどんな結末が待っているか、そのレビューでどれだけの人が好レビューをしているかは、自分が今から時間をかけるに値するかをチェックする重要な指標である。すでにアーカイブとしてすべてそろった状態で、みんなが最終話を読んだ後にどんな感想を持ったかというのは、「体験の証明」である。

何百話とある長い長いコンテンツに関しては、ユーザー側にもそれなりの覚悟が求められる。一度入ってしまえば、それなりの時間を投資することになる。だからこそ体験の保証がほしい。途中で作者の連載展開がうまくいかず、ユーザーが失望してしまっているようなマンガには手を出したくない。主役とヒロインがきちんと最終的にくっつく安心感を念頭に置きながら、

〝期待して〟2話目を読み始めるのだ。

結末を〝透かし見〟できるジャンルが増えたのは、偶然ではない。皆いくらでも視聴できるものがあるアーカイブ前提のエンタメ空間においては、「時間」ほど限りある資源はない。この瞬間、この時間を有効に使うためには、流行るかどうかもわからないものを相手に「流行の先取り」などと称して悦に浸っている余裕はないのだ。皆が口にしている人気のあるコンテンツを効率よく消費したい。それがブランドの確立した旧譜に人が流れる理由でもある。

旧譜の時代に入った時、「入口ではカジュアルに入れるけど、登録して中に入ってみたら見切れないほどのアーカイブがあること」が、コンテンツベースのプラットフォームを作る。チャンネル登録した人々は2〜3日ごとにアップデートされる新規動画も視聴するものの、むしろそこでテイスティングされて判読された嗜好に従って類似の作品をアーカイブから提示されるという一連の螺旋サイクルによって、本当のファンになっていく。アーカイブこそが人を惹きつけ、「続けさせる」勝因になる。

ファンは今、皆が歴史学者のようなものだ。面白そうな動画主がいたときに、その人のチャンネルをひととおりチェックする。今までどんな創作をして、どのくらい視聴されてきたのか。ソムリエのように外側から色やにおいを確認し、嫌な気持ちにならないかを確認して、初めて口にいれる。

ピカソがなぜ有名なのかといえば、彼には1万3000作という莫大なアーカイブがあるからだ。彼を知ろうとする人々の興味が深掘りをする素材に事欠かない。生涯30数点しか残さなかったフェルメールのような寡作では、アーカイブ視聴を繰り返す人々の興味を十分に保ち続ける資源がない。「時代の試練」を潜り抜けた旧譜がアーカイブとして蓄積されているかどうかは、その作家を信用するためにとても大事なことだ。

ベンチャーは「時間を買う」ために、先行している企業の技術を買いに行く未来志向がある。だが、天文学的なボリュームで途方もない物量が積み上げられ続ける動画・テキスト・音楽の中で、むしろ買いに行くべきは「逆行した時間蓄積」なのだ。すなわちＬＶＭＨがシャンドン（２８０年）、ヘネシー（２６０年）、ルイヴィトン（１７０年）という歴史ある企業を次々と買い集めていく過程と同じである。ＬＶＭＨが２０２１年までに35年かけて購入した61ブランドを累計すると７０００年もの「時間の蓄積」になる。[26] ブランドが、なによりも「体験保証」の重要なシグナルとなるのだ。

デジタルは古いものにとっても福音になる。ブランドあるものは、テクノロジーとアルゴリズムの力を得て、新しいものを凌駕していくチャンスを迎えている。

「起承転結」はバズらない

順番通りに視聴されなくなった、ということでお仕着せの起承転結はバズらなくなっている。音楽では、「起」でイントロをかけた瞬間に20%が離脱する。もはや「仕掛けられた入口」に興味を示さない。むしろ大事なのは「いつでもどこからでも出入り自由な入口・出口」と「深掘りしがいのある回遊路」である。

これは音楽や動画などデジタルのストリーミングサービスの特徴だが、実は従来からある寄

26 中山淳雄『LVMH、その名を唱えよ。累計7千年のブランド企業｜世界でエンタメ三昧【第95回】』 https://torja.ca/entame-zanmai-95/

席や劇場などにも共通している。リアルのビジネスは自由に入場・退場を繰り返すユーザーに向けて、安定的に商品・サービスを供給するために創られてきたものだ。

テレビの連続ドラマも、2〜3話目の評判を聞いてから1話目をあとから見逃し配信で視聴するユーザーが増えている。選択肢が多すぎるなかで、むしろ過去の評価が確定している旧譜のほうが安心して聞いたり見たりすることができる。口コミがないと流行らないというのは、「評価が確定していないものに、時間的コストをかけられない」という無限の消費選択肢を持てる世代がゆえの特性だ。

映画においても、人々は「体験の結果」を厳しく求めるようになっている。なぜ当たっている映画しか見に行かないかといえば、2時間の視聴「体験」を大事にするからだ。見終わった時にどんな気持ちになるかを想像してしまうからだ。

『君たちはどう生きるか』の挑戦状

宮崎駿監督の最後の作品（と当時は言われていた）『君たちはどう生きるか』は、この消費性向に真っ向から挑戦状をたたきつけた事例だろう。事前には一切中身を公開せず、２０２３年7月の公開時にあったのはサギ鳥の絵1枚。動画はおろか、主人公が男か女かすら情報がなく、「あとは見てのお楽しみ」と国民的アニメの大家ならではの横綱相撲で、プロモーションゼロでの公開となった。

だが公開後もＳＮＳで語られるコメントは「良い」とも「悪い」とも言わない遠慮がちなも

のばかり。公式がネタバレ禁止を強く標ぼうしているだけに、〝連作〟をつくるはずのミキサーやビルダーたちもキャラクターも音楽も画像すら使えず、ネタバレOKな人のために隅っこにｎｏｔｅへのリンクを遠慮がちにつけるだけ。

私は小学生の子供を誘って見に行こうとしたが、初めて断られる経験をした。「なんかタイトルがワクワクしない」「絵がコワい」「学校で話題になっていない」。それまでのあらゆる宮崎アニメを見て魅了されているはずの子供が、中身を透かして見られないこの完全にパッケージされたプレゼントボックスを空けることすら躊躇していた。２０２２年公開の『ＯＮＥ ＰＩＥＣＥ ＦＩＬＭ ＲＥＤ』では、ルフィという主人公すら知らない状態で、「Ａｄｏが歌っているから」と方々で流れる〝ウタ〟というアニメ内キャラの画像や音楽に魅了されて、「行ってみたい」とせがんでいた子供たちだったのだが。

想像した通り、『君たちはどう生きるか』は興行収入が失速していく。最初の３日間は22億円と『千と千尋の神隠し』を超えて順調だったが、10日間で36億円、17日間で47億円という興行収入の積み上げは『崖の上のポニョ』にも『風立ちぬ』にも起こらなかった失速であり、２か月たっての77億円はもはや１００億円に届かないことが確定してしまうような状況だ。

こうしてみるとヒットコンテンツというのは、期待値を最初に煽ることももちろん大事だが、「広がっていく角度」が重要である。『君たちはどう生きるか』も最初の３日間だけでいえば、間違いなく好調だった。だが「1週目と2週目でどのくらいの成長角度がついたか」が、その後の勝敗を分けている。

映画館に入ってから起承転結を味わい、感動してもらうというクリエイターの願いは、もはや届かない時代なのかもしれない。

　ユーチューブの視聴はチャンネルごとに数百とあるアーカイブ動画から始まる。どの動画から見始めるのかは決まっておらず（一番最初の動画を掘っていって、そこから丁寧に見るユーザーはごくわずかだ）、視聴回数と視聴時間が長ければ勝手にアルゴリズムで近いシリーズがお勧めされる。「承」や「転」が不要というわけでもない。どのタイミングで見られるかはわからないが、大量に見ていくうちにユーザーの感情も成長していくし、飽きを防ぐための「承」や「転」も必要ではある。熱心なユーザーが「ネタバレ禁止」と札を張ってくれて、皆それを丁寧に回避してサプライズがあることを楽しみにしながら入ってくる。その上で、「結」はある程度〝透かし見〟できることが前提条件だ。

　レビューや解説動画を見慣れた消費者にとって、「見終わったときに期待できる気持ちになれそうか」は、とても重要なことだ。だから「起」から

図表33　日本映画市場トップタイトルの興行収入推移

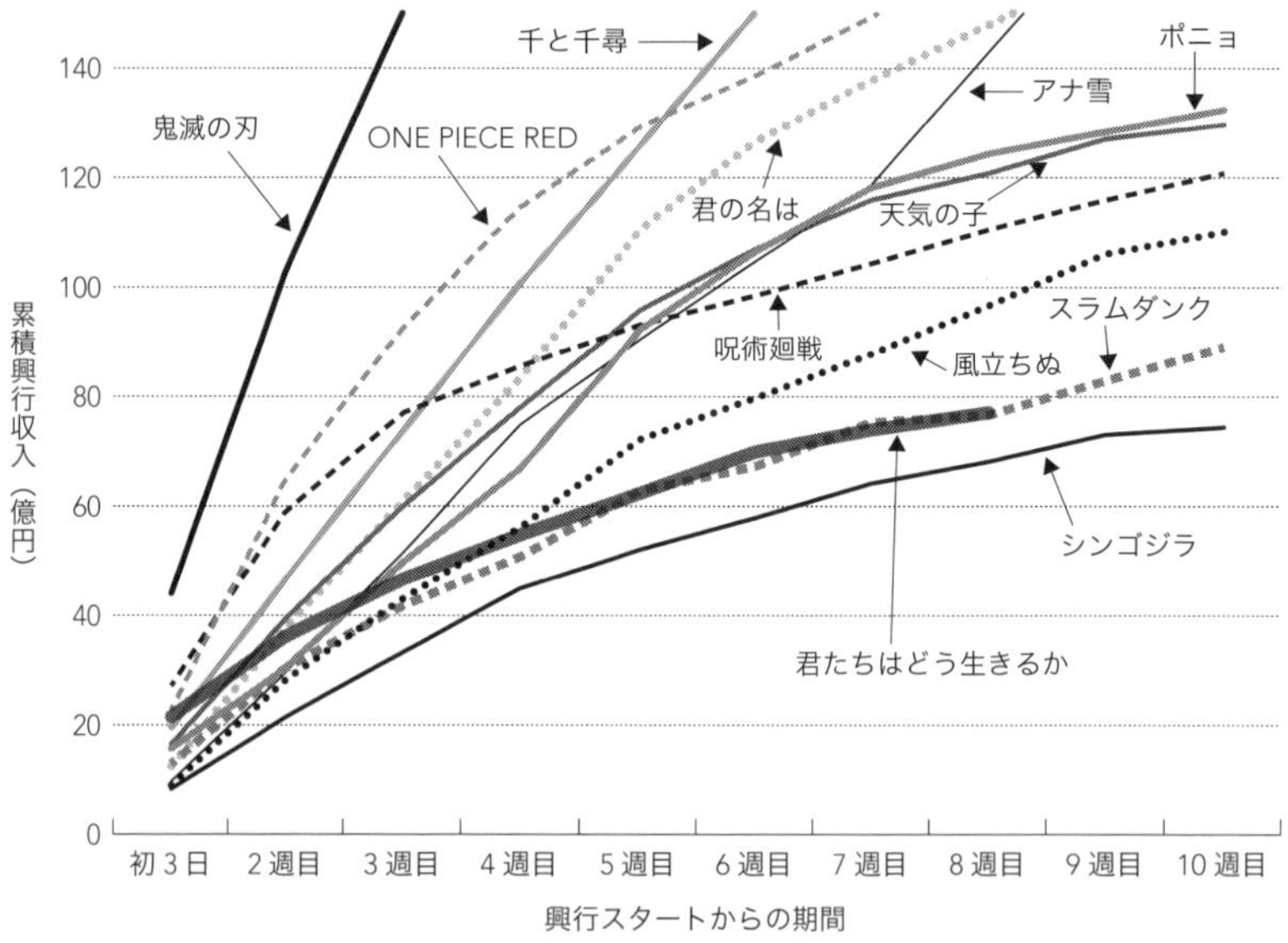

出所）各作品の発表資料から著者作成

「結」までひととおり見終わった他のユーザーの反応を確認し、「これは泣けるやつ」「最高のハッピーエンドらしい」とワクワクしながらコンテンツに入っていく。こうした「透け感」のなさが『君たちはどう生きるか』の失速の大きな理由だった。

１９９７年から続く『劇場版 名探偵コナン』は、必ず冒頭部の解説から始まる。「俺は高校生探偵、工藤新一。幼馴染で同級生の毛利蘭と遊園地へ遊びに行って、黒ずくめの男の怪しげな取引現場を目撃した。取引を見るのに夢中になっていた俺は、背後から近づいてくるもう１人の仲間に気づかなかった。俺はその男に毒薬を飲まされ、目が覚めたら……体が縮んでしまっていた」。初めて見る人も想定した、親切で丁寧なチュートリアルだ。

だが２０２０年公開の『劇場版 鬼滅の刃 無限列車編』は、「27話目」から映像が始まる。十二鬼月の累との戦いで負った傷が癒えた竈門炭治郎、我妻善逸、嘴平伊之助の３人が、次の任務先である無限列車に乗り込むところから始まり、そこには何の解説もない。映画公開前日にテレビで全国放送された特別編は、「死ぬことが皆わかっている」煉獄杏寿郎が無限列車に乗り込む前にあった1日の出来事だ。それを見てから映画に行けばより深く理解できるが、見ていなくても問題はない。

劇場版を見る直前に26話を一気見して予習してくる観客もいるし、ふわっとだけあらすじを知っている客もいる。過去シリーズを検索せずに映画館に行く人はよほどの頑固者だろう。アクセスできる情報を軽く見通した上で映画館に足を運ぶほうが一般的だ。なぜなら30社以上に及ぶ動画配信サービスで「アニメ」はデフォルトの人気カテゴリーであり、何かを見ようとしてアクセスできない人はほとんどいない。昔のようにレンタルビデオ店に過去のシリーズを借りに行く必要もなければ、借りられていたので見られなかったという人ももはやいない。アニメ鑑賞のインフラが整備されている現状で、「どこまで知識を貯めてから見るか」は個々人の選択オプションになっている。

もはやエンタメ体験の入口は決まっていない。どこからでも入れるのだ。しかし入る前に、少し中をのぞいて確認してみたい。その要望に応えられるだけの「透け感」をつくることが重要な時代に入ってきたと言える。

Vチューバーや着ぐるみも「透け感」が重要

「透け感」が重要なファクターとなっているのはVチューバーも同じである。つくりものと分かっている世界で、キャラ絵とハンドルネームという〝外装〟をつけていても、合間合間に息遣いが聞こえる〝中身〟の透け感がエンタメになる。要は、着ぐるみの中を想像させること自体がファンとのインタラクションを生み、様々な憶測・噂を生んで、よりエンゲージメントを高めるのだ。

「透け感」の重要性は、着ぐるみの変化からも感じられる。ミッキーマウスは、「同じ時間に別の場所でミッキーをみることはない」という伝説で知られる。キャラクターがあたかも実在する1つの個体であるかのように入念な配慮をしているのだ。

日本で言えば、旧時代の着ぐるみ「ガチャピン」（1973〜）は海に潜り、流鏑馬《やぶさめ》やロッククライミングもするが、人々はすでにわかっている。〝中身〟が入れ替わり、都度都度あの着ぐるみには各領域のプロが入り、苦労しながら技量を披露しているということを。それはそれで楽しめるものの、むしろ新時代の着ぐるみは「ふなっしー」（２０１２〜）である。「ふなっしーの中の人」は常に同じ、彼自身が走ったり肩で息をしたり、着ぐるみのまま熱いお湯をあびて叫んだり、その「透け感」ごとに楽しんでいる。親しんでいる、といったほうがよいかもしれない。それはVチューバーとまさに同じ楽しみ方である。[27]

透け感をもってファンをコミュニティ化させるものは「ビジョン」と「余白」だ。ニコ動やボカロPが出てくるずっと前に、米国でも即興芸とユーザーのコミュニティ化で市場を牽引した事例がある。伝説のバンド、グレイトフル・デッドである。

１９６５〜95年の30年間で２３００回のライブを行ってきたグレイトフル・デッドは、レコードを売るのでなく、ライブ体験を売ってきた。毎回ライブの8割は即興で2つとして同じライブはなく、５００曲の演奏曲で彼らのオリジナルは１５０曲、7割はコピー曲である。即興性が高いためライブの5回に1回は失敗するが、失敗するのも面白いと、毎回違うライブを体験するために年１００回の全ライブについてまわるコアファンもいるくらいだ。

特にグレイトフル・デッドで特徴的なのは撮影・録音をフリーにし、むしろ多すぎるマイクロフォンが邪魔になるからと録音者用スペースまで設け、ファンたちはそれぞれのライブ音源を交換し合うことでコミュニティ化している。[28]

「ライブで勝手に録音さえたらレコードが売れなくなる」「ライブはプロが聞かせる最高の音楽体験の場である」。そういった一般的な音楽界の常識を真っ向から否定してきたグレイトフル・デッドは、ヒットチャートとは無縁の存在だったが、そのファンベース「デッドヘッズ」

27 菊地浩平『人形メディア学講義』河出書房新社、2018

28 ブライアン・ハリガン、デイヴィッド・ミーアマン・スコット（著）、渡辺由佳里（訳）『グレイトフル・デッドにマーケティングを学ぶ』日経BP、2011

の強固さと濃さは有名で、30年間で約４億ドルのチケット売上を記録してきた。驚くべきは２０１６〜20年の5年間でさらに２・５億ドルの売上があり、１コンサートあたりの稼ぎは２３０万ドルと上がり続けているという事実である。[29]

彼らがファンを半世紀も牽引したのは、まさに「文化」である。ヒッピー文化という彼らの出自から生まれた「包容力があって、みんなで協力しようという雰囲気」は、日本のコミケやニコ動、東方ＰｒｏｊｅｃｔなどのＵＧＣ（ユーザー生成コンテンツ）カルチャーと軌を一にしている。そう、録音の交換やライセンス商品の創出などファンが参加できるだけの「余白」があり、どこまで勝手にやっていいかの指針としての「ビジョン」がある。

初音ミクライブの事故で起きたこと

初音ミクは２０１３年以来『マジカルミライ』というコンサートイベントを横浜アリーナや幕張メッセで続けてきた。スクリーンに投影された初音ミクや鏡音リン・レンの歌唱・ダンスを楽しむために来場した有料観客は合計約30万人に達する。

２０１５年の黎明期に機材トラブルがあって20分間の中断を余儀なくされた事件があった。ファンたちはトラブル中に「ミクちゃーん」「ミクちゃん頑張れー！」と声をかける。実際に頑張っているのは、初音ミクでなく、その機材トラブルに対応しているエンジニアであることは、誰しも分かっている。だが、そうした裏方の気持ちも汲んで、「ミクちゃん」という象徴を通じて運営チームにエールを送っているのだ。ファンたちも初音ミクをリアルに演出させる

29 “Celebrating the business of the Grateful Dead this July 4th: Morning Brief” https://finance.yahoo.com/news/morning-brief-july-2-2022-110027050.html

ための共同体の一員であり、運営側とともに演出に加担しているのだ。

もはや匿名性が高いことが、信頼性の低さにはつながらないのだ。アバターでハンドルネームであることは、中高年層にとってはマスクにフード姿の〝信用ならざる者〟かもしれないが、ネット世代にとってそれは〝デフォルト〟である。生まれながらにネット上でパブリックに解放されている世代にとっては、着ぐるみは自分たちを守ってくれる唯一の武器だ。

そして「着ぐるみの裏側にちゃんと人が入っているよ」という〝チャック〟の存在を意識させ、そのチャックを相手によってうまく使い分けるからこそ、コンテンツがウケるのだ。顔出しもしない、実名もわからない、いつ作られたかもわからない。誰でもマスキングができるデジタル世界においては、そこにリアル世界と次元を接合させてくれるチャックの存在こそがキーになる。

二次創作にファンを集わせるには、容易ならざる仕掛けが必要だ。「仕掛け」だとわかるとファンはそこには集わない。「ひろゆきならここまで切り抜いても許してくれる」「グレイトフル・デッドならこういう創作や協力を好むはずだ」「初音ミクなら」……。こうしたファンが勝手にやってもよい「雰囲気を作ること」そのものが、クリエイターやファンを味方につけるエッセンスになっている。それは一朝一夕にできるものではない。グレイトフル・デッドのように半世紀かけて彼らが体現してきた実績やパフォーマンスそのものが、そのビジョンを示し、〝勝手に〟遊ぶファンベースを強固なものにし続けているのだ。

3-4

クリエイターエコノミーにおける「マルサスの罠」

1人のクリエイターに1万人のファンが必要

第2章でアマチュアクリエイティブの興りを取り上げ、第3章でそれを支えたファンベースの話を取り上げてきた。これらは総合すると「クリエイターエコノミー」という言葉に凝縮される。１９９７年にスタンフォード大学のポール・サフォが「ニューエコノミー」を提唱し、２００６年にサービスイノベーションやトランスメディアストーリーテリングなどが生まれ、２０１０年にクリス・アンダーソンが「メイカーズムーブメント」を唱えた。これらは２０００年代半ばのＷｅｂ２・０の代表的な概念でもある。

21世紀はプロのクリエイターにとって受難の時代だ。消費者を引き込むために作ったイントロはショートカットされる。間や空気を通じて語ってきたものは倍速視聴で飛ばされる。ストーリーを綿密に練り上げた12話は、いきなり最終話で確認されて種明かしが暴かれてしまう。A面を引き立たせるためにあえて力を抜いて作ったB面は、もはやニーズがない。ベストセラーとなった『映画を早送りで観る人たち』（稲田豊史、光文社、２０２２）を読んで、創作活動もやめ時だと決断した60~70代のクリエイターを何人も知っている。

だが待ってほしい。だからといって任天堂のゲームが売れなくなるわけではない。スタジオジブリの映画がもう見られなくなるわけではない。少年ジャンプはこれからも多くのヒットキャラクターを送り出し続けるだろう。歌舞伎や能に対するリスペクトが霧散するわけでもない。今でも2時間の映画を「最初から最後まで見せられるプロ作品」は流行しているし、むしろ映画館に何度も足を運ぶ熱心なファンたちは増えているくらいだ。人々はアマチュアが作ったものを盛り立てているが、プロの作品を見たくないというわけでは一切ないのだ。

　特にクリエイターエコノミーの信奉者に欠けている視点がある。そのスペースが許容するクリエイターとファンとの相対比率、いわば「独立したクリエイターがどのくらい食えるのか」という統計的な部分に見落としがあるのだ。

　例えばラノベのモノ書きは日本に30万人ほど存在し、かれらは「小説家になろう」に年間10万作品を投稿する。そのうち、コミカライズ化・アニメ化するような作品は0・02%、千三つどころではない確率である。ランキングトップになった作品のみに出版社の声がかかり、毎年20作ほどはデビューと相成る。残り9万９９８０作は、ただ漫然と書き続けられるだけだ。

　１９９７年にメルマガのプラットフォーム「まぐまぐ」ができたとき、メルマガを作る〝クリエイター〟が爆発的に現れた。1年で約1万人のメルマガ発行者が誕生した。そこに集ったのは１０００万人もの有料・無料の登録者だ。月３００円で1万人の登録者があれば３００万円になり、それで食い始めるクリエイターもいた。

　ブログの時代になって執筆者は爆発的に増え、２００９年には２００万人にも及んだ。ホリエモンはトップ級のブロガーで、月額８４０円で1万人以上が集まり、月商１０００万円にも達していた。

なろう全盛期 ラノベ 2010 年代前半	LINE スタンプ 2010 年代中旬	Note 作家 オンラインサロン 2010 年代後半
無料投稿 年 3 万人 （累計 200 万 ID）	作家 年 50 万～ 100 万 （累計 500 万）	無料投稿 月 260 万人
投稿 年 10 万作品 （累計 68 万作品）	スタンプ作品 年 50 万～ 100 万 （累計 500 万）	収益化している 投稿者 10 万人
月 300 万人視聴	月 8500 万人視聴	月 6000 万人視聴 有料会員 38 万人 サロン有料 74 万人
暁なつめ、伏瀬、長月達平、日向夏、カルロ・ゼン	トップ 5 万人（1%）が 累計 1000 万円 トップ 200 人（0.004%）が 累計 1 億円	トップ 1000 人（1%）が 年収 900 万円 トップ 28 人（0.001%）が 累計 1 億円
ノベル文庫 250 億円 ノベル化 1500 作品	**LINE スタンプ 300 億円 / 年**	**Note 有料購読 20 億円 オンラインサロン 98 億円**
アニメ 1.5 兆円 アニメ化 100 作品	**アニメ 1.5 兆円**	**Note からの 映像化・書籍化 2 億円 / 年**
✓ Re: ゼロから始める異世界生活 ✓ 転生したらスライムだった件 ✓ 薬屋のひとりごと	✓ ちいかわ ✓ LINE フレンズ ✓ うさまる ✓ コウペンちゃん	✓ ゼロ ✓ うんちはすごい ✓ ひぐらし日記 ✓ 私の死体を探してください。

図表34　日本のクリエイターエコノミー発展史

	メルマガ 2000年前後	インディゲーム 2005年前後	ブログ・ケータイ小説 2000年代後半
アマ作家数	無料・有料投稿 1万人		無料投稿 200万人 (2009年)
掲載作品数	—	—	—
読者数	月2000万人視聴	有料購入 数百万人	月数千万人視聴
トップ作家	トップ数%が 年収1000万円（数十人） 例）月300円×1万人	Key、Type-moon 竜騎士07、虚淵玄 麻枝准、新海誠 Circus、アージュ	トップ数十人が 年収1000万円 例）ホリエモンブロク 月840円×1万人
メイン市場	—	**市場250億円/年** 年200万～500万本 ※8割がアダルト	—
派生市場	—	**モバイルゲーム 1.5兆円 アニメ2.5兆円**	—
ヒット作品	✓MISSING 失われているもの	✓ほしのこえ ✓ひぐらしのなく頃に ✓AIR、CLANNAD、Angel Beats! ✓Fate	✓Deep Love（シリーズ累計840万部） ✓電車男（累計 105万部）

出所）著者作成

だが、こうした20年ほどのアマチュアメディアの歴史をさらうだけでも、トップクラスには「1人のクリエイターに1万人ファン」がいても、その水準に達するのは容易ではないことも見えてくる。２０２０年に流行したオンラインサロンの98億円市場も、登録者74万人が月１０００円ずつ月額課金をするものであったが、この市場で「食える」状態になっているトップ級のサロンオーナーは１００人にも及ばないだろう。クリエイターの生活を成り立たせるための基盤要件を満たせる人はごくわずかである。

その中で、メルマガでもブログでもラノベでもオンラインサロンでも、1万人が「このくらいが払ってもよい」と思えるようになると、クリエイターの存在価値は高まっていく。

初音ミクが最初にＤＴＭソフトとして売れたのは1万本。日本のインディーゲーム黎明期のヒット作『メゾン・ド・魔王』や『Papers, Please』も1万本の販売だった。古くは浮世絵も、当時２０００枚がヒットの基準だったところを『東海道五十三次』は1万枚以上売れたと言われる。人類最初の出版事業でヒット作を出したルターの30作品（１６１７〜23年）の販売部数は合計30万部、1作品1万部売れれば当時は大ヒットだった。

「90%のクズ」があるから市場は存続できる

「スタージョンの法則」というものがある。「ＳＦの90%はクズである。ただし、あらゆるものの90%はクズである」というＳＦ作家シオドア・スタージョンが唱えた格言だ。これは９割をクズと唾棄している話ではなく、９割のクズをこよなく愛する人々がいて、ニッチな市場が分散して存在し続けるという話でもある。クズといわれる創造物にシンパシーと愛情をもてる一定数のユーザーがいるからこそ、多くの「クズ」が自信をもって創出され、その中で偶発的に時代の風に運ばれる大ヒットが生まれる、とも言える。数多くのクズがあるからこそ、全体の創造性が担保されるのだ。

ニッチこそがその人を差別化させる最大の武器でもある。英語という言語は6万語から成り立つが、会話の98％はそのうちの4000語だけしか使われていない。合理的に考えれば4000語「だけを」覚えればよい。それなのに、なぜ人間は余計な5・6万語を必死で学ぶのだろうか。[30] それはこの5・6万語こそが4000語をブラッシュアップし、引き立たせる大事な脇役だからだ。

誰もが知らない表現・見方で世界を切り取った作品にパッと目を惹きつけられる瞬間がある。ゲームもストーリーも、皆が知っているヒット作品ではなく、その裏側にある誰にも知られない作品の膨大なレファレンスの中にこそ、今はない何か特別なものを生み出す種がある。

それを学び育てようとする人は稀だろう。なにせほとんど見る機会がないのだから。だがマスで活躍するクリエイターはニッチやインディーからキュレーションした要素をもって、大ヒットの模倣で一元的になりやすい市場環境に新しい風を取り込み続ける。

ただし、それはあくまで「要素の取り入れ」に過ぎない。インディー事例を手放しに賞賛し、「これからは個人クリエイターの時代だ」とするのはあまりに無責任だろう。

さすがコンテンツ大国ニッポン、誰彼が指図するわけでもなく好きで皆が作品をもちより、好きに評価しあい、それがいつしか天才的な職人を生み出す、かもしれない。だが、「かもし

30 ニコラス ウェイド（著）、安田喜憲、沼尻由起子（訳）『5万年前　このとき人類の壮大な旅が始まった』イースト・プレス、2007

れない」と最後まで見届けることなく「１億総クリエイター」を盲目的に取り上げることは、害が大きいとすら感じる。大きな船は時代遅れだと言われるが、かといってイカダに収容できる人間がそれほど多いはずがない。

世界では５０００万人がクリエイターと自認しており、その市場規模は１０００億ドル（14兆円）と言われている。[31] でもそれは１人あたりでは「年間28万円」である。何十億円と稼ぐクリエイターがいるため、「平均」としては年間28万円だが、「中央値」として考えると年間10万円もいかないだろう。ハリウッドスターと言われる全米映画俳優組合所属の俳優は12万人いるが、健康保険に入る基準の年収２万７０００ドル（３８０万円）に達しているのは12・７％に過ぎない。９割近くがとても食える水準に達しておらず、「ＡＩに仕事が奪われる」「配信コンテンツでの収益を還元せよ」と２０２３年にストライキを起こした理由も理解できる。

米国のクリエイターの収入源を聞くと（重複選択肢）、２０２１年は「スポンサー（91％）」「アフィリエイト（47％）」「広告（18％）」「グッズ（11％）」という回答があったが、２０２３年は「スポンサー（82％）」「アフィリエイト（56％）」「広告（33％）」だけでなく「クリエイターファンド（25％）」「有料サブスクリプション（16％）」「グッズ（15％）」が増加している。様々なクリエイターエコノミーサービスの勃興によって明らかに収入源は分散した[32]。多様な調達手段が与えられたことは確かである。

だが、「スポンサー」頼りの構造自体はそれほど大きく変わっているわけではない。

ＴｉｋＴｏｋやユーチューブがクリエイターを支援するファンドなどの幅を広げているが、それはアマチュアクリエイターすべてを食わせるためではなく、あくまでトップクリエイター

31 “The State of Influencer Marketing 2023” https://influencermarketinghub.com/ebooks/Influencer_Marketing_Benchmark_Report_2023.pdf

32 “Creator Compensation Survey Report 2023”Mavrck

を見つけ出し、育成するための原資に過ぎない。

プロの最高品質を相手にしたジャイアントキリング

　なぜ18世紀まで世界の人口増が増えなかったのかという話もヒントになるだろう。「マルサスの罠[33]」といって、食料生産の増加ペースは人口の増加ペースに追いつかないため、人口が増えると分配が減って貧しくなり人口増が抑制されるという説である。極端に単純化すれば人類の歴史はこの繰り返しだった。人口が増えて賃金も増えるようになったのは、人類史上最も重要な転換点、すなわち18世紀後半に英国で始まった産業革命以降のことであり、そこから全世界的な人口爆発が起こっていく。

　この図式でいえば、エンタメのクリエイティビティの世界はいまだ産業革命前の18世紀段階にあるともいえる。クリエイターが増えればそれだけ選ばれないクリエイターも増え、支えるファンの原資に限界がくれば養えるクリエイターの数も逓減していく。1人のクリエイターに対して年間1万円を提供してくれるファンが1万人いれば市場を変える可能性があるが、そもそも1万人を味方につけられるアーティストがどのくらいいるかという確率の低さを考えると、そのステージまで到達できる成功者はその時点でもはやプロとほとんど変わらない。

　多くは望んでクリエイターになるのではない。高畑勲も宮崎駿も学生運動の末にヤクザな道としての動画監督という道を選んだ。堀井雄二やさくまあきらといったゲームプロデューサーはオイルショックでメーカーの新卒募集がほとんどなくなったことでライターの道を選ばなけ

33 マルサスの罠：18世紀の英国の経済学者トマス・ロバート・マルサスが唱えた。「人口の落とし穴」とも呼ばれる。

ればならなかった。ラノベ作家やボカロPには２０００年代前半の就職氷河期のあおりをくってフリーにならざるをえなかった才能が多くいる。道が閉ざされたときに、手段がなく暴走した才能たちがマイナーステージを作ってきたのだ。

　だが景気安定や産業成熟化とともに、「正規ルート」は何度も復活する。プロがなくなる、ということもありえない。今後１００年たっても、プロのアニメ監督やゲームクリエイター、天才編集者やプロ俳優、能楽師の大家が生み出す作品が、市場の９割を支え続けるだろう。任天堂のゲームにも、集英社のマンガにも、ジブリのアニメにも、絞り出すように作品を生み出し、それを巨大資本の力で一気に全世界に広げていくような「創り込む世界」が存在し続けている。最高品質にあるものには誰もが注目を続ける。

　チームを組織して物量戦で生み出される作品は、個人ワークでは到底到達しえない域に作品を引き上げる。「Mr.Beast」ことジェームズ・ステファン・ドナルドソンは、１・67億人もの登録者をもつ世界第２位のユーチューバーである（サブチャンネルを含めると３億人）。１９９８年生まれの25歳、ヒカキンの世界版といってよいだろう彼は、２０１２年にはじめて動画を公開した。初期はゲーム実況などをやりながら数字を伸ばし、２０１７年に「Counted To 100,000!」で40時間ずっと1から10万まで数える動画を配信して有名になった。

　特に彼を有名にしたのは、韓国の大ヒットドラマ「イカゲーム」を再現した動画だろう。２０２１年11月に発表された25分の再現映像には４・９億回の再生がついた。４５６人もの挑戦者（登場キャスト）を集め、制作費２０００万ドルに賞金１５００万ドルを合わせて３５０万ドル（約５億円）もかけた再現映像だったが、１再生あたり１円と考えるとそれほど割にあわない出資でもない。

　大学を中退してチームで動画制作を始めた彼の会社の企業価値は、資金調達時のバリュエーションで15億ドル（約２０００億円）、ちょうどテレビ朝日くらいの価値だろうか。30人のチームが、3億人に向けた番組を創り、５０００人を超えるメディアグループと同じ価値を持つようになったこと自体が、この10年で起こった激変を象徴している。

　ではその30人がさぞかしクリエイティブな集団なのか、と思うかもしれない。だが動画コンテンツを作り続けるのに必要なのは、ファンタスティックなアイデアマンやスーパーな編集だけではない。どんな動画を出していくかという企画部分は、ドナルドソンを含めて数人だけでやっている。他のメンバーの役割は、一言で言うと「ロジスティクス」である。無人島を買うといえば無人島の所有権を代行する不動産会社を探してきたり、現地にアクセスする船や資材を調達したり。クリエイティブ集団といいながら、その上流は一部であり、コンテンツの品質を担保するのは「クリエイティブ（創造性）コントロール」ではなく、「クオリティ（質）コントロール」である。

　企画したとおりに実現できるか、映像化していく中で創発的に質を高めていく細かな発想を積み重ねられるか。これはクリエイティブカンパニーと呼ばれる組織すべてに共通する側面である。スタジオジブリですら、そのクリエイティブこそ宮崎駿1人に頼っていても、最終的な作品の良し悪しを担保するのは「クオリティコントロール」を行う１００人の力だ。

　作品をマスに広げるのは、集団をまとめあげて一定品質を担保していくチーム力と資本力だ。作品の出発点は1人の強烈な個性やアイデアだとしても、それが1人に閉じている限りは内的なアートワークと変わらない。最高のクリエイティブに最高のクオリティコントロールチームがそろい、そこに資本によるテコの原理が加わることで、マスに向けた感動体験が拡散していく。

　トーマス・エジソンの「天才とは1%のひらめきと99%の努力である」という言葉がまさに指摘するように、企画・アイデア・クリエイティブはスタートの1%に過ぎず、それを実現する99%がなくては誰もが驚くようなコンテンツはできないのだ。

　アマチュアたちがマイナーメディアに発表する作品が、1〜2割といった小さな範囲で市場に「破れ」をもたらしたことは間違いない。インディーな人々にも機会をあたえ、新しい新陳代謝に吹き込む風の余地をもたらした。

　一方で、今後もマスメディアを通じてブロックバスター作品は生まれ続けるだろう。その中で、マイナーメディアはそれらと対置され、ジャイアントキリングの快感に酔いしれる一時の〝祭り〟を演出していくのだ。

エンタメ世代分析の視点③
Ｗｅｂ３・０による脱・中央集権

人々の期待の中で起こったバブル

本稿はちょっと難しい話になる。ネットが起こした大きな変化が、次に我々をどんな世界に運ぶかを見通すには、Ｗｅｂ３・０を避けては通れない。なぜ難しいかと言えば、その思想にテクノロジーとファイナンスとエンタメと政治が混在しており、さらにはそれが「手触り」を持っていないことに起因する。１９７５年のＰＣ発明、１９９３年のネット普及、２００７年のｉＰｈｏｎｅによるスマホ革命は触れて感じることができる変化だったが、Ｗｅｂ３・０はそういう「手触り」がない。ブロックチェーン技術を背景としたイーサリウムもビットコインのバブルも、すべて人々の期待値とネットの中で起こったことなのだ。

ブロックチェーン、仮想通貨、ＮＦＴ、Ｗｅｂ３・０といった言葉が、未来を象《かたど》る予言のように様々なメディアを席巻し始めたのが２０２１年だった。理由はビットコインの価格が空前の高騰をみせ、デジタルな〝モノ〟としてのＮＦＴの取引高が膨れ上がったからだ。一体何が起きているのかといぶかしがる声がほとんどだったが、その１年強のバブルの間に様々なＷｅｂ３・０長者が生まれた。

Web2・0はユーザーファーストだが中央集権的

そもそもWeb1・0、Web2・0、Web3・0というのは、テック業界を区切るために業界人たちが生み出した定義に過ぎない。

Web1・0は、ヤフーやグーグルなどのネットサービスが起こり、「読む」行為がネットで普及していった1980〜99年の時代だ。ネットは一部のマニアやビジネスパーソンのものであり、ユーザーほとんど男性で、情報を交換するだけだった世界である。

続くWeb2・0の2000〜2019年の時代に、我々の世界は激変し、人々はSNSによって「書く」行為を始め、スマホがそれを加速していく。ネット利用がマス化し、GAFAMが強大化したのがこのタイミングだ。[34]

図表35　Webの発展区分

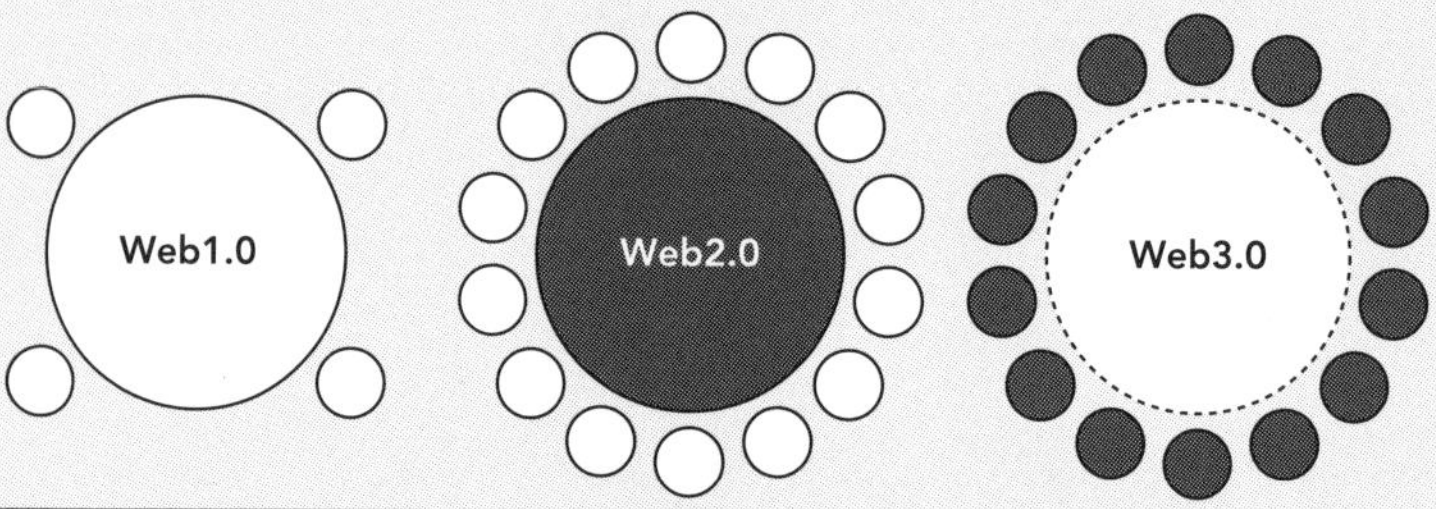

読む	書く	参加する
1980～1999 PCのテキスト情報&一方的な提供 低セキュリティで「読む」以外の 価値交換にリスクが高かった時代	2000～2019 スマホの画像・動画・音声情報 プラットフォームが発信情報を集約 クレカ入力・EC売買なども日常化	2020～ XRデバイス含め分散技術の情報管理 プラットフォームに依存せずに ユーザーが自律的につながる
✓サーバー技術 ✓メールサービス・検索エンジン ✓ヤフー ✓グーグル	✓クラウド技術 ✓フェイスブック/インスタグラム ✓ツイッター ✓アップル/グーグルのアプリ	✓ブロックチェーン技術 ✓NFT（アート、コレクティブ、ゲーム） ✓DeFi ✓P2Pの直接交流

Web3.0は「ユーザーが主体として参加し、取引を行う」ことに対して企業が支援側にまわっていく

出所）著者作成

なぜGAFAMのサービスが普及したかと言えば、それ以前のマスメディアに比べれば圧倒的にユーザーファーストだったからだ。アマゾン登場前、米国書籍大手のバーンズ＆ノーブルやボーダーズの書籍検索エンジンは「最高額を支払った出版社の書籍がトップに来る」仕組みだった。ユーザーの嗜好も人気も関係なく、ただひたすらに広告主を慮《おもんぱか》る偏ったランキングは、ユーザーが知りたいもの見たいものではなかった。[35] テレビもラジオも出版も、「プロによるキュレーション」というお題目のもとで好き放題に操作され、「自分たちのもの」ではなかった。それに対してGAFAMが提供したものは、ユーザーが使いやすいパーソナルなメディアとして機能し、「自分らしさ」を表現するものでもあった。

GAFAMはユーザーを味方につけた黒船だった。情報の流通をコントロールしてきた伝統的マスメディアに対して、ユーザー自身に使い方を決めてもらうべきだと〝開国〟を迫った。個人が自由に無料でコミュニケーションを行うGAFAM的世界が広がったことが、第2章、第3章で述べたようなマイナーメディアの存在を強め、ユーザーがビルダーやミキサー、推し活ファンといった関与を広げていくことを可能にした。

しかしGAFAMにも反発が生まれる。それはユーザーがアップして蓄えられた情報を自社の利益最大化のために「目的外利用」しているのではないかという嫌疑から始まる。2016年に欧州で個人データ保護やその取り扱い関するGDPR（EU一般データ保護規則）の論争が始まったとき、その矛先は「グーグル検索で探し物をしていたら、トップページがその商品のスポンサー広告でまみれる」「フェイスブックに投稿した自分の推し写真をAI解析され、自動的に類似商品ばかりが提示される」といった、GAFAMの広告利用に向けられた。

34 森川夢佑斗『未来IT図解　これからのブロックチェーンビジネス』エムディエヌコーポレーション、2018

35 ティム・オライリー（著）、山形浩生（訳）『WTF経済』オライリージャパン、2019

今までは便利さを追求してくれるありがたい機能であったが、すべてを監視されているゾッとするような情報空間であったことに気づく。「自分たちの表現空間」だったウェブやＳＮＳは、消費空間に引き込む疑似餌だったかのようにも思えた。その後、事前の同意なしに広告利用ができなくなり、Ｃｏｏｋｉｅを使ってユーザーの消費行動・興味行動をトラッキングすることも難しくなったが、今もまさにユーザーがアップした情報は私企業のＡＩ改善に同意なく利用されている。Ｗｅｂ２・０は中央集権的だった。

Web3・0は「オープン・分散・匿名」

Ｗｅｂ３・０は中央の主体がおらず、匿名のユーザー同士の取引が自動的にブロックチェーン技術で記録され、すべてがオープンで検索可能な世界だ。オープンで誰もが分析できる状態で取引されるから、逆に安全なのだとも言える。ビットコインもイーサリウムも裏側に会社があるわけではなく、その仕組みを伝播したサービス名が残っているだけだ。証券取引所のない株式市場、銀行が介在しないＰ２Ｐ（個人対個人）の資金取引ようなものである。

Ｗｅｂ３・０は分散して自律的にサービスが動き、自由意思のコミュニティが熱量高く回っていくことを目指している。オープンに広く使われることが命題であり、プラットフォーム的な企業が売上・利益を最大化させることをよしとせず、利益を得る創業者はいなくなったほうがいい、という考え方すらある。

これはＷｅｖｅｒｓｅやファニコンが、自社・自前のアーティストだけでなく、他社のアーティストも受け入れ、その中からファンが自分で選んだ推しの情報だけを得られ（3-2参照）、ファンの支払額の大半をアーティストに還元することを目指すような世界線だ。何かを結んで管理するプラットフォームではなく、結びついたものを保存するインフラのようなものだ。実態としてあるのはクリエイターとファンの群島的な関係である。

もちろんWeb3・0の発展は一筋縄にはいかない。麻薬、銃器、偽札、児童ポルノ、偽造パスポートなどの取引に好んで使われるのがWeb3・0時代の通貨であるビットコインだ。銀行口座と違って、匿名性が担保され、行政の目も入らず、口座凍結なども起こらないから、犯罪者たちの取引に利用されやすい。管理されない世界が過ごしやすいものになるわけではない。

こうした悪意ある事例があるからこそ、法的にはいまだWeb3・0には「所有権」は保証されていない。仮想通貨やNFTが盗まれたといっても、誰かがそれを取り戻してくれるわけではない。法治国家の成立以前には自ら守るしかなかったお金や不動産が、今では安全と信頼の中に置けるようになったのは、公権力という中央集権の主体が所有権を保全してくれているからだ。盗んだ人間には刑罰があるし、銀行が倒産しても預金を保全してくれる仕組みもある。近代国家が積み上げてきた社会インフラが資産を守ってくれる。

人間の身体に対する権利ももちろん守られている。痴漢をされれば通報して身柄を拘束できる。しかしブラウザを通じて自分のアバターが痴漢されても、「個人の領域・権利・肖像を汚した」という刑罰には処されない。

NFTなどの「デジタルな所有物」は「所有権」ではなく「所有感」を取引するものに過ぎ

ない。ＢＡＹＣ（第5章の5-8参照）のアバターもコピペすれば誰でも見られるし誰でも使えてしまう。あくまでブロックチェーンに刻まれた証明書としての「所有感」の取引なのだ。

価値の交換がデジタルで完結する世界へ

ネットが生まれて以降、「所有権」が保全されているリアルなモノ・空間との互換性は必要不可欠であった。クレジットカードは単なるＩＤとパスワードに過ぎない概念だが、きちんとモノとしてのカードは郵送されてきたし、購入物のほとんどはモノとして実態を持つものだ。２０１０年代になって、ゲーム内のアイテムや動画月額見放題の〝権利〟など形ないものを購入するようになったが、それでもやはり支払いは「実際の世界にあるお金を銀行口座に入れた状態」を担保としたものである。まだ「デジタル上で価値の交換がされる世界」は黎明期に過ぎない。

すべてがデジタルで始まり、デジタルで完結する世界をＷｅｂ３・０は志向している。Ｄｉｓｃｏｒｄで参加したコミュニティになんらかの貢献をすると配られるトークンは、Ｔポイントカードやマクドナルドの割引券のように、貨幣ではないけれど、特定企業の特定目的の利用に際しては金銭的な価値を有するものである。だがトークンが市場で流通するようになり、現金に換金できるようになると話が違ってくる。そうなれば企業内ポイントではなく「貨幣」と同じだ。そのデジタル貨幣を使って、デジタルの中でアバターを購入するといった具合に「価値の交換」が生まれてくると、デジタル内で完結する経済が生まれてくるのだろう。

このWeb3・0の世界でユーザーが行いうるアクションは、Web1・0の「読む」とかWeb2・0の「書く」といった情報ベースのものではなく、「参加する」ことである。その行いが価値を生むと、トークンとしての貨幣価値を得ることができ、そのデジタル貨幣を使って「アート」「コレクティブ」「ゲーム」などのデジタル資産を買える。このデジタル資産は交換可能であり、ANAのマイルとTポイントカードと『モンスターストライク』で貯めたゲーム内通貨がいずれも普通のお金と変わらない世界になる。ECでリアルなモノも買えるが、権利やNFTなどを買える。

かつて貨幣の価値は金を裏付けとする金本位制であった。だが19〜20世紀の長い時間をかけて、人々は法定通貨の価値は保証されているのだと信用するようになり、いつしかモノとしての通貨がなくても銀行口座やペイペイ上で表記された数字だけで価値交換ができるようになった。

同じようにすべてデジタルで価値の交換が完結する日がいつかくるだろう。Web3・0が「(情報でもコンテンツでもなく)価値のインターネット」と呼ばれるのは、このゴールを表現したものなのである。

所有権や通貨があっても、それだけで十分ではない。リアルの世界では、モノがきちんと生産され、我々に届くまでの「流通・小売インフラ」があり、商品を宣伝し消費を喚起する「広告」が存在する。ここに至るまでに人類は100年以上を要している。図表36のように、1990年代からのネットはそうしたリアルの商慣行を遂行するための便利な情報ツールであったが、ネット内のみで価値が生まれ取引が完結する世界は2020年代においても実現していない。

　この先どのくらい長い時間を要するだろうか。それでも、「一元的アイデンティティ」の時代から「ダイナミックアイデンティティ」への変化に並走するかのように、「集中から分散に」「組織から個人に」といったＷｅｂ３・０の動きは広がり、そして連動している。

一物多価の時代

　思えば「価格」こそが一元的アイデンティティの象徴である。価値とは、人によって、状況によって、関係性によってダイナミックに変わるものだが、値札を張って管理をしていく「一物一価」は、一元的アイデンティティ時代の象徴である。価格が固定すれば供給者も安定して生産ができる。そこで「標準小売価格」を決めて、価格が予測可能な範囲に収まるようにしているのである。

　取引のルールも値決めの基準もない市場に価格決定を委ねると、売り手は蚤の市の商人のように、一見の観光客には仕入れ値の10倍を吹っ掛け、顔なじみの常客には

図表36　デジタルで完結する経済へ

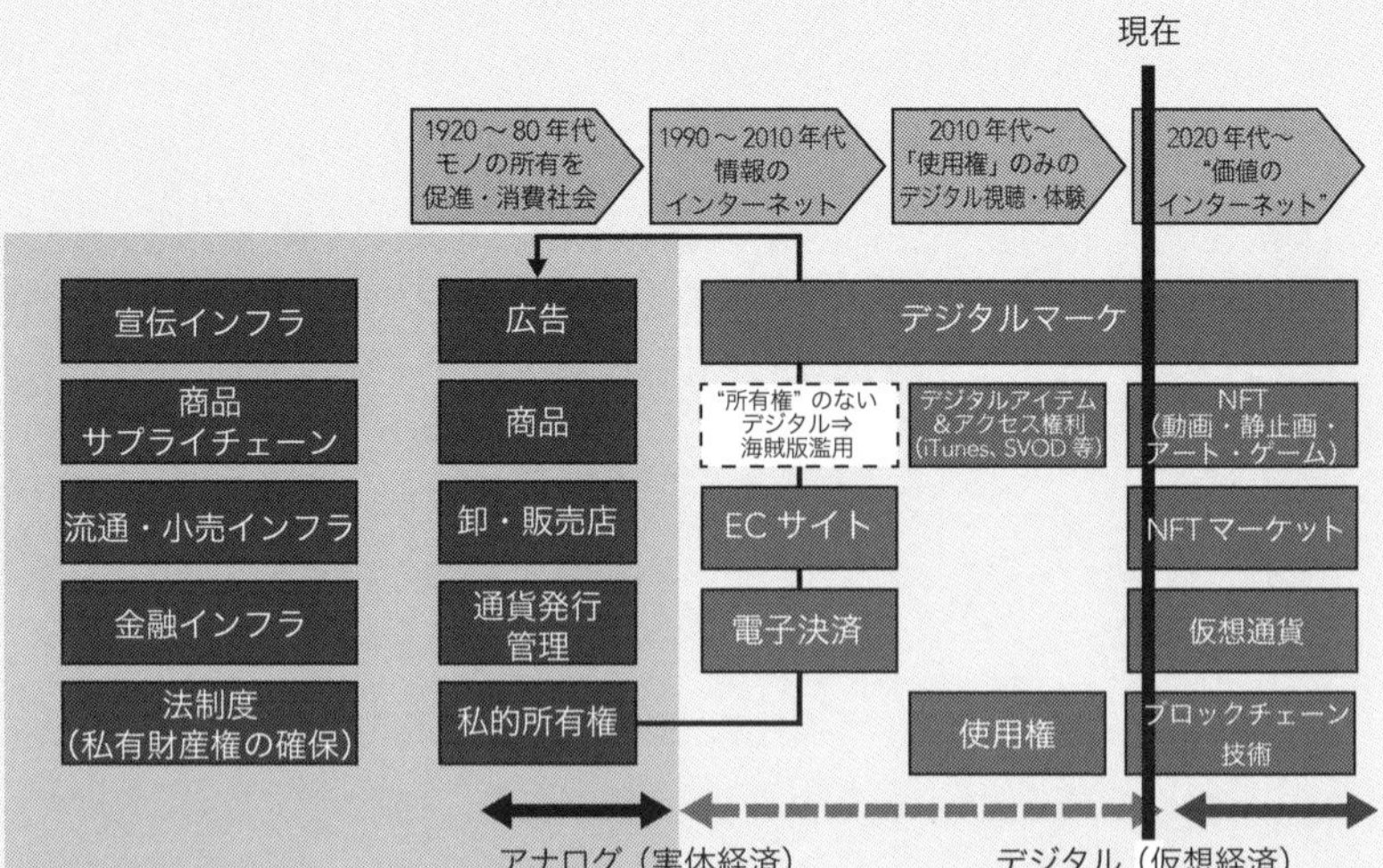

出所）著者作成

割引で販売する。

「利ザヤ」があるところには投機的な投資家や冒険者たちが集まる。ヴァスコ・ダ・ガマがインド航路で黒コショウを持ち帰ったときの利潤は６０００％。４隻に1隻が沈むような危険すぎる賭けの代償が60倍の利益であった。エリザベス女王がスペインに海賊行為を働いて得た利潤は４７００％。大砲で撃沈される危険がある半ば戦争に近い略奪行為だけに、リスクの大きさが利潤に跳ね返る。[36]〝輸送〟のリスクがそれだけ高かった時代だ。

20世紀はそうした「法外な稼ぎ」を排除すべく、一元的アイデンティティ型の統制経済が志向された。ソ連では卵の値段までも計算して管理し、あらゆる職業に賃金テーブルが設けられていた。だが需給変動に対応できず、パン１つ手に入れるのに３時間も並ばなければならなかったりして多くの不便を生み出した。

戦後日本でもメーカーの強すぎる価格決定力にスーパーや家電量販店が抵抗し、それが消費者のベネフィットにつながった。「全員がテレビ・冷蔵庫・洗濯機をもつことが正しい」「全員がPC・スマホを持つことが正しい」という前提で、企業は競り合い「売上最大化」を目指してきた。そこでは低価格競争が激化し、ほぼ一物一価の平均的社会を実現してきた。

しかし、価値は本来、人によっても、状況によっても変わる。人によって体験価値がまちまちだからこそ、１回２０００円の映画を5回も10回も観に行く人がいる一方で、日本人の半分以上は年1度たりとも映画館に足を運ばない。無料でいつかテレビで見られるのに、あえて２０００円もの価格を払う理由が見当たらないのだ。

アートの世界はまさに一物多価の代表例だろう。村上隆が無名だった時代に創作した等身大

36 レオ・ヒューバーマン（著）、小林良正、雪山慶正（訳）『資本主義経済の歩み（上）』岩波書店、1953

のキャラクターフィギュアは、数年保有するうちに５００万円から６８００万円に値上がりした。彼の後年の作品「ＨＩＲＯＰＯＮ」が４８００万円で売れ、第1作の価値も上がったのだ。さらには日本のキャラクターが海外で評価されると「My lonesome Cowboy」は当時の日本アート作品最高額の16億円をつけた。[37]

こうした「作家」「作品テーマ」「市場環境」「買い手の資金」など様々なファクターと、「これは次に来るかも」という見立てが相まって、価値は常に大きく変動する余地を残している。価格は「今その時点で買い手と売り手と市場が〝価値〟をどう見立てるか」という、ある瞬間の判断の結果で決まる。人の期待値の揺れ動きが、今その時点の価格となって表れ、周りの人間にも波及していく。

買った瞬間にメルカリをみて2次流通の価格を確認できる世界では、どんなに小さなものにもある需給のミスマッチが顕在化し、そのポテンシャルに期待をかけた投機的な購入が発生する。むしろ価格変動があるからこそ、人々は参加もすれば編集もしていくのだ。こうした世界線を切り拓いたのはデジタルの功績であり、Ｗｅｂ３・０の中でどう取り組んでいくかが一大テーマとなっている。

ロレックスが２０２３年に初めて自社で2次流通のＥＣサイトを開設した。２０２０年のコロナ期にロレックスの時計の売買価格がうなぎ上りになり、その後、投資バブルの消失で２０２３年になって急激に落ちた、という事象があった。こうした投機的なアップダウンを平準化するために、また1次流通における購買行動を安定化させるために、公式は公式として「2次流通市場をどう取り扱うか」というスタンスを決める必要がある。

37 小山登美夫『現代アートビジネス』アスキー・メディアワークス、2008

2次流通で価格が下がらないということはブランド価値の保証になる。ロレックスが最低下取り価格を保証するとすれば、それは1万円札が破れていても日本銀行が同じ1万円に交換してくれるのと同じことだ。

ダイナミックアイデンティティとは一物多価を認める世界だ。それは平等ではないかもしれない。時には価格高騰のブームを起こすし、人によっては大きな損失を抱え、逆に身の丈に合わない大きな利益を得るかもしれない。

だがそうした「最終的な結果を市場やユーザーにゆだねる」というスタンスそのものが、21世紀を象徴するもののように感じる。我々はすべてをコントロールすることはできず、コントロールを手放して余白と透明性をもって投げかけることしかできない。

第4章

リアル＆ライブの復権

4-1 「没入させる場」の強烈な引力

オフライン空間に囲い込む

第2章でクリエイターエコノミーの20年で生まれた「マイナーデビュー」の概念について語り、第3章でクリエイターエコノミーを支えるファンたちの変化について語った。ユーチューブ、ニコ動、pixiv、なろう、Weverseなどデジタルサービスの百花繚乱で、人々はオンラインで自由につながり、表現の場を持つようになった。それは音楽レーベルや出版社、テレビなど「スターをつくってくれる」メジャーなステージとは隔絶し、アマチュアにもチャンスが到来する夢のような世界だ。

だがマイナーステージは魑魅魍魎《ちみもうりょう》が跋扈《ばっこ》するスクリーニングのない世界である。ほとんどの演者がスポットライトをあてられることなく終わっていく。日本で20万以上も存在するユーチューブチャンネルも、その半分以上は登録者100人にも満たず、数字上は10万人も登録者がいるライブ配信者も、平日夜の配信を見に行くと、数人の常連客と夜を明かすようなスナック的な雰囲気、といったケースも少なくない。デジタル空間のクリエイションは、99・9%が発見すらされることのない残酷非情な世界なのである。

この第4章はそれらと打って変わって「リアル」ビジネスの話だ。音楽ライブに舞台演劇、テーマパークに至るまで、リアルの場をベースとしたエンタメはレガシーなものとして捉えられてきた。早々にネットに置き換わるだろうと20年前から悲観視され続けてきた領域でもある。

だがリアルの場にはデジタルでは絶対に持ちえない最大の強みがある。「囲い込み」である。映画館や劇場、ライブステージは、オフラインの物理空間に文字通り顧客を囲い込み、一定時間の没頭を楽しむことを〝強制〟する。物理的に制限されているがゆえに、声・音・歌だけでなく映像から空気、匂いに至るまで立体的に演出された空間は、デジタルとは比較にならないほどの情報量を持っている。

そんなリアル空間はクリエイターにとって「やさしさ」に満ちあふれている。吉本興業が「ルミネｔｈｅよしもと」のような劇場の新設を続けるのは、笑いを求めてお金まで払って参上する良質なお客さんを呼び込めるからだ。９割以上のコンテンツが一瞥すらされない無機質なデジタルサービスのファンに比べれば、囲い込まれた空間で何十人と新人芸人をパッケージで売り込んでいるうちに、誰かはファンになってくれるものだ。

雰囲気やノリといった総合的なものが伝わらないデジタルに比べれば、リアルならその空気感で実力以上のインパクトを発揮することも珍しくない。演芸場はテストマーケティングとして、どのタレントを推していくべきかのリトマス紙でもあり、何より育成の場としてデジタルでは代替できない絶対的な優位性がある。定期的に一定人数の視線を保証してくれる場所は、演芸場に限らず、映画館の上映前広告も、マンガ週刊誌の末尾ページも、電車内のつり革広告も同様である。交通量や人流、視線量が保証されたリアルロケーションのコンテンツは、新興クリエイターにとって温情にあふれるパラダイスなのだ。

「配信×SNS」が持っていたコンポーザビリティ（共約性）の特性は、実のところリアルが持っている特性でもある。皆が集まったクラブで音楽をかけていれば、その場でリズムをとってみたり歌詞を口ずさんでみたり、即席でミキサーをしたり、ビルダーをしたりすることができる。目の前で踊りだす人を見ながら、見よう見まねで自分もやってみれば、あっという間に音楽は自分のものになる。

一定数・一定時間、多くの人が視聴を向けてくれて、即席で編集・参加することもできるという環境は、30年以上かけてインターネットが整備しようとしてきたインフラそのものである。ということは、リアルビジネスがエンタメ最先端の主役に返り咲けるチャンスは今も目の前に広がっているのだ。

デジタル消費者の忠誠心は残念なほど薄っぺらい

人を動かすコストというのは思いのほか膨大である。現在ウェブへ誘導する広告を出そうとすると、1000回視聴してもらうためにかかるコストは50～200円ほどになることが多い。これは1人が1回視聴するのに0・05～0・2円がかかっているということである。

そのクリックした人がECサイトに登録する、アプリをダウンロードする、有料サブスクに登録する確率はどのくらいだろうか。クリックをした〝熱心な〟ユーザーのうち、実際に1～10%くらいが課金したとなれば相当な成功例だ。これで1人の登録・課金ユーザーを目的のアクションに導く合計コストは500円～2万円ということになる。これは仮のシミュレーションの数字だが、実際に様々なサービスで展開した際の獲得コストを調べると、日本のアプリゲームのインストールで1000〜2000円、ネットフリックス有料登録で1万〜1・5万円がかかっている。

　完全に赤字じゃないか、視聴料が1か月1000円程度のネットフリックスがなぜ1万円もかけて1人の課金顧客を集めるのか、と言われれば、そこは「継続率」の勝負である。利用を続けてくれれば、いつかは回収できる。

　驚異のリピート率といわれる東京ディズニーランドは2回以上が98%、10回以上が60%となる。1人が1回の来園あたりに使う金額が1・5万円（2021年）、60%が10回以上来てくれるとなれば、1人の新規顧客の獲得に10万円かけたって、おつりがくる（本来は粗利計算や、リピート頻度も考慮に入れるが）。

　とはいえ、高い継続率を維持するのは容易ではない。デジタルはアプリをダウンロードしてもらえても、半年続けてくれる確率は1割もないし、お金を払ってくれるユーザーは1%もいない。99%が無駄になる世界である。

　そしてユーザーがその空間に愛着をもってくれるかというと、そこはリアルに対して圧倒的に不利である。デジタルは聖地化しないが、リアルは聖地化できる。1人が行き帰り合わせて3〜4時間をかけて来てくれて、かつ完全にその世界に没入してくれて、しかもその空間内で新しいものを探してくれる劇場、演劇、スポーツパークといったリアルなコンテンツの「集客力と影響力の強さ」はデジタルの比ではない。

　それに比べてデジタル消費者の忠誠心は、残念なほどに薄っぺらい。昨日入れたアプリは、明日には忘れられる。画面をスライドして2枚目以降のスクリーンには、半年も前に入れたアプリが引き出しの消しクズのように置き去りにされている。関心を維持できていたとしても、そのジャンルのトップのサービスが入れ替われば、あっという間に乗り換えられてしまう。デジタルである限りは「最大値」か「最安値」を狙わなければ、存在を維持できないのだ。

デジタル特有の問題を解決するには、リアルを使いこなす必要がある。ユーザー同士の間で帰属意識が芽生えれば、顧客ロイヤリティが育つ。

リアルがデジタルに圧倒的に勝るポイントは「摩擦と干渉」である。デジタルにおいては「摩擦なし（フリクションレス）」ばかりが求められるが、顔を合わせて逃げ場のない会話で生まれる、否定をされたり意見をされたりといった「摩擦と干渉」は、ある意味で「出会い」でもある。リアルが持つ摩擦と干渉の結果として愛着が育つ。フリクションレスでとっかかりのない「なめらかすぎる」デジタル浸透社会においては、逆に「摩擦」が求められているのかもしれない。

「あたたかさ」と「ライブ性」には代えがたい価値がある

ユーチューバー、Vチューバー、ライブ配信、ゲーム実況、すべてに通じるものがある。それは「即興（ライブ）性」である。アーカイブ映像もあるが、視聴のピークはライブ配信の最中になる。それは「時間を共有している」というニコ動が最も大事にしてきた部分であり、同じデジタルの中でも「いつでも探せて、いつでもアクセスできる」というユーチューブ的思想に真っ向から対抗するものである。

ライブによる即興性は、観劇でもテレビの生放送でも常に使われてきた手法であり、特に目新しいわけでもない。だがネットという静的なデジタル空間において、「人肌」が加わった瞬間、それが生み出す熱狂は通常のデジタルコンテンツの比ではない。それはあたかもモールス信号でコーディング・デコーディングしながら通信していた時代から、電話でアナログに人間の声が再合成されたときの感動に近いかもしれない。テクノロジーが定着し、使い方が習慣化すると、次はその機能に載せる付加価値としての「人肌」が求められるようになる。

電話が初めて生まれた19世紀末、人々が恐怖したのは、いつでも遠慮なく割り込んでくる電話が〝聖域〟であった家庭を壊してしまうのではないか、という懸念だった。そして電話が普及すれば、家族とも友達ともわざわざ会う必要なんてなくなる。電話があれば、皆で集まる必要などなく、人間はどんどん社会から孤立するだろう、と予想されていた。

電話での会話は毎度交換手につなぎなおしてもらう必要もあったから盗聴のリスクもある。電話を使った投資詐欺もあとを絶たなかった。[01]

しかし現実は逆だった。電話で話せば話すほど、人はどんどん社交をするようになる。電話は20世紀を通じて成長し続けたテクノロジーである。人対人の伝達においてそれまで覇権を握っていた手紙の伝達量を電話が超えたのは１９７５年[02]。２０００年前後には、固定電話をワイヤレスの携帯電話が代替するようになる。固定式電話から移動式電話になったことで人はより会話を増やし、スカイプやＬＩＮＥ、Ｚｏｏｍがネット回線を使ってコミュニケーションを実質無料化していく。１９８０年前後は海外出張中にわざわざ「声」を聴くために、国際電話料

01 スコット・ローゼンバーグ（著）、井口耕二（訳）『ブログ誕生』NTT出版、2010

02 セオダー・モーディス（著）、高橋秀明（訳）『予測学入門』産能大学出版部、1994

金を6秒90円も払っていたのだ。10分の〝長電話〟に1万円払ってでも声を聞こうと必死につないでいた時代だった。今この瞬間に会話をつなげられる「あたたかさ」と「ライブ性」には代えがたい価値がある。

フェイスブックで昔の友達とつながり、スカイプの無料通話で挨拶をするようになると、切れていた縁が復活する。LINEで頻繁にスタンプをしていると、人はよりリアルで会う機会を増やそうとする。その人とつながろうとするきっかけが随所に現れてくるようになる。デジタルが促進する。

ネットを能動活用するユーザーこそがリアルを求める

ネットばかりやっていると引きこもりになるという話は、長く続いている〝神話〟の1つだろう。しかしネットがこれだけマスな手段になると、ネットは逃げ場ではなく、新たな行動を起こす場である。誰もがネットを行う環境においては、ネットでアクティブに活動する人間こそが、むしろより生身やリアルを求めるようになる。ネットユーザーの42%、ブログユーザーの61%が、それ以外の人よりも公園にいく頻度が高い。彼らがボランティア組織に関わる率は、ネットを日常的に扱っていない人たちよりも高い。特にコンテンツとしてのエンタメ志向の高いユーザーは、ネットに消極的なユーザーに比べて社会的活動の比率が高くなっているのだ。[03]

テクノロジーは人間を社交から遠ざけたりしない。むしろ社交を好む人間がテクノロジーを積極的に活用することで、人々はデジタルを使ってリアルをより豊かにしようとするのだ。

03 ジェフ・ジャービス（著）、小林弘人（監修）、関美和（翻訳）『パブリック　開かれたネットの価値を最大化せよ』NHK出版、2011

4-2 リアルエンタメ空間の大盛況

テーマパークの「失われなかった20年」

リアル空間における最も贅沢なエンタメといえばテーマパークだろう。入場に１万円もとられるような高価格帯のこの産業は、バブル崩壊とともに大きく衰退すると考えられていたが、実は全く逆の結果をみせるところとなった。

日本のテーマパーク産業の歴史は１９８３年、東京ディズニーランド（ＴＤＬ）の設立から始まる。それまでの「遊園地」は、「テーマ」がなくて、観覧車と回転木馬を置いて乗り物ごとに金額を設定してゲームセンターのように売っていくものであった。だが、世界観に合わせて創り込まれ、入場料を払えばあとは乗り放題とすることで「支払い」という現実世界に引き戻す行為を取り除き、夢の国の中に没入してもらえる「テーマパーク」という業態がＴＤＬによって開発されたとき、それは１つの産業が生まれてくる契機であった。

１９８０年代から90年代にかけて全国的なテーマパーク設立ブームがあり、長崎オランダ村（１９８３）、サンリオピューロランド（１９９０）、ハウステンボス（１９９２）、八景島シーパラダイス（１９９３）、志摩スペイン村（１９９４）と建設ラッシュが起こり、最後にオープンしたのがユニバーサル・スタジオ・ジャパン（２００１）だった。新設パークの大半は

１９８０～90年代に集中している。１９８５年からの10年間で遊園地は23件、テーマパークは41件増えたが、１９９５年からの10年間は遊園地が４件、テーマパークが11件となっている。２０００年代に入るとバブル期の放埒《ほうらつ》のままに日本全国で建てられたテーマパークが負の遺産となり、どんどん閉園・廃墟化していく時代でもある。

では日本において、「テーマパーク産業」というのは一時代を築いただけのレガシーとなるのだろうか。とんでもない。実のところ、市場としては４０００億円が５５００億円になった１９９０年代の成長に比べると、６０００億円を超えていく２０００年代にも成長は止まっておらず、さらには２０１９年の約８５００億円まで「成長期」として一番輝いたのは２０１０年代なのだ。産業としてのテーマパークは、ほとんど新設されなくなり、不人気な施設が倒産していく２０１０年代に最も成長したという不思議な発展を見せている。

テーマパークの来場者数が増えたわけではない。１９９０年代半ばを頂点に、年間８０００万人から減り続けており、２０２０年前後になると６０００万人を割るようになっている。その代わりに「単価」が上がったのだ。２０００年に来場者１人あたり平均６０００円支払っていたものが、２０１９年には約3倍の１万６０００円を支払うようになっている。これは入場料が値上げされ（この約20年間でＴＤＬの１ＤＡＹチケットは５２００円⇒８２００円）、グッズ・お土産がもっと買われるようになり（平均３３４５円⇒４１２２円）、パーク内でもっと飲食をするようになった（平均２０３５円⇒２４３７円）。１人あたりの所得もＧＤＰも伸びなかった〝失われた20年間〟であった日本経済で、テーマパーク市場はずっと右肩上がりであり、なにより２０１０年代こそが最も飛躍した時代であったということは、ネット・スマホ時代における「場所」の価値を再び捉え直すべき必要を感じる。

ＴＤＬがデジタル時代・Ｚ世代とも親和性が高いのはなぜだろうか。テーマパークの魅力はエンターテイメント性だけでなく、「政治的中立性」にもある。フェイスブックは職場の上司とつながってきたあたりで、すっかり政治的なプラットフォームになってしまった。ポストしているのは、やれメディアに出ただの、やれＩＰＯしただの、やれ派手な結婚式をしただのリア充（リアル充実）なパリピばかり。ママ友も見ているから、夫の昇格や給与の話はご法度。自分がキレイに作れたケーキの写真をあげたら、やれ新しい食器や家具を買ったのかとか、これ高かったでしょうとか、プライベートな詮索が引きも切らない。誰かにいいねを押すと、そこに敵対している他の友人から「あの人と、仲いいの？」と余計な火種も生みかねない。邪心なく素直な気持ちで「いいね」を押せるコンテンツは、誰かが子供を産んだ時かディズニーランドの写真くらいしかないのだ。

図表37　日本のテーマパーク市場

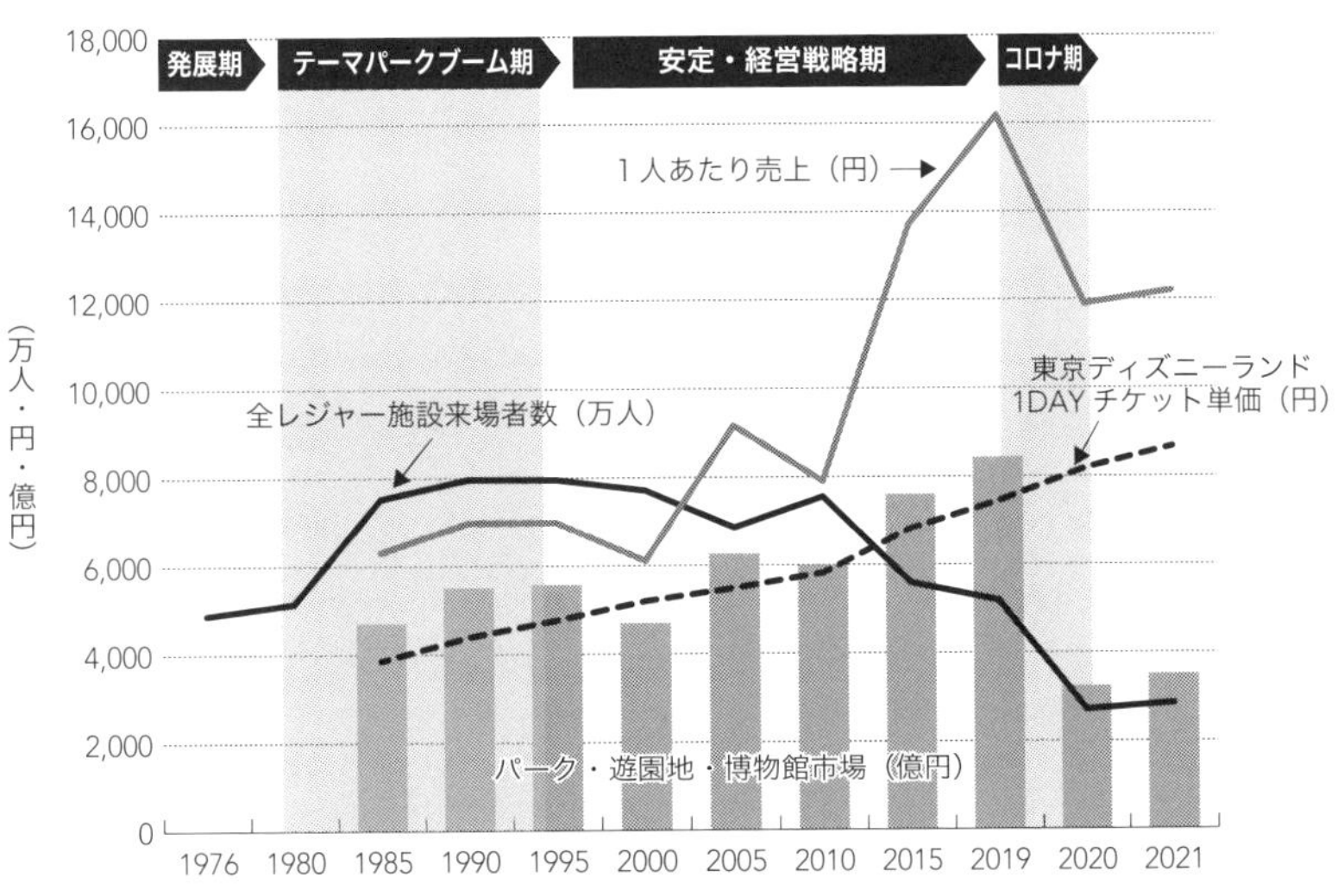

出所）1976～2021『レジャー白書』の遊園地･レジャーランド市場、遊園地･レジャーパーク、動物園、植物園、水族館、博物館参加人口から類推

ディズニーは２０２３年９月、今後10年間で６００億ドル（約８・９兆円）を世界中のテーマパークに投資することを発表した。すでに世界６都市で12のテーマパークを運営し、年間１億人を集客する世界最大のテーマパーク事業者は現在もまだ「地球上で最もインスタグラムに投稿されている場所」であり、このデジタルが浸透しきった２０２３年にこれほどの投資を傾ける決断をしている。誰でも手が届き、そこに富の上下関係や複雑な人間関係の政治性が差し込まれないテーマパークは、ＳＮＳにおける格好の中和剤となっている。写真も映える。自信をもって〝楽しさ〟を表現できるコンテンツとしてテーマパークは「インスタ映え」の時代に再活性した。

テーマカフェが生み出す身近なテーマパーク消費

近年テーマパーク市場に食い込み始めているのが、「テーマカフェ」と呼ばれる業態である。多くの人には、２０００年代に秋葉原を席巻した「メイドカフェ」で、メイド姿の女の子が〝萌え萌えキュン〟とやっているイメージが残っているかもしれない。だが今や『鬼滅の刃』を手掛けるアニメ制作会社ｕｆｏｔａｂｌｅが日本のみならず中国や韓国でカフェを経営するような時代であり、「コスプレ型カフェ」は黎明期の一風景に過ぎない。「コンテンツ系」「世界観再現系」「文化系」「動物系」など様々な種類のカフェが空間芸術として多様に派生し、映画や美術館さながらに「過ごす時間」を提供するコンテンツになってきている。[04]『名探偵コナン』や『ハリーポッター』といった超メジャーなキャラクターの世界をあつらえ

04 廣瀬涼『昨今のメイドカフェ事情「萌え萌えキュン」だけがコンカフェじゃない！？』ニッセイ基礎研究所、2022　https://www.nli-research.co.jp/report/detail/id=70239?pno=2&site=nli

たカフェから、アイドルグループ『ＳＥＶＥＮＴＥＥＮ』やＴＢＳテレビ『ラヴィット！』などタレントやテレビ番組を対象にしたものまでテーマカフェは広がっている。

ただし、常設店舗に客が入り続けるような国民的人気のコンテンツは数えるほどしかなく、基本的にはイベント・キャンペーン的にそのファンを一定期間・一定の場所に集めて楽しんでもらうという事業だ。期間限定の「小規模テーマパーク」を１～２か月単位で年間７回も８回も中身を変えながら運営をしていく。

販促マーケティングを支援するＣＬホールディングス（旧社名レッグス）が、コンセプト料理・レストランを展開するトランジットと協業で作ったＬＴＲという企業がある。この１社だけで１６０種類ものキャラクターのカフェを日本全国に展開し、年間１００万人を動員している。新宿ルミネやＳＨＩＢＵＹＡ１０９などのカフェ区画を常設で持っておき、１か月半ごとに中身をガラリと変えてしまう。

実はどれだけニッチな作品であっても、１か月半の運営で６０００人を集客すれば成り立つ計算になっている。「２０００円くらいで飲食を楽しみ、３０００円くらいでグッズを購入する」という５０００円くらいの顧客単価は、作品ごとにそう変わりはない。だから大事なのは「６０００人程度の客が呼べるくらい流行っているかどうか」の見極めであり、それをクリアできれば、予約ベースで１か月後まで席数の一定数が埋まる。

コストオペレーションも重要だ。１作品３０００万円のグロス売上想定で内装費からメニュー、グッズの企画まですべてをまかなえるよう、徹底した管理がなされている。

「テーマカフェのファン」というものがいるわけではない。複数の店舗をハシゴするようなファンもほとんどいない。コナンファンで映画もグッズも楽しんだファンが、その時期に合わせてテーマカフェにも足を運ぶといったように、キャラクターやタレントのファンが楽しむ空間エンターテイメントを期間限定で用意しているのだ。だから「テーマカフェ」という業態名や運営企業のブランドを前面に出すことはなく、作品名やタレント名だけを前面に出していく。それはファン視点からみた「推し」のみに集中できるWeverse（第3章参照）と同じ構造である。

キャラクターやタレントのライセンスものといえば、人気にあやかって簡単にしつらえたアクリルキーホルダーを外注で作って売っているだけ、とも見られがちだ。だが考え方もリテラシーもバラバラなライセンスオーナーに合わせてストレスなく商品化を行う版権事業はノウハウのカタマリである。LTRでは200人におよぶデザインチームが、今ヒットしているアニメ作品、K-POPタレント、Vチューバーごとにデザインワークを行い、トレンドに合わせたキャラクター商品を企画・開発・製造していく。LTRの親会社のCLホールディングスは、もともとキャンペーンストアの運営などをしてOEMの裏方に慣れたBtoB企業だからこそ、年間3500件を超えるキャラクターグッズを取り扱うことができている。

この「小規模テーマパーク市場」はLTRとアニメイトが2大大手となって牽引しており、日本全国では毎年300万〜400万人を集客し、市場規模は200億円になる。LTRの年間100万人動員は、テーマパークでいえば国内4位の「サンリオピューロランド」クラスである。総工費650億円をかけ、毎年10億もの赤字を出しながら維持されてきた巨大なテーマパークと同レベルの集客力を備えているのだ。市場規模は8000億円のテーマパークと比べれば数％程度ではあるが、「身近なテーマパークで楽しみたい顧客」と「１か月に６０００人が集まる企画を提供する企業」の両者にとってのウィンウィンの事業ともいえる。

テーマパークの話でいえば、東京ディズニーランドとユニバーサル・スタジオ・ジャパンの対置関係も示唆に富む。３０００万人商圏の関東に位置して年３０００万人を集める東京ディズニーランドに対し、２０００万人商圏で入場者７００万～８００万人程度で低迷していたユニバーサル・スタジオ・ジャパンは、２０１０年代に入って大改革を断行し、現在は年間入場者１５００万人超えという活況を呈している。

ディズニー世界を徹底的に創り込む東京ディズニーランドに対して、ユニバーサル・スタジオ・ジャパンはまるでテーマカフェのように「コラボの多さ」で圧倒する。入場ゲートを越えて最初に目に飛び込んでくるのはユニバーサルのキャラクターではなく、『ＳＰＹ×ＦＡＭＩＬＹ』『名探偵コナン』『バイオハザード』など、そのタイミングのヒットコンテンツである。ハロウィンイベントではＡｄｏの『唱』とコラボした「ゾンビ・デ・ダンス」が２０２３年９月に大流行した。

ユニバーサル・スタジオ・ジャパンは世界各地のユニバーサル・スタジオとは全く違う。徹底的に日本ローカライズし、お祭り感を演出する「回転型」のテーマパークを実現した。

大型投資をして、あとはお客が入るのを待っているだけ、という商売はもはや存続できない。毎年毎年、毎月毎月、「ライブ」で動かし続けてこそ、商業施設の価値は引き上げられるのだ。

聖地巡礼と2・5次元舞台にみる世界観再現市場

聖地巡礼も「空間をエンターテイメント化する」手法の1つだろう。映画やアニメのロケ地がその作品・キャラクターとコラボすることによって旅行者を集める。

もともとオタクは外出してアクティブに活動を行う種の消費者ではなかった。コミケは例外としても、基本的には室内での映像リピート鑑賞を主としており、消費集団として注目を浴びるのは2000年代前半になってからの話だ。

前章でみたように女性ファンの力もあって、声優が主体となったコンサートなど「立体化」が顕著になってきたのが2010年前後になってから。聖地巡礼もまた、本来的にはアニメ制作会社が創作の一環として「勝手に」特定地域の風景を借景してきたものが、作品の人気によってその地域を有名にしてしまう現象を引き起こした。

聖地巡礼という言葉は2000年代に入って使われ始めるが、その黎明期の成功例としてよく引用されるのが2007年のアニメ『らき☆すた』による鷲宮神社（埼玉県）である。正月三が日の参拝客が13万人から30万人に急増し、31億円の経済効果があったと言われる。2016年の『ラブライブ！サンシャイン!!』で聖地となった静岡県沼津市の三の浦総合案内所の来訪者数は2016年3・9万人⇒2017年7・3万人⇒2018年7・9万人と伸び、50億～60億円の経済効果があったと分析されている。[05]

つまり、他の空間エンタメと同様に、聖地巡礼もまた2000年代後半に萌芽があり、

05 于経天、大西健吾『アニメの「聖地巡礼」による沼津市の経済効果の分析』https://nais.or.jp/wp-content/uploads/2020/07/Vol14_008-012.pdf

２０１０年代になって活性化した「新しいエンタメ」である。『あの日見た花の名前を僕達はまだ知らない。』（２０１１）の埼玉県秩父市、『ガールズ＆パンツァー』（２０１２）の茨城県大洗町、『からかい上手の高木さん』（２０１８）の香川県土庄町など、地方自治体が支援制度をつくり、アニメ作品を切り口とした移住促進を政策に組み込むようにすらなっている。

非日常であったはずのアニメに出てくる空間が、自分の日常になる。架空の世界であるはずのアニメの世界に没入する中で、旅行としての「聖地巡礼」どころか、生活ごと没入させようとする「聖地移住」はこれ以上にないほどアニメ世界へのイマーシブ体験[06]だろう。『ラブライブ！』の影響で沼津に通い続けてきた稲見光海里は、看護師というポータブルなスキルを利用して最終的に沼津に「聖地移住」している。「日常がずっと沼津の景色なので、これが彼女たち『Ａｑｏｕｒｓ』（２期アニメに出てくる９人組の架空キャラによる女性ユニット）が観ている日常なんだなと感じるようになりました」という。どんなときもアニメ世界が想起され、その中の登場人物のように生きることで日々の活力を得る。

聖地は２・５次元舞台の町バージョンとでもいうようなリアリティを持つ。「例えばグッズを買って渡していただくときに『果南ちゃん』とちゃんづけしてくれたり、地元のおばあちゃんと話をするときにも『あの子たち』と呼んでくれたり、ちょっとしたことから、地元の優しさや、私たちの『好き』を応援してくれるところを感じます」という。[07]

人が何かをリアルに感じるには、必ずしもその対象自体がリアルである必要はない。感動的な映画のあとで劇場のざわめきや視聴後の感想が聞こえ、同じ空間に生きる人たちがそれをリ

06 イマーシブ体験：物語に参加する没入体験。仮想現実（VR）や拡張現実（AR）などの技術を活用したエンタメを「イマーシブ」と称することもある。

07 夷『聖地移住〜生きたい場所で生きる〜』（2021, C99初版）

アルに扱っているということだけで、リアルを感じることができる。

もちろん『ラブライブ！』だって、アニメ内の女の子たちが実在しないことは誰もがわかっている。東京にあるアニメスタジオで制作されたことも、様々な仕事を掛け持ちする監督や声優の力によって生まれた創作物であることもわかっている。だがこのアニメは、アニメ制作会社が徹底的に沼津をロケハン（ロケーションハンティング、アニメ映像化のために下準備で各地を回る）し、アニメ映像の中に生活空間の生き写しがあり、そこに〝作り物〟であるはずのアニメキャラクターたちの感情やストーリーが載せられて、多くの感動を呼んだのだ。人々がそれを語り継ぎ、演劇的に過ごすことで、リアルな息吹を与えている。

聖地巡礼は街をあげた共同作業である。ある種のロールプレイで息吹を与えることによって、その世界が目の前にリアリティをもって立ち現れる。

２・５次元舞台もまた空間をエンタメ化する工夫にあふれている。２次元のアニメ・ゲームのキャラクターを3次元の舞台俳優が演じてその世界を再現するというニッチなミュージカル市場は、この10年で10倍以上に膨らみ、２０２１年には２３９億に達した。ミュージカル・演劇すべての市場規模の2割を占めるまでになっており、「歌舞伎／能・狂言」の１７７億円、「お笑い／寄席・演劇」の１０３億円といったジャンルの市場を超えている。

マンガを原作とするミュージカルは、１９７５年の宝塚歌劇『ベルサイユのばら』など昔からあったが、「男性のみのキャスト」「少年マンガの舞台化」「スポーツもの」といった２・５次元ミュージカルは２００３年の『テニスの王子様』から始まる。プロデューサーの片岡義朗は舞台出身者ではなく、広告代理店などでアニメ制作を経験してきた中で、ゲーム会社のマーベラスでこの舞台を〝発明〟している。

他社もどんどん参入し、「ペダステ（弱虫ペダルミュージカル）」や「薄ミュ（薄桜鬼ミュージカル）」など、直近では年間239作品で年間2909回も公演が行われている。1万円ほどの入場料で、毎回800人ほどの観客を集める市場である。トップ企業のネルケプランニングは2023年にサイバーエージェントが買収するほどのエンタメ企業になった。

強固なファン経済圏を持つアニメとのコラボを求める隣接業界は引きも切らない。歌舞伎もまた「ワンピース歌舞伎」（2015）、「NARUTO歌舞伎」（2018）、「ナウシカ歌舞伎」（2019）、「ファイナルファンタジー歌舞伎」（2023）など、2次元キャラクター・世界観の再現によって新しい顧客を呼び込み、産業自体を活性化させようという動きが旺盛である。

対象が2次元か3次元かということは些末な問題である。アニメとは本来、静的なオブジェクトにアニメート（命を吹き込む）して表現されるものである。そのアニメートされたキャラクターには、演じる声優や俳優がいて、彼ら彼

図表38　日本のミュージカル・演劇市場

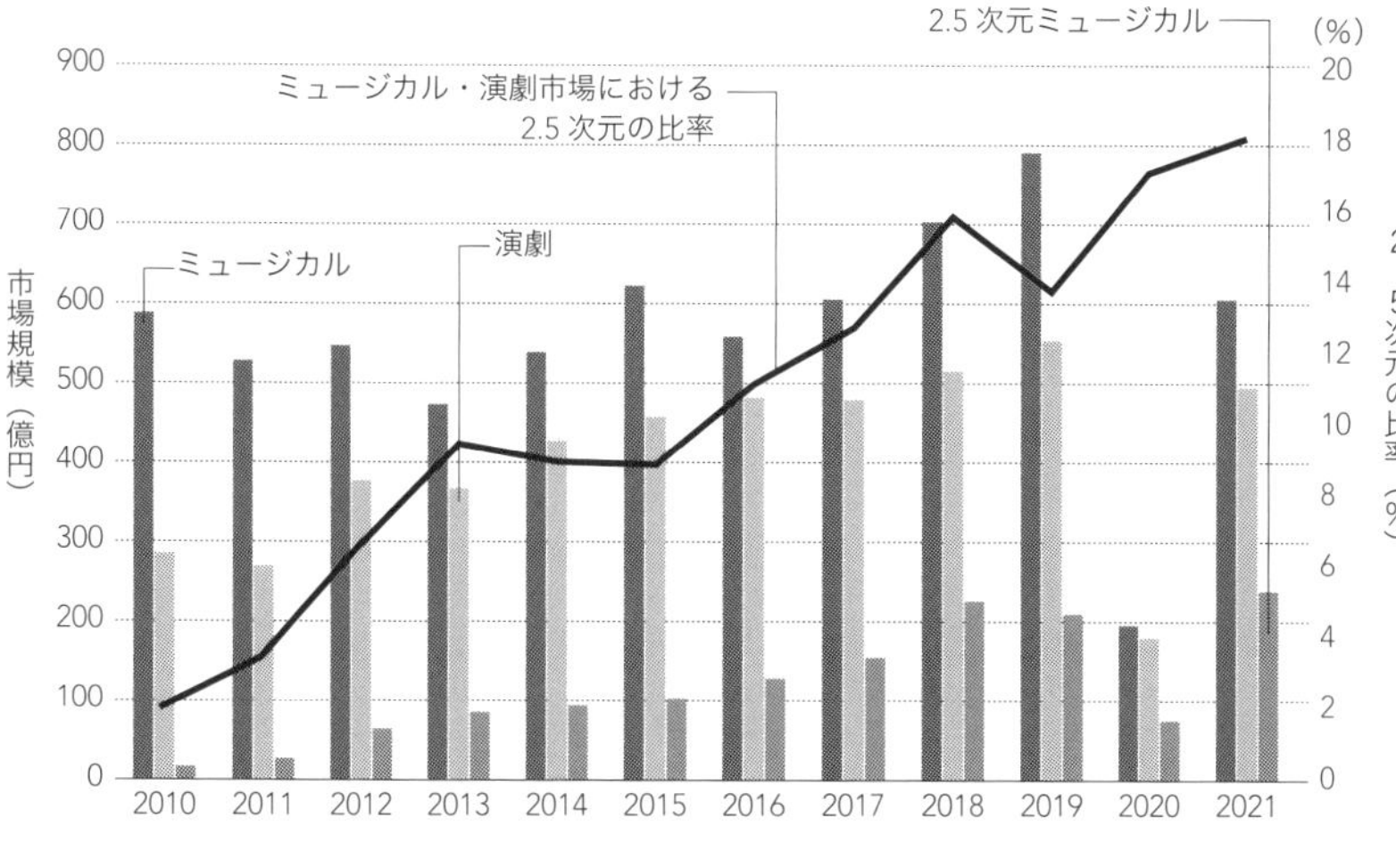

出所）レジャー白書、ぴあ総研資料より著者作成

女らによる独自の表現がキャラクターや物語に幅を持たせ、その聖地となるロケ地にまで愛着が生まれる。アニメ監督や制作会社のロケハンの風景やストーリーが公開され、2度3度と重ねて「終わってしまった物語」を楽しむ奥深さがある。

2・5次元舞台は8割以上が女性ユーザーである。聖地巡礼は男女半々とも言われるが経験者比率でいうと男性3割、女性5割とやはり女性のほうが高い[08]。

コミケや音楽フェスのような参加へのハードルが高い趣味に対して、いわば草食系ともいえる人たちの鑑賞型・回遊型の市場がかなりの規模になったということは、それだけオタク趣味と言われる領域がマス化して、多様なユーザーを受け入れる土壌が出来上がってきたといえるだろう。

ポップアップストアと体験型ショップの必要性

「ポップアップストア[09]」と「体験型ショップ[10]」いう店舗形式が成長産業として認識されたのは２０１０年代になってからの話だ。以前からクリスマスマーケット、フリーマーケットといった期間限定ストアは存在してきたし、商品に触って試せるという店舗は何も珍しくない。だがこの20年ほど、そう呼ばれる店舗が増えてきたのは、買い物はＥＣで済ませるのが当たり前になった時代に、実際に商品を手に取って触れてみたり、店員の説明を受けながらサービスを体験してみたり、実店舗によってＥＣの補完を図ることが目的である。

アリババは２０１７年に「独身の日」に向けて中国全土で60か所にポップアップストア

08 エアトリ『女性の過半数が聖地巡礼の経験あり！ 聖地巡礼経験者は10回以上・3泊以上が当たり前?! 聖地巡礼人気作品は「君の名は。」を抑え「千と千尋の神隠し」が1位 ～エアトリが「聖地巡礼」に関するアンケートを実施～』NEWSCAST2019年10月30日 https://newscast.jp/news/890385

09 ポップアップストア：数日～数週間程度の期間限定で開設されるお店

10 体験型ショップ：商品を実際に体験できる実店舗のメリットを強化したお店

を開設した。アマゾンも２０１７年に約４６０店舗を保有するホールフーズを買収し、２０２０年にはレジのないアマゾンフレッシュを展開し、30店舗以上まで増やしてきている。ブランドの浸透のために実店舗が必要だという発想は、そもそもアップルストアがいかに売上に貢献しているかで実感できる。

米国や英国ではエアビーアンドビーの小売スペース版として短期賃貸型マーケットプレイスが成立している。英国のＡｐｐｅａｒ Ｈｅｒｅはこの10年で1万店舗を超えるポップアップストアを展開し、従来2カ月の準備期間と10万ドルの費用を要した店舗開設を12日間と２０００ドル程度で可能にした。それでいて1平方フィートあたりの平均売上を通常店舗の２〜3倍稼ぐポップアップモデルを実現している。[11]

なぜオンラインのN高校がリアルオフィスを用意するのか

オンラインのみで学習を完結できる〝便利な〟通信制教育のN高校[12]は、日本全国に50か所近くの「サテライトオフィス」をわざわざ用意してきた。N高校・S高校[13]を合わせると生徒数２・５万人という日本一大きな高校になったが、生徒の8割はリモートで授業を受けて学校には通学していない。そのデジタルに振り切った学校が、わざわざリアルの校舎を用意しているのは、実際にほとんど通うことのない生徒たちや親たちが望んだからでもある。オンラインのみで効率よく学習し、効率よく趣味の近い生徒と結びつくとはいえ（ｅスポーツ部３０００人、美術部２８００人という巨大な「部活」も存在する）、会おうと思えば学校の友人と会えると

11 Storefront.com

12 N高校：学校法人角川ドワンゴ学園が2016年に開校した通信制高校。

13 S高校：学校法人角川ドワンゴ学園が2021年に開校した通信制高校。

いう「前提条件があること」が、関係性の深め方を変える。

通学して2～3年目で〝初めて〟友人と顔をあわせる場面はいつも緊張がある。それは「好きな時にミュート／スクリーンオフできない」という不自由である。

「自分は変に見えていないだろうか」「うまく返答できていない気がする」「相手が怒りだしたらどうしよう」。人間の社交というのは常にそうした緊張関係をはらんでいる。だから目の前の上司には声を荒らげて反抗することもないし、どんな嫌いな相手でも表向きは挨拶もするしニコニコとやりとりをする。当たり前のことだ。

だがデジタルの普及で目新しいものになりつつあるこの不自由は、実際に体験してみると、それほど居心地の悪いものではないということがわかってくる。想定外の受け答えも、目的外の雑談の中で生まれてくる驚きや親密さも、「今この場しかない、非日常としてのリアル空間」だから楽しめる。

冷凍食品型コンテンツに囲まれた時代の「非日常」

若者が飲酒をしなくなったと言われている。Z世代は8割が「日常的にお酒を飲みたくない」と回答している。もちろんどの世代でも「お酒が苦手」という層は半分近くいる。だが「飲める」残り半分を考えたときに「日常的にお酒を飲みたい／特別な時のみ飲みたい」の割合は、20～24歳で18％／35％、30～60代で37％／22％と傾向がまるで逆である。[14] 若い世代は、飲めないわけではないが、「日常的な社交の場でのお酒」を必要としなくなっている。私自身

14 MarkeZine編集部『Z世代の8割超が「日常的にお酒を飲みたくない」と回答【BIGLOBE調査】』https://markezine.jp/article/detail/42269

もそういう経験があり、学生を集めての会食で、最初からソフトドリンクを飲む学生の割合が圧倒的に増えている。

当然だろう。デジタルがデフォルトのコミュニケーションとなっている世代において、「直接顔を合わせる場」というのは、もうそれだけで非日常だ。あえて酔って相手の素を引き出す必要はないのだ。

もともとアバター的なパーソナリティで仕事と生活をしていた旧世代にとっては、相手の素を引き出すためのお酒は小道具として必要不可欠だった。飲み芸も手酌をさせない素早いサーブマナーも、相手の本音を引き出すための技術であり、本来1割は全くの下戸で4割はお酒が得意ではないはずの日本人においてすら「誰もが飲みの席は楽しみにする」といった強制力が発動されていた。昼の顔と夜の顔を使い分けることが上手な社交術だった時代だ。

だが今は「ミュート／スクリーンオフできる時の顔」と「リアルの顔」こそが大事な二面性だ。むしろ酒の力など借りる必要もなく、リアルの顔をどこまで工夫できるかはZ世代にとってのチャレンジングな部分といえよう。

今しかできない消費に対する感度も世代差が顕著である（図表39）。Z世代の10～20代は3割が「今しかできない参加型の体験やコンテンツにお金を使う」し、4割が「有名人やキャラクター等を応援する活動にお金を使う」。彼らの6割が「その時・その場でしか得られない体験をしたい」に「あてはまる」と答えている。こうした「今しかできない消費」を重視する人の割合は、30～40代になるとぐっと減り、50～60代になるとZ世代の半分にも満たない。

これを「衝動に弱い世代」と曲解するのは早計だろう。Z世代は常に冷凍食品型のコンテン

図表39　世代別の消費意識と消費行動

「今しかできない参加型の体験やコンテンツにお金を使う」人の割合

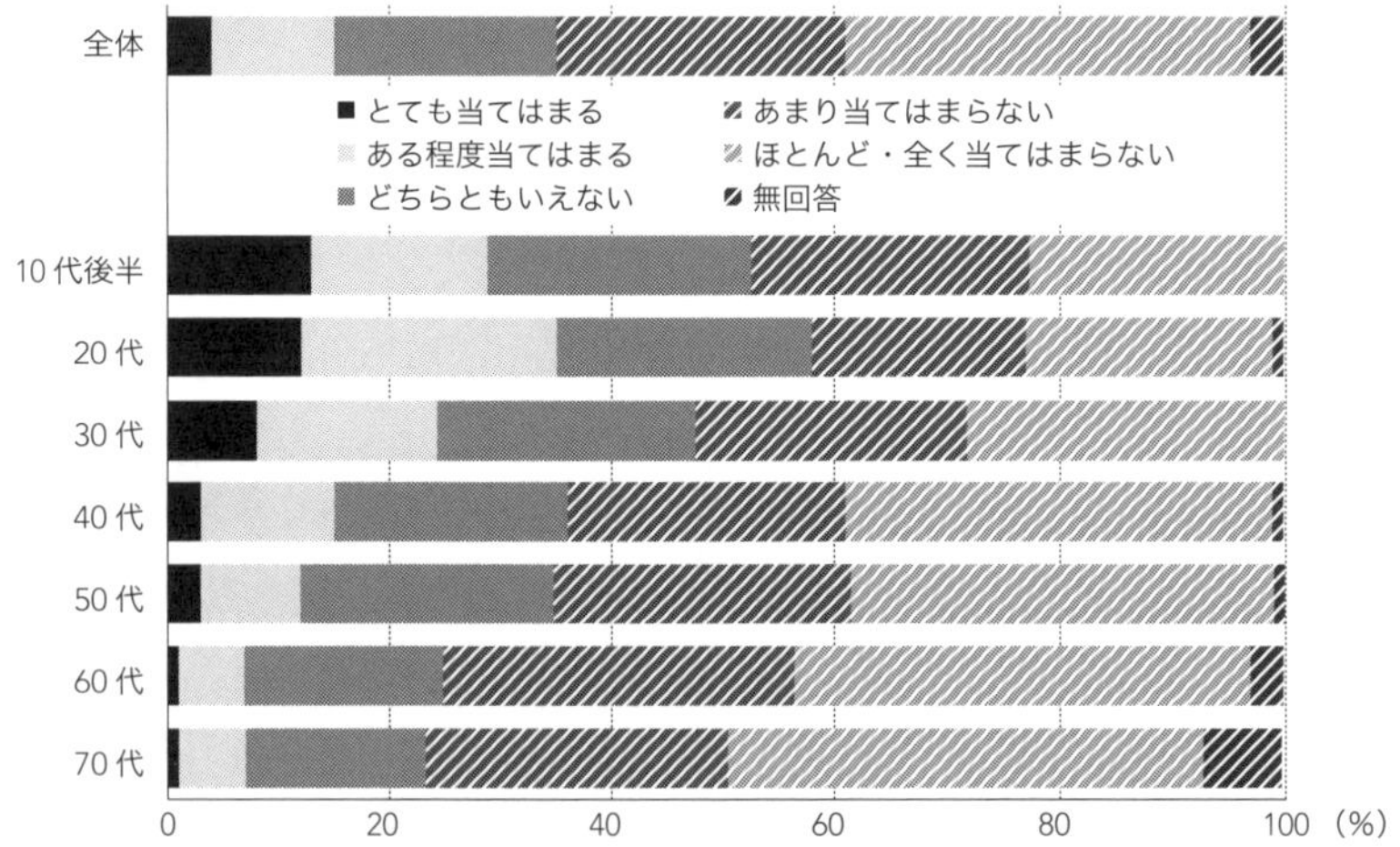

「有名人やキャラクター等を応援する活動にお金を使う」人の割合

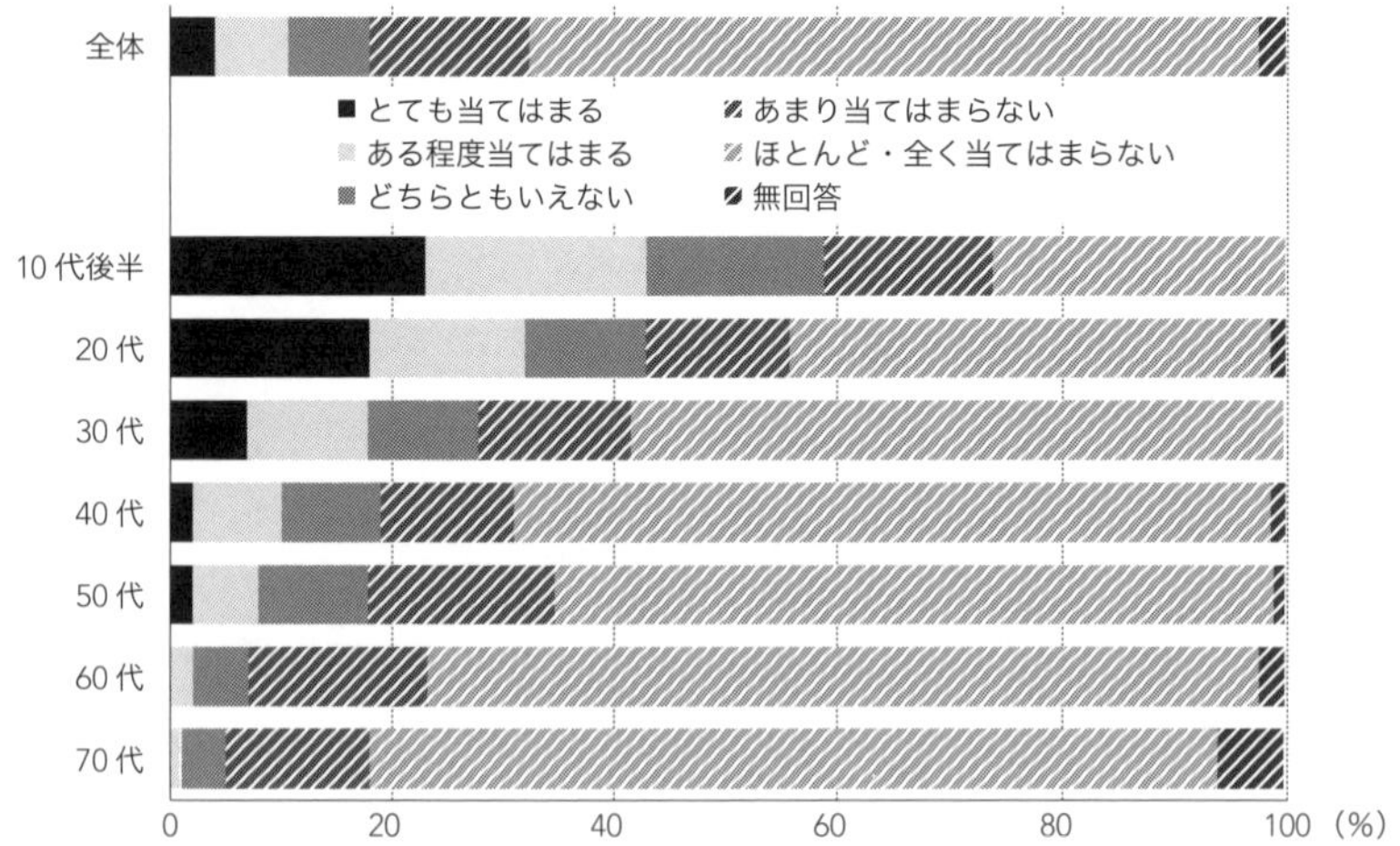

出所）消費者庁『令和４年版消費者白書』。「あなた自身の消費意識や行動について、下記の項目がどの程度当てはまると思いますか」という質問への回答

ツに囲まれている。ユーチューブやＴｉｋＴｏｋで、数年前にバズったモノから数十年前の流行歌の歌い直しまで、アーカイブからいくらでも無料お取り寄せ可能なビュッフェにいる状態だ。そんな彼らにとってより価値をもつのは、目の前で握られた寿司や、しくじりも含めたライブ感のあるエンタメだ。ネットにはないもの＝鮮度が高いコンテンツに対する需要が著しく高く、それは皆で行くテーマパークやテーマカフェだったり、限定性の高いコラボコンテンツだったりする。イマーシブシアターなどアーカイブでは代替不可能な体験だろう。ライブコンテンツとライブ消費に対する感度は、基本的に若さとの相関性が明確に出ている項目でもある。

「手触り感と１回性」。それこそがデジタル空間のミュートと顔出しなしがデフォルトになったZ世代の世界において、人をよりホットにするためのキーワードである。その２点が演出する非日常感は、リアルがデフォルトだったY世代以前の人々には理解できないレベルで、Z世代にとってのプレミアムになっているのだ。

ゲームセンター「プライズ」の市場倍増

リアルエンタメ空間という意味では、ゲームセンターもまた活性化している。市場規模は２０１４年の４２２２億円から２０２１年の４４９２億円に増えただけであり、全体としてはたいした変化ではない。だが注目したいのはその中身で、この10年で劇的に入れ替わっている。「プライズ」と呼ばれるクレーンゲームの売上割合が急上昇したのである。２０１４年に市場全体の４割に当たる１７９４億円だったものが、２０２１年には全体の７割にあたる３０６２億円となり、ほぼ倍増した。もちろんテレビゲームもメダルゲームなど典型的なゲームセンターの遊びも残ってはいるが、それらは過去20年間ずっと下り坂だった。クレーンゲーム（と一部プリクラ）のみが、ゲームセンターという空間の中での成長し、市場規模を維持しているということになる。

もはやゲームセンターは「ゲームをする場所」ではなく、利便性のよい都市部の立地でアニメやタレントなど有名人のグッズを配布できるポップアップストアになっている。

ＳＥＧＡからゲームセンター事業を買収したＧＥＮＤＡ[15]は、プライズ市場の成長を後押ししている要因を３つ挙げている。

１つ目は「アニメ市場の勃興」だ。動画配信でアニメを見た客層がぬいぐるみ欲しさにゲームセンターを訪れるようになった。

２つ目は「ＳＮＳの普及」だ。獲得したグッズを自慢できる相手がいることが、トレンドのアニメグッズをクレーンで獲得しようという気持ちを強める。その獲得過程自体をコンテンツにして配信しているユーザーも多くいる。

３つ目は「メルカリなどの中古品売買のサービスの普及」だ。それらがグッズ獲得後の「出口」「2次流通市場」となり、それを生業とする転売ヤーも含めて〝クレーンでの粘り〟が圧倒的に強くなった、という。

アニメとＳＮＳと2次流通市場。こうした「連鎖」がゲームセンターという半世紀にわたって衰退してきた場の価値を変え、再活性化の途上にある。四半世紀前は不良のたまり場となっ

15 GENDA：アーケードゲームのレンタルやオンラインクレーンゲームなどを手掛けている企業。

ていたゲームセンターは〝浄化〟され、イオンモールなどファミリー中心の場に移設される中で、徐々にプリクラやクレーンゲームのようなコミュニケーションをベースとする筐体が主体になっていく。

「場」は恒常的なものではない。流れ行く人が変わり、その人々の趣向が変われば、場もまた変化を必要とする。

リアルな場もまた、マイナーメディアのごとく「ユーザーが使い方の文化を独自に生み出す場」でもある。そうした空間はエンタメのような流行物に過敏に反応し、またそれを使うことで場としてのアイデンティティを改変していこうとする。

コンビニ「一番くじ」の市場創造

よく目にするようになった「一番くじ」[16]は、コンビニのポップアップストア化を促進している。「一番くじ」は２００３年からセブンイレブンでバンダイナムコグループのバンプレストが展開したサービスだ。コンビニの店舗数が全国で５万店を超えるほどに増え、ユーザーが毎日訪れる中で〝変化〟を必要とした時代に、ヒットＩＰ作品と連動した商品くじサービスは新しいビジネスモデルとして市場にマッチした。現在では年間１２０種類ものキャラクターを展開する一大事業となり、アジアにも広く展開される、大人向けホビー業界の一大ヒット商品である。

コンビニという〝一番身近な路面店〟で、ヒット作品と連動した全国一斉キャンペーンを展

16 一番くじ：キャラクターグッズが当たるハズレなしのくじ。バンダイナムコグループが全国のコンビニエンスストア・書店・ナムコの店舗などで販売している。

開することは、1年で幾度となくヒットが入れ替わるこの業界のサイクルともフィットしていた。10年たった2013年時点でモバイルサイトの『一番くじ倶楽部』には280万人ものユーザーが登録し、300億円規模となる巨大な市場を形成している。[17]

「一番くじ」に加えて「プライズ」「ガンプラ」「プラモデル」「フィギュア」で構成される〝青バンダイ〟(子供向け玩具の赤いロゴではなく、青いロゴを使っている)の売上は、2020年の1161億円から2022年1816億円まで1・5倍に成長した。プライズもプラモデルもフィギュアも数十年と存在する「古い」産業である。コンビニも昔からあった流通ルートである。にもかかわらず、トレンド性の高いキャラクター商品と組み合わせ、顧客を変えることによって、「古くて新しい成長産業」に仕立てることに成功している。

17 ORICON NEWS『約10年で300億円規模に成長した「一番くじ」』2013、https://www.oricon.co.jp/news/2029359/full/

4-3 アナログゲームが空前絶後の大活況

株式会社ポケモンはテレビ局並みの大企業に

コミュニティゲームの代表格といえばポケモンだろう。誰もが知る『ポケモンGO』は2016年夏にリリースされ、ピーク時は2億人以上が遊ぶ世界トップモバイルゲームの1つになった。すでに8年目となる現在においても1億人近くがプレイを続け、毎年10億ドルを稼ぎ続けているお化けタイトルだ。

ただ、そのうちで株式会社ポケモン[18]（以下株ポケ）に入るライセンス収入は「一部」に過ぎない。ゲームの収益の7割はゲームを開発した米国企業ナイアンティックに入る。任天堂も株ポケもナイアンティックの株式は持っているとはいえ、関連会社にすら該当しない少額出資だ。ポケモンGOのリリース後に、株ポケの純利益は2016年の159億から2017年の88億円に減っていることからも、ナイアンティックからの配当額はは年50億〜150億円といったレンジに収まるはずだ。

しかしポケモンGOのヒットを後押しに、株ポケは急成長している。ポケモンGOがリリースされた「2年後」の2018年から売上が急上昇し、2022年の純利益は5倍以上の489億円に達した。これはアニメ制作会社としては日本最大の東映アニメーションの純利益

18 株式会社ポケモン：ポケットモンスターのライセンス管理やキャラクターグッズ販売などを行う企業。ポケモンの原著作権者である任天堂、ゲームフリーク、クリーチャーズの3社の共同出資により1998年設立された。

の４倍規模だ。玩具最大手のバンダイ（玩具部門）やタカラトミー、ライセンス最大手のサンリオよりも大きく、日本テレビホールディングスやＴＢＳホールディングスと並ぶ利益額である。

　つまりポケモンという１つのキャラクターライセンスだけを扱う企業が、もともと売上１００億円、利益数億円だったところから、売上２０００億円、利益５００億円の超優良企業に変貌した。サイズ的にはどのアニメ・玩具・ゲーム・出版のトップ企業も敵わない。当然ながら社員数もうなぎ上りで、２０１０年代半ばは２００人程度しかいなかったが、今や１０００人を超える。

　これは「ゲームで一発当てたから」ではないのだ。株ポケの成長の根幹には、自社事業として行っているトレーディングカードゲーム（ＴＣＧ）というフィジカルなコミュニティ志向型のゲームがある。

　ポケモンのキャラクターを使ったＴＣＧ「ポケモンカード」は、コミュニティ運営型の遊びである。全世界で北米・欧州・アジアなど地域別にトーナメントが

図表40　株式会社ポケモンの業績

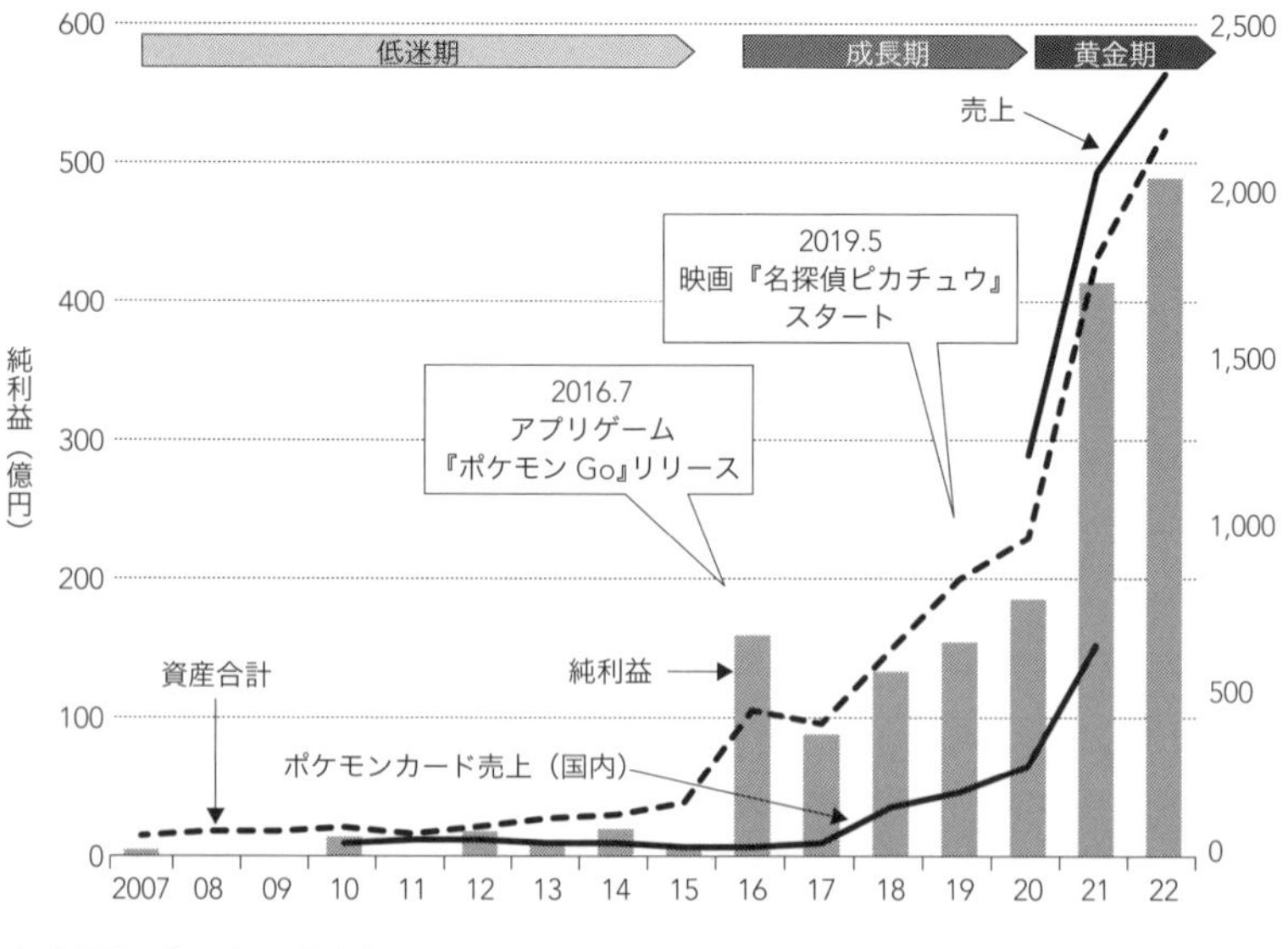

出所）決算公告などから著者作成

開催され、数十万人もの参加者から地域別チャンピオンが選ばれ、そこから2000人ほどのトッププレイヤーが招待される年1回の世界大会で世界一を決める。2023年8月には1996年のポケモンカード発売以来初めて日本で世界大会が開催された。パシフィコ横浜に50カ国から2000人の選手が集まり、来場者は3日間で1万人を数えた。入場チケットは異例の高騰を見せて、1日分の観戦チケットがメルカリで4万円で取引された。トーナメントに参加するのではなく、試合を生で見るための末席チケットが4万円である。驚きの人気過熱であった。

　コミュニティへの参加者が増えれば増えるほど、そのコミュニティの価値は高まりブランド化が起こる。2022年6月、人類史上で最も高額な「カード」が誕生した。527万ドル（約7億円）で購入されたのは、1998年にコロコロコミックスのコンテストで入賞者に贈られた「ポケモンイラストレーター」のカードで世界に24枚しか現存しないと言われる。この歴史に残るギネスレコードを手に入れたのは、登録者2000万人をもつユーチューバーのローガンポールだった。1995年に生まれポケモンカードで育った彼は、2021年ごろから何億円もかけてポケカを集めてきた有名なコレクターで、その半年前にも350万ドル（約5億円）で買ったカードが偽物だったというトラウマもありながら、その収集欲は全く衰えなかった。

　これほどのポケモン人気をリアル空間で持続させてきたところが株ポケの手腕である。2005年には愛知万博の跡地を使って期間限定の遊園地「ポケパーク」を開設。コロナ期には苦境にあるエアラインにあえて話をもちかけ、ピカチュウジェットを飛ばした。スカイマークとの提携以来、現在5社7機が稼働している。これはコロナ不況下の航空会社発のプロジェクトではなく、むしろ株ポケが持ち出しによって展開している施策である。同社ＣＯＯである宇都宮崇人の「能や歌舞伎のように世代を超えて続きながらも、最前線にい続ける」という言葉が象徴しているように、[19] 株ポケは仮想のキャラクターたちを「リアル」にすることにこだわり続けている。

　１００年ほど前、モルガン・スタンレーやウェルス・ファーゴなど〝虚業〟と言われた銀行が相次いでニューヨークの一等地に巨大なオフィスを構えていった時期があった。建築デザインを引き受けたのは当時有名なデザイナーやアーティスト。なぜ地価の最も高い一等地に巨大建築を作る必要があったのか。それはまさしく「手触りの持つ価値」が必要だったからだ。銀行にとっては安心や信頼が絶対的に必要な経営資源である。お金という最も重要なものを預ける場所だからこそ、客はリスクを感じれば預金の引き出しに走る。そこで預金を守る証として絶対的に巨大な建築物を作り、これだけお金をかけた確かな手触りのある資産を持つ企業がつぶれるはずがないという信頼を得ようとしたのである。

　人がその想像をリアルなものとして感じ続けるためには、フィジカルな場で手触りをもって伝え続けることが何よりも重要になる。ゲーム画面越しに何万人、何十万人がプレイしているカウンターを見るよりも、会場で１０００人が熱を込めてプレイしている雰囲気を味わい、日常を過ごしている街中や旅行に行くときのエアラインにキャラクターを見ることによって、空想上のモンスターはリアルなものであり続ける。

　リアルな存在感を示すという手法は、６０００年前から徴税権を確かなものにするために国

19『眠らないポケモン経済圏』日経MJ 2023年9月27日号

家が行ってきたものであり、それを１００年前の銀行が応用し、半世紀前にはラジオ局やテレビ局が使い、今まさにポケモンなどのコンテンツ企業もそれを取り入れる時代に入った。共通しているのは、「想像上」のものでありながら、それが未来永劫続くと錯覚しうるに足る、手触り感とブランドを目指していることだ。２・５次元舞台や聖地巡礼のように、それが人々の口にのぼる頻度が日常化すればするほど、仮想のキャラクターは「実体化」し、その恒常性を担保することができる。

世界でボードゲームが流行している理由

ＴＣＧは日本と米国が世界を牽引する二大市場だが、ＴＣＧ「ばかり」売れている日本やアジアに対して、北米や欧州のトイショップを彩るコンテンツはもっと多様だ。その１つに「ミニチュアゲーム」と呼ばれる兵士・兵器の模型を使った戦争シミュレーションゲームがある。「ウォーハンマー」で知られる英国のゲームズワークショップ（ＧＷＳ）は、ポケモンにも比するような空前絶後の好景気にある。１９７５年設立のＧＷＳがモンスター造形の兵士のフィギュアを使ってジオラマのようなセットで戦うボードゲーム「ウォーハンマー」を企画・開発してから、すでに半世紀近くたつが、近年になってそのアナログゲームは、小説、映画、家庭用・ＰＣゲーム、モバイルゲームにも展開されている。

　セガがゲーム化した『Total War：Warhammer Ⅱ』（２０１７）は１００万本の販売を達成し、ユーロゲーマーのランキングで「２０１７年ベストＰＣゲーム賞」にも入った。ファットシャーク社のFPSシューティングゲーム『Warhammer：Vermintide 2』（2018）は200万本が売れた。2017年ごろからPCオンラインゲームでの成功やフランチャイズでの店舗展開にも成功し、GWSの売上は図表41にみるように2億ポンドから4億ポンドまで倍増した。さらにコロナ期には、驚くべきことに売上は8億ポンドにまで倍増している。外出が減って子供たちと遊ぶことになった大人たちが、手触りをもって遊べるボードゲームに殺到したのだ。

　世界中のウォーハンマーファンは、SNSとゲームを経由し、コロナ期にボードゲームに戻ってきた。特に米国は、TCG同様にボードゲーム市場が3年で倍増するような超好景気であった。

〝古臭い産業〟と言われ続けたボードゲーム業界だが、コロナの時代において、人々は「家の中での体験」の貴重さに気づいた。自分で装飾したミニチュアや建物に囲まれ、気の置けない仲間とわいわい遊ぶのは、荒んだロックダウン下の生活を彩る、大事

図表41　ゲームスワークショップの売上・営業利益率・売上の地域別シェア

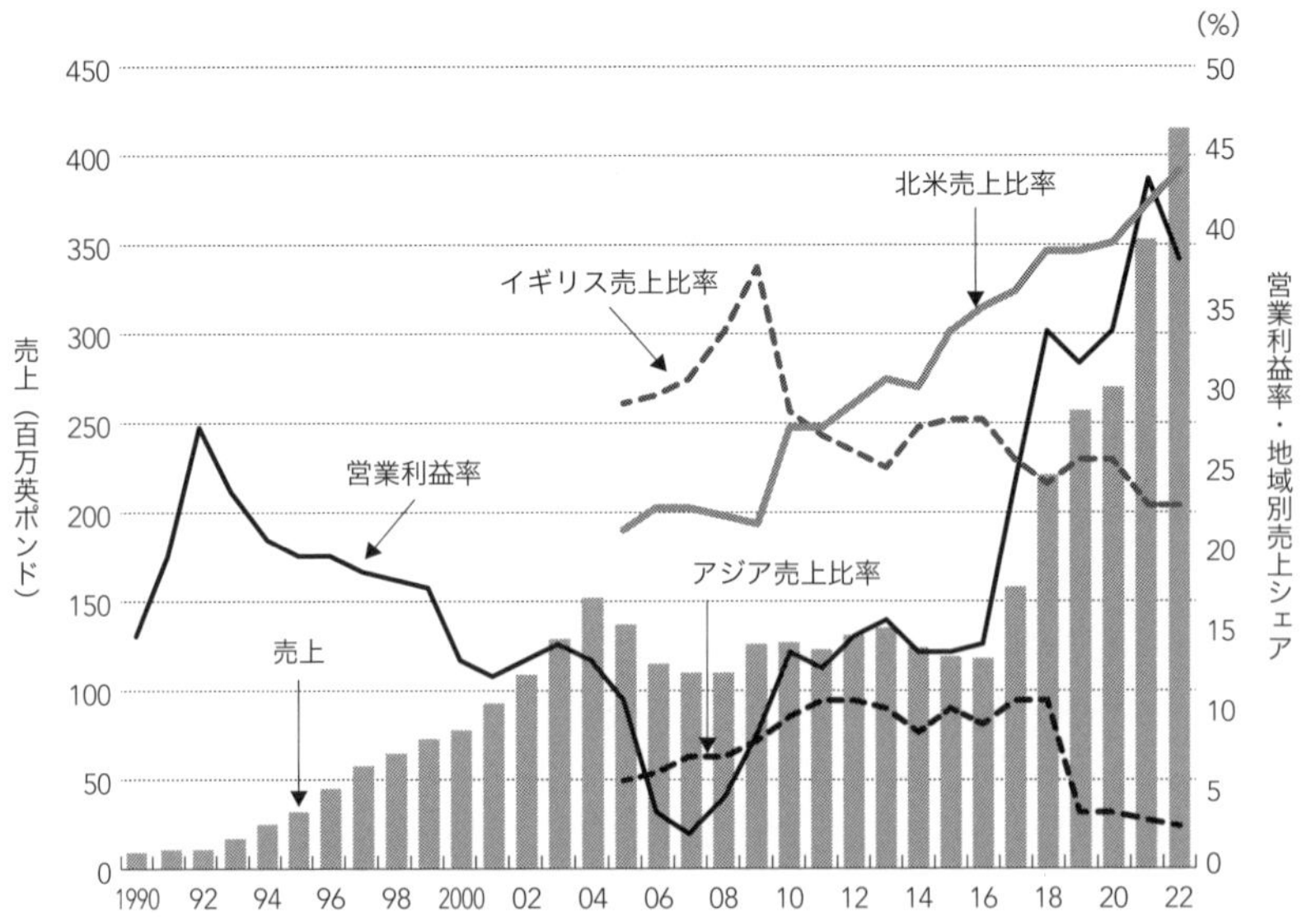

出所）IR資料より著者作成

な社交活動となった。ウォーハンマーは「ファンタジーファン」を再び熱狂させているのだ。まるで1970年代に戻ったかのように。

前章で述べたように、ボードゲーム業界は様々な新規参入により再活性市場になっている。クラウドファンディングの勃興もそれを支援している。人が物理的に出会って、コミュニケーションをとりながら行うゲームは、デジタルゲームの普及・攻勢の中で低迷していたが、コロナという異常事態が人々にその価値を再発見させた。

リアルビジネスの評価は、2000～10年代のネット普及時代が「底」だった。例えば百貨店や商店街はアクセシビリティの良さだけでビジネスを行ってきて、その中身には集客力が乏しかったということがEC時代に証明されてしまった。棚に商品を並べるだけだった商売はどんどんと存在感をなくしていった。もはや「目的商品の購入」においてアマゾンに敵う商店は1つもないだろう。

それでも日本で年間200兆円ある小売売上のうちECは20兆円、つまり1割を代替したに過ぎない。米国も500兆円ほど小売売上のうちECは1割強。中国は小売チャネルが未発達だったために世界最先端のEC大国になったが、それでも600兆円ほどの小売売上のうちECは200兆円弱と3割ほど。いずれの国においてもECは「物理的な小売空間を代替する」には届いていない。もはやネットのほうが安く、買いやすく、「すぐに手に入らない問題」も数時間デリバリーの実現で解消されているにもかかわらず、である。全世界で3000兆円にもなる小売売上がデジタルに代替されるのは1～2割が限界といった見通しである。

なぜだろうか。それは我々がメタバースでの音楽ライブやユーチューブでの動画配信では

「満たされていない何か」があることを体感しているのと同じである。「摩擦と干渉」も含めて、何らかの手触りがいかに人間にとって大事かということをネット空間は逆に教えてくれている。干渉のないシームレスな世界は、人々の熱狂を保存することができないのだ。

4-4 アーカイブ型の限界

21世紀型ヌーディストビーチ

「リアルに戻せ」という反動は、歴史を紐解くと何度も起こってきた。工業化が始まった時代においては、都市こそが現在のデジタル空間のような新しい世界であり、農村が古いリアル世界だった。都市に人々が集住し、生活環境が悪化すると「農村に還れ」という運動がたびたび起こる。

例えば19世紀末～20世紀初頭のドイツではＦＫＫ（裸体主義）が一世を風靡した。工業環境で1日16時間働く人々は、都市生活への反動として「人間は母なる自然に帰依しなければ」と次々に裸体になって日光を浴びるようになる。ヌーディストビーチが生まれたのもまさにこの時代で、人々は裸でハイキングやスポーツをするようになった。この習慣は今もドイツに残っており、人口８０００万人のうち７００万人が定期的に裸で日光浴をする。

人間は「人間らしくあらねば」と希求する。２０００年代のネットの浸透と２０１０年代のスマホによるその加速は、「21世紀の裸体主義」ともいえるかのようにリアルビジネスへの希求も加速させる結果となった。

外を求めて飛び出せば飛び出すほど、自分の身体という唯一無二の存在をありありと認識する。もし仮にメタバースが全盛期になり、あらゆる人が24時間ＶＲゴーグルをつけて生活することが当たり前になったとしたら、むしろＶＲゴーグルを外し、直接肉体をもって交流ができる人間こそが「貴族」となるだろう。

２０２３年現在、数十億円という資産を持つ経営者・投資家たちがどんな生活をしているかを見ると「スマホを持たずに葉山の別荘で週末は暮らし、週に幾日か必要なときだけ都心のマンションを住まいにして働く。超健康志向で、スポーツを楽しみ、食事に気を遣い、豪勢な会食はなるべく避けて、仕事は夕方で切り上げ家族との時間を何よりも大事にする」。20世紀の新興富豪たちとはうってかわった生活をしていて、スマホにとらわれることなく、六本木の喧噪を避け、それでもいつでも自然な環境から都会に戻ってくることができる。

彼らと対比してみると、いかに現代人がキリキリ舞いに「場所」「スケジュール」「通信」に振り回され、自分の自由な空間がないかということを痛感する。

「デジタル移住」の大工事

人が活動する場所を移し替える移住は、壮大なコストを支払って行われる。移住先には安全・安心なハードなインフラが担保されていることが必要であり、さらには人間関係やネットワークといったソフトなインフラも不可欠だ。

江戸期から明治初期、女性たちは水汲み場に集うことによって情報を仕入れ、コミュニティをつくっていた。だが明治期に入り、水道が整備され、家庭ごとに水とガスが通るようになり、主婦が水汲みの労働や衛生問題から解放されると、家庭ごとに閉じ込もってコミュニティの風通しが悪くなってしまった。明治期の日本は、進歩の反作用として社会が隔絶していった。

これは「公共」を生み出す社会資本のインフラなしに、利便性だけを求めた都市化が生んだ不幸でもあった。応急処置の感はあったが、１９７０～90年代に大都市は公園をつくり、図書館をつくり、公民館をつくり、人々が集えるコミュニティインフラを整備していった。村社会において何代も続いてきた祭りや自治体組織が、いかにそのコミュニティに貢献していたのかを再認識させられたのが昭和という時代だった。

つまり時間軸で考えると、１８７０～１９２０年代の半世紀で急激に進めた欧化政策のツケを回収するために、１９３０～70年代に「公共」が作り直されるような大工事を我々は経験しているのだ。平成～令和の時代にあって、デジタル化の副作用で起きるコミュニケーション不足、コミュニティ不足は、始まったばかりの「現代版の都市移住問題」とも言える。

人は場所を用意されたら友達になるというわけではない。コミュニティが生まれるには、コミュニティ化するための発展的進化のプロセスが必要である。その段階を踏まずして、無機的なデジタル空間がコミュニティ化することはない。

２０２２年に突然打ち上げられた様々なメタバース構想は、まさに〝砂上の楼閣〟であり、あっという間に人気のないディストピアに変わってしまった。ＮＴＴドコモは子会社コノキューでメタバースに６００億円を投資することを２０２２年に発表し、メタ（フェイスブック）はその１００倍をメタバースに費やしてきたが、それをもってしてもメタバース空間が現実に代替をする商業空間になっている節はない。突然巨大な建物を建てたところで、一朝一夕でコミュニティは生まれない。これからも様々な「デジタル移住」を繰り返す中で生まれてくる矛盾は、はるか先の未来に、新たな公共性を獲得するための大工事を要求することだろう。

スポティファイやネットフリックスもリアルなライブを展開

ネットの興りとともに予想されたのは「ライブの消失」であった。だが現実にはライブの存在感は高まってきた。ニコニコ動画の生みの親である川上量生はこう語っている。

「当時はユーチューブがあったので、次は『生放送』が来ると思ったんですよね。今のインターネットは〝同時性〟がすごく重要ですけど、10年以上前は、同時性が必要ない所がインターネットの強みだといわれていたんですよね。つまり、いつでも書き込めて、リアルタイムでなくてもいいっていうのが売りだったんです。だから、僕らがやろうとしたのは、『リアルタイム性のある生放送』、さらにそれにアバターをくっつけたものが、きっと未来の放送だろうと思って作ろうとした……それで着地したのがニコ動なんです」[20]

ニコ動はＰＣからモバイルへの遷移をスムーズに進められなかったことで、２０１４年をピークに登録者数をずっと減らし続けてきた。だがニコ動が目指したものは今のネット社会に人々が求めているものを先取りしていたといえる。

ネットはまるで世界で起こっている事象や情報すべてを取り込むコピー機であるかのように、リアルで生まれたテキスト、音楽、動画をせっせとデジタルに移し替える。いつでも誰でも好きな時にアクセスできる世界ができると、知や情報は民主化され、皆が都会に住む必要がなく

20 NHK『平成ネット史（仮）』取材班『平成ネット史　永遠のベータ版』幻冬舎、2021

なり、自然に囲まれた地方へと居住するようになるだろうとも言われた。

メールを使えば時差がある海外に住む人とも常にやりとりができるので、ライブ（同じ時間・空間）にとらわれる必要はなくなるとも言われた。１９９０年代半ばのネット黎明期、ビル・ゲイツにメールを送った人が返信をもらい、「メールがあれば誰とだってつながれるんだ」と、興奮交じりに感動を語っていた。我々はフェイスブックを使い始めて誰彼かまわず友達申請を送ったり、クラブハウスで海外の有名インフルエンサーの部屋で一言声をかけられりして、ネットでの新しいつながりに没入していった。

では21世紀に入ってどうなったか。東京一極集中はむしろさらに進んだ。ネットが代替したものはいまだ限定的であり、我々の生活自体が20世紀から激変したわけではない。

「空間」と「時間」が同期していない相手とは、いかに通信が早く安く正確だったとしても、最終的には体験を共有することはできない。イマソコにいることで、手触り感のある時空で生まれる絆は、摩擦のないネット空間でいつでもミュートされ、顔も経歴も明かされない関係の中では築かれないのだ。そのことに気づくのに、我々は数十年も費やしてしまった。

モノからコトになり、体験が重要だ、コミュニティが重要だということは誰しもが分かる。実際に手触りのないデジタルでのコミュニケーション体験は、「市場」としてはそれほどのサイズにならなかった。

この3年で最もユーチューブ内でのエンゲージを上げたと言われるVチューバー市場の５２０億円も、その中身を見ると投げ銭だけでは数十億円にもならない。広告収入も１３５億円といったサイズだ[21]。Vチューバー市場の大半を占めているのは、リアルイベントへの参加チ

21 矢野経済研究所『2023年 VTuber市場の徹底研究 ～市場調査編～』

ケットとコレクション性のある関連グッズの購入である。

　コロナ禍で大ダメージを受けた約６０００億円のリアルなライブエンタメ市場は、オンラインライブ配信に強い望みをかけたが、２０２２年に４６６億円と全体の10分の１にも満たない。リアルが復活した現在、これ以上は大きくならないことも確定してしまった。結局ユーザーが対価を払うべきと手応えを感じるものは、手触り感のあるリアルなサービスなのである。

　図表42はエンタメを「種類×ライブ性」でマッピングしたものだ。「右下」は通信量とコミュニケーション量が急激に大規模化したが、ビジネスモデルの点でいまだユーザーの評価を得てはいない。彼らが安心してお金を使うのは「左上」の領域なのだ。

　動画配信や音楽配信のサブスクリプションモデルは、その浸透に長い時間をかけてきた。２００６年生まれのスポティファイの売上が10億ユーロを超えたのが２０１４年、１００億ユーロを超えたのが２０２１年、まともに黒字が出るようになったのも２０２１年である。15年間、スポティファイは赤字を垂れ流し続けた。１９９７年生まれのネットフリックスは、10億ドル突破が２００７年、１００億ドル突破は２０１７年、10億ドル規模の利益が出るようになってきたのは２０１８年である。こうした動画・音楽のサブスクサービスは、10年近い我慢比べと15年以上かけた黒字化の末に、ようやく今日がある。

　近年、こうしたいつでも便利に視聴してもらう乾物屋のようなアーカイブ型のデジタル店舗は、場としての空気感やコミュニティを作って、〝立体的に〟売ることを試みるようになってきている。過去の映像・音楽にアクセスするための月１０００円程度を支払っていた１０００万人単位のユーザーに「熱」を届けるため、スポティファイもスポティファイライブへと足を広げ、Ｕ-Ｎｅｘｔはライブ興行舞台の配信を始めている。

２００６年開始のユーチューブがライブのストリーミング機能を入れたのは２０１１年、そこに投げ銭としてダイレクトにお金（を換金したポイント・ギフト）を送れるようにしたスーパーチャットの開始が２０１７年。この期間にデジタル店舗はどんどんインタラクティブになり、共有体験型にライブ化している。

これはもともと生放送から始まったテレビが、１９６０～70年代に収録型映像にシフトしたものの、１９８０～90年代になるとスタジオを離れて街中でアポなし収録をするようになった時代にも近いかもしれない。今この時間にしか体験できないという〝不便さ〟を、なぜか人々は好き好んで味わいにいく。

アーカイブでエンタメを楽しんでも、翌日誰とも共有できないもどかしさがある。アーカイブ消費は便利だが非常に静的なシロモノなのだ。だからむしろX（ツイッター）で顔も知らない趣味友と時間をそろえて一緒に視聴し、直後に感想を伝え合うチャットをするような、不便でも動的で共有できるライブ消費を志向する。

その先にあるのが「モノ」化である。ネットフリックスもリアルな映画館を買収している。１９２２年設立の老舗の映画館エジプシャンシアターを購入し、３年もかけて改修を行い、ネットフリックスオリジナル映像をプレミアム上映するための場所にした。

視聴を独占していても、デジタル領域はビジネスを恒常的に進めていくマネタイズモデルとしてはいかにも心もとない。リアルな世界と手を組まなければ、大きな資本を呼び込み続けることはできない。

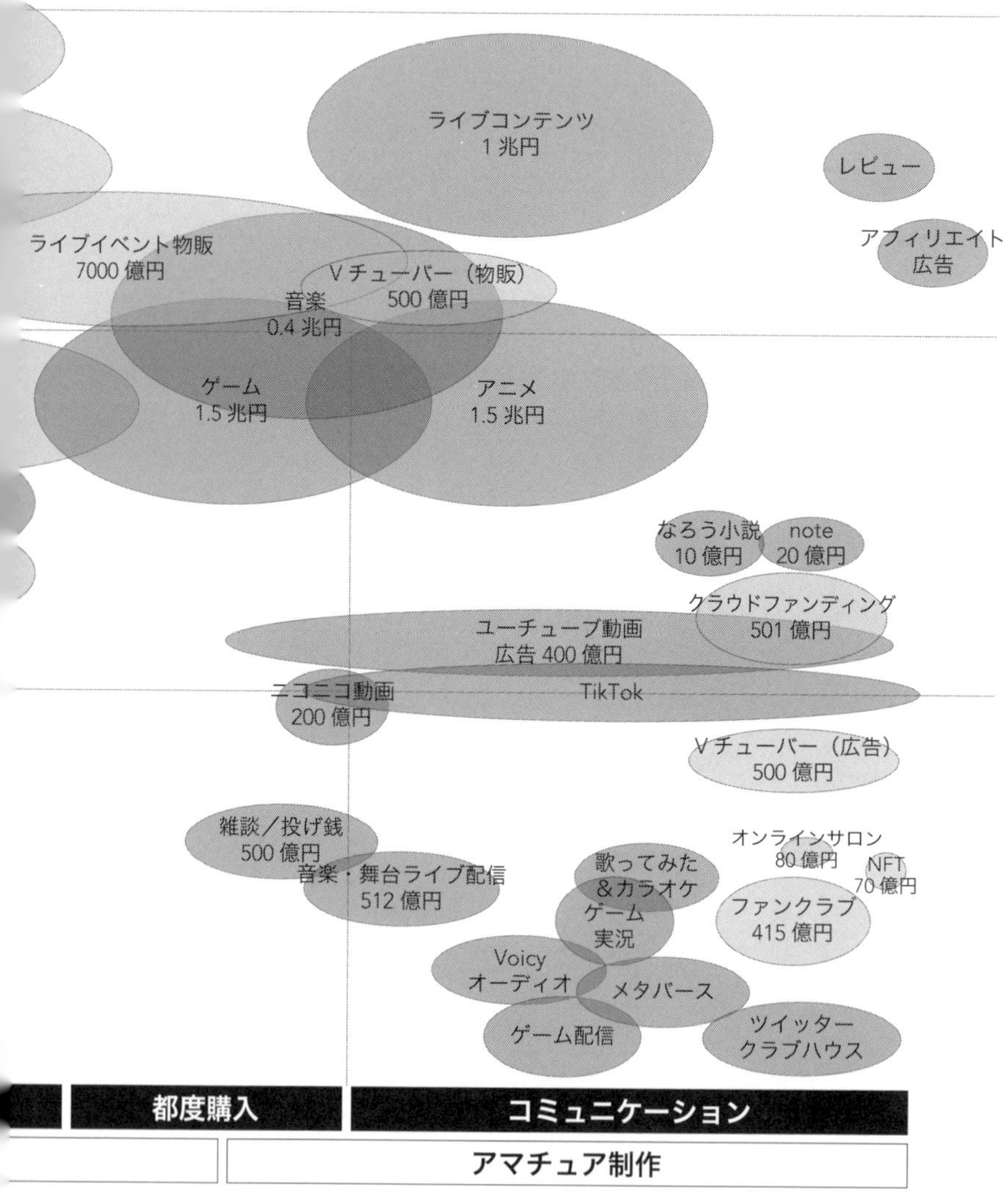
ライブコンテンツ
1兆円
レビュー
アフィリエイト
広告
ライブイベント物販
7000億円
Vチューバー（物販）
500億円
音楽
0.4兆円
ゲーム
1.5兆円
アニメ
1.5兆円
なろう小説
10億円
note
20億円
クラウドファンディング
501億円
ユーチューブ動画
広告400億円
ニコニコ動画
200億円
TikTok
Vチューバー（広告）
500億円
雑談／投げ銭
500億円
音楽・舞台ライブ配信
512億円
歌ってみた
&カラオケ
ゲーム
実況
オンラインサロン
80億円
NFT
70億円
ファンクラブ
415億円
Voicy
オーディオ
メタバース
ゲーム配信
ツイッター
クラブハウス
都度購入
コミュニケーション
アマチュア制作

図表42　エンタメの「種類×ライブ性」のマップ

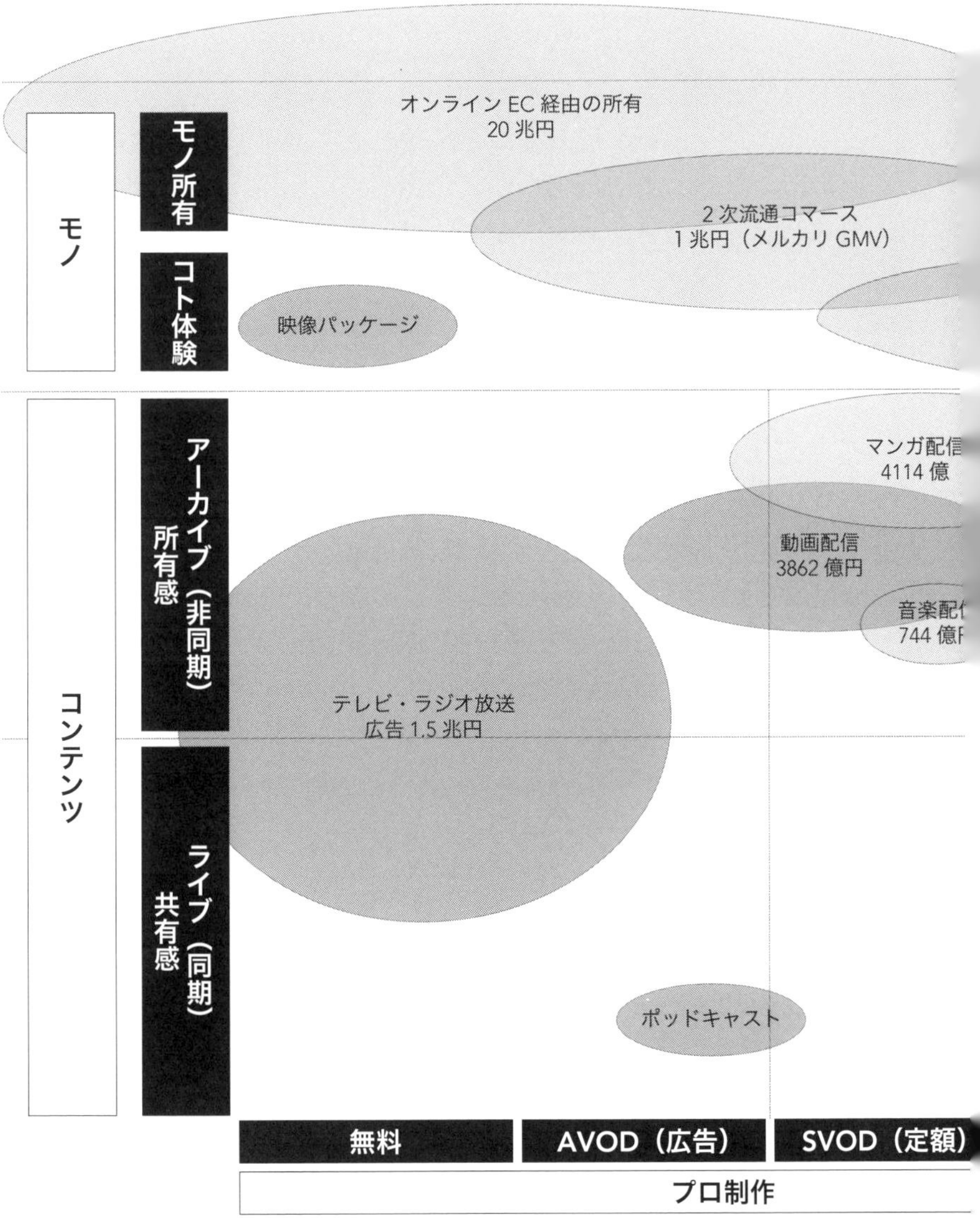

〝消えモノ〟だからこその面白さ

ライブ対アーカイブも、デジタル対リアルも、どちらが優位かという話ではなく、これまでもこれからも相互補完の関係であり続ける。アーカイブが尊重される世界では、テレビのような〝消えモノ〟コンテンツが見下げられ、映画のような〝残るモノ〟が尊重されていた。しかし今やデジタルが〝即興性〟を好んで使い、あえてライブで提供することに集中するようになっている。

ラジコの登場によりアーカイブで聞かれるようになってしまったラジオは、以前のような秘めやかさとコミュニティの密度を失った。深夜1時に起きている人しか聞いていないからこそ、ゲストもココだけトークを賑やかした。セレンディピティを好むZ世代は、ユーチューブよりも、ＴｉｋＴｏｋよりも、ラジオを好む。「意外と面白いんですよね、今ここでしか聞けない話って」と、アーカイブのないオープンスペースやセミナーに足を運ぶ人も後を絶たない。消えモノだからこそ、むしろ面白いモノが見られるのだ、ということを演劇舞台やブロードウェイ、ラジオの愛好者はよく知っている。

エンタメ世代分析の視点④

テレビが「王座」から陥落した理由

「動画を家庭に配信する独占的な流通経路」としてメディアの王様に

もともとエンタメビジネスの世界には「プロが創る」と「プロが流す」以外の選択肢はなかった。流したあとは、ユーザーが黙ってそれを受け取ってくれていた。沈黙する「マス」に対し、浴びせかけるようにコンテンツを提供し続けていく源泉は、クリエイターかタレント、アスリートである。

彼らと手を組んだ象徴たるマスメディア企業がテレビ局である。日本には電波法で認可された１２７社の民間テレビ局が存在するが、テレビ黎明期の１９５０年代から70年間もの間、その1社たりとも廃業・撤退した事例がない。新規参入もわずかだ。こういった市場環境は他の産業でも、他の国でも見ることはない。

ニュースや教養番組といった、国家形成に必要不可欠なものを流すハコとしてのテレビ局は、資本主義や市場経済のロジックの外に置かれるべき存在だった。ＮＨＫだけでなく民放テレビ局も同じであり、全国の民放テレビ局は、１９７０年代に在京キー5局の系列の中にまとめ上げられていく。資本上のつながりがなく、東京キー局が親会社というわけではない地方局も含めて、系列ネットワークに組み込まれた。天災の多い日本では報道性が尊重され、局ごとのクリエイティビティと無関係にマスメディアの存在が重宝され続けてきた。

こうして出来上がった日本のテレビは、メディアの王様として旧世代の視聴を集める圧倒的な存在であった。バブル経済が崩壊して広告収入が減り始めた１９９０年代〜２０００年代はテレビ凋落の時代とも言われていたが、雑誌も新聞も広告収入がガタ落ちしていく中で、テレビ広告だけは「お茶の間の視線独占」を武器にほぼ安定が続いていた。

大多数を占める「受動的」な視聴者を奪われ始めた

マスメディアにおける〝最後の砦〟であるテレビ局に王座陥落の兆しが見え始めるのはユーチューブやニコ動など動画サービスが登場し、リーマンショックでさらに広告収入が減少した２０００年代後半になってからのことである。ユーチューブにテレビ映像が流されるようになった時、映画・テレビ業界のアレルギー反応は強烈なものがあった。

図表43　日本のマスメディアの市場規模

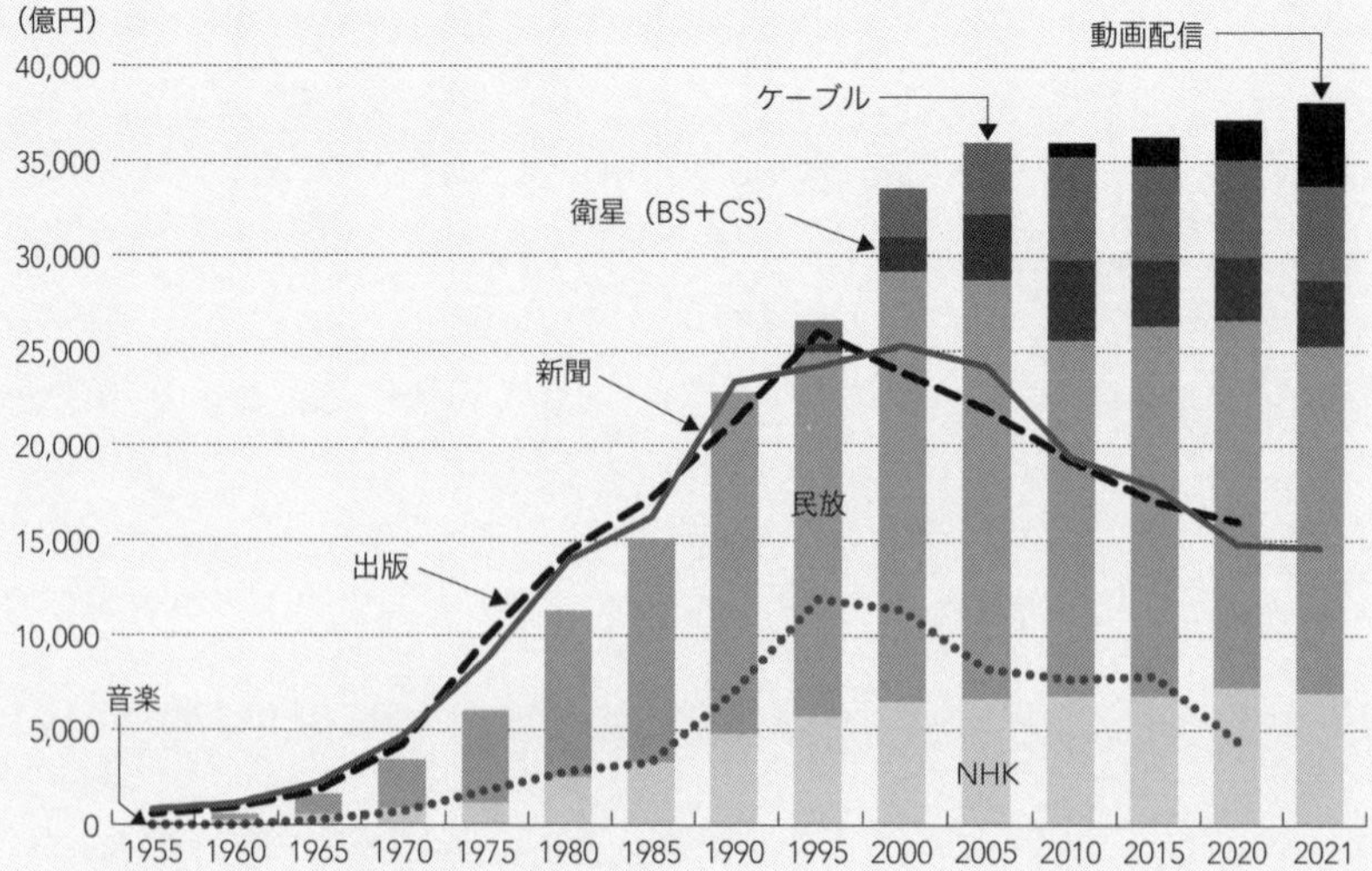

それまでテレビは「動画を家庭に配信する独占的な流通経路」であり、だからこそ皆がテレビの前に集まり、メディアの王様的ポジションを守ってきた。そこに〝破れ〟を作ったのがネットである。スマホでいつでも映像コンテンツを楽しめるようになり、テレビはもはや映像鑑賞の「一等地」ではなくなった。

ただし、テレビ各局が本当に焦り始めたのは、動画サービスが膨大なユーザーベースを使ってＡＩとアルゴリズムによって最適化機能を備え始める２０１６年ごろになってからの話だ。皆が種々雑多なコンテンツをネットに上げて、検索を通じて能動的にアクセスしていた時代は、ネットはまだテレビの脅威になりえなかった。そうした能動的な嗜好性の高いユーザーは限られているからだ。

テレビの王座陥落の瞬間は、ただ漫然と流れてくる映像をひたすら視聴する「受動」型のマスユーザーがテレビからネットに流れ込むタイミングだった。

ネットフリックスやＴｉｋＴｏｋも、ネットを「能動」から「受動」に変えた革命だった。それ以前のポータルや検索の時代には安泰だったテレビだが、ユーザーの興味に応じたレコメンドコンテンツの時代になって、はじめてテレビはネットの恐ろしさを実感する。

スポティファイでは、過去2年間の視聴者のうち積極視聴者（Active Audience）は７％に過ぎず、過去積極層（Previously Active Audience）が40%、レコメンド視聴（Programmed Audience）が53%だという。つまり視聴者の半分は、アルゴリズムによるレコメンドに従って受動的に視聴するユーザーなのだ。[22]

ネットが果たした役割は、限られたリソース（作品）の「流通を握る事業者＝テレビ」から、

22 “Introducing New Audience Segmentation on Spotify for Artists” https://artists.spotify.com/blog/introducing-new-audience-segmentation-on-spotify-for-artists

豊富なリソースへの「需要をコントロールする事業者」としてのアグリゲーター側に価値を移転したことだ。すなわち、ＩＰを保有するメーカーでもなく、それを流通として販路をおさえるディストリビューターでもなく、人が何を聞きたいかという需要変化をトラッキングしているアグリゲーターが覇権を握ることになる。

こうした時代においてテレビ局はどんな価値を残すのか。映像を流す機能を独占していた黄金時代のテレビは、もちろんその独占性のみによって最強になっていったわけではない。面白いコンテンツの創出力という点でも、かつてはテレビが王様であった。テレビ局が独占的だった流通機能の勝利とともに、映画や海外映像よりも面白いものを作るという制作機能は強化された。それは１９８０年代のフジテレビ、１９９０年代の日本テレビをみれば分かることだ。

１９５０～60年代のテレビの番組制作は非常に貧しいものであり、映画を引っ張ってくるにも費用的に相手にされず、米国のテレビ映像を廉価で購入して流すことが主だった。だが１９８０年以降は、日本のテレビ番組（東京キー局）のうち海外から輸入されたものは5％、つまり9割以上は日本国産の番組だった。米国を除けばどんな国も2～3割は海外の番組に頼っている中で、日本だけがテレビ番組の自給自足をなしえたのである。[23]

テレビが黄金期に至るまでのコンテンツ創作力は、テレビ局同士の視聴率競争に突き動かされた制作現場で生まれた。しかし今、動画メディアの多様化が進み、クリエイターエコノミーが発展する中で、競争相手が他のテレビ局だけでない状況が生まれている。

もはやユーザーはネットフリックスかアマゾンプライムかということは気にしても、その中身のドラマを日テレが作っているのかＴＢＳが作っているのかということは気にしない。その

23 岩渕攻一『トランスナショナル・ジャパン』岩波書店、2016

中でも視聴者に必要とされるコンテンツを生み出していけるかどうか、まさにコンテンツ力こそが、〝土管〟としてのポジションが不安定になったテレビ局の未来を決めることは間違いない。

第5章 マスメディアとマジョリティの融解

5-1 マスメディアはいかにして生まれたか

書き言葉と時計が生んだ「統一的な世界」

終わりを知るには始まりを知る必要がある。なぜアーカイブ型で静的な情報を全国に伝播するマスメディアが、その役割を縮小させているのか。それを理解するためには、なぜマスメディアが生まれてきたのかという歴史を振り返ることが一番手っ取り早い。

時計の針はぐっと１００年ほどさかのぼる。ヒントは明治・大正時代の19世紀後半から20世紀前半だ。この時代が今の我々を形作り、同時にそれは現在まで続く我々のバイアス（偏見）にもなっている。

「国民」や「男／女」のように、属性によってカテゴリーを把握し、マスをとらえようとする思考法そのものが、この約1世紀の間に出来上がった我々のバイアスである。絶対不変の確立したものではなく、その時代の社会を秩序立てるために好都合なものだったにすぎない。恣意的に生まれた記号やカテゴリーは、何世代にもわたって継承されているうちに「世界」の絶対的な構成要素のようになり、次第に我々を呪いのように縛るものにもなる。

「世界」は何十年、何百年という単位でつくり変えられてきた。宗教組織に対立するかのように国民国家が生まれた17世紀、半分以上が死亡する家族構成員に過ぎなかった〝まだ労働できない人たち〟が「子供」として特別視され大事に育てられるようになった19世紀、自動車や飛行機が発明され地理的な距離が急激に圧縮された20世紀、我々の「世界」は常に破壊と刷新の結果として立ち現れてきた。

新しい世代が古い「世界」を壊す必然性を感じている流れに、古い世代が逆らうことはできない。次の主役が次のルールを決めるものであり、これまで幾度となく「世界」を壊してきた。残されたものにできるのは、抗ってしがみつくか、諦念とともに流されるか、だ。

まずマスメディアを形作ったものは何かという考察から始めたい。数えきれない因果関係の網の目の中で、あえて分かりやすいものを選び取るなら、それは「書き言葉」と「時間」になる。活版印刷が生まれると「書き言葉」が誕生し、時計が生まれると「時間」が誕生する。この２つの技術がマスメディアどころか、人類全体に重要な影響を与えてきたことは言うまでもないことだろう。

19世紀に入るまで、人類はバラバラに生きていた。話し言葉が中心の時代は方言のせいで意思疎通もままならない。エリートが文字でしか使わないラテン語が唯一の完成された言葉であり、各国が乱れ崩して使っていった〝俗語〟が英語やフランス語やドイツ語になる。それらが文字・文法で統合され、エリート以外が「正しい言語」を身に着け始めるのが19世紀という時代だった。

「時間」という普遍的なものであっても同様で、１８６０年代には米国１カ国だけでも70種類の時間帯があった。鉄道の登場によって米国全土を横断的に通す定期的なプログラムが必要になり、そこで１８８３年に全土を４つの時間に分け、それぞれの地域では「同じ時計」で生活することを決めた。英国のグリニッジ子午線をゼロとして全世界の時間の基準を統一したのは1911年になってからの話だ。「鉄道」「天気予報」「工場」など共通時間を求める声に従ってルールは広がり、それが人々を時間で縛り生活し労働させるものになっていく。[01]「統一言語」や「統一時間」が生まれて、まだ100年くらいの歴史しかないのである。

時間は資本主義とすこぶる相性が良く、それを回転させるエンジンとなった。「時間＝お金」という認識が生まれ、工場労働者たちは、余った時間を可能な限り時給ベースの労働に回すことで、それをお金に変えていった。

みなその平等性に夢想した。それまで土地を持った人間しか豊かになれなかったものが、才能と時間という個人的な資源によって、社会的階層を上げることができるのだから。できる限り生産に時間を回そうという効率性の追求は、「お金にならない遊びの時間」として余暇や趣味、生活のための家事といったものを「脇役」に仕立て上げていく。[02]「勤怠」という言葉が示すように、働いていない時間はすべて怠けている時間とみなされるようになる。より豊かになるために、自分の有限な時間を賃金へと転換する勤勉さが求められる厳しい時代に入った。

活版技術の発明とベストセラーの誕生

では書き言葉はどうかというと、よく引き合いに出されるのは1445年グーテンベルクの活版印刷技術だろう。ただ、印刷技術によって大量に書物をつくることができるようになっても、永らく大半の人々にとっては関係のない話だった。なぜなら、文字を読める人がごく少数

01 ロバート・レヴィーン（著）、忠平美幸（訳）『あなたはどれだけ待てますか―せっかち文化とのんびり文化の徹底比較』草思社、2002

02 社会学者の権田保之助は1921年発行の『民衆娯楽論』で、都市の三大娯楽として「映画興行」「劇場興行」「寄席興行」を挙げるとともに、「それは労働の生活とは縁のない種類の人間の時間や、生産の生活から離れた余暇の時間が、此の『街頭』にある間だけ、消費される過程なのである」と述べている。当時の社会においては生産と労働が第一義であり、娯楽は第二義的活動だった。

だったからだ。

活版印刷によって１５２０年にルターのドイツ語版新約聖書がベストセラーとなり、神父を介さずに自分たちで聖書を読むプロテスタントが生まれた。当時の印刷部数は３０００部にすぎなかったが、それでも宗教改革は生まれたのだ。数千人の知識人が読んで変わることで、世論自体が動かされるといったサイズの識字率人口しかいなかったのが16世紀である（出版市場が収縮した２０２３年現在も、学術書は３０００部売れれば〝ベストセラー〟と呼ばれる状態ではあるが）。

１８００年時点の識字率（15歳以上で読み書きできる割合）は全世界で10％。ほとんどの人が農民で読み書きをしない時代において、書物は「大衆」に求められるはずもなかった。

日本はもともと寺子屋教育がなされ、19世紀には先進国の中でも識字率がとびぬけて高かったが、それでも識字率が50％を超えてくるのは１８９０年代になってからの話だ（日本は１８８６年に無償の義務教育制度を導入しており、それは１８８１年のフランスに次ぎ、英国やドイツより先行している）。

世界全体の識字率が50％を超えるのは１９５０年代に入ってから。多くの人が読み書きを頭脳にインストールし、「マスコミ」と対置して「大衆」が生まれたのは、ちょうど１００年前の時代である。

図表44は日本における就学率と識字率の推移である。明治維新直後の識字率は男性40％、女性は15％に過ぎなかった。急激に伸びてくるのは、１８８６年に小学校教育が義務化したタイミングからだ。小学校就学率は明治初期で３割だったが、19世紀末には７割まで上昇し、富国

強兵・学制発布で１９１０年にはほぼ１００％まで引き上がる。

　読み書きを覚えた人々は、「文字」を求め始める。読者人口が急激に増えたこのタイミングが、まさに「マスメディア誕生」の時期であった。

　ミリオンセラーの時代は、徐々にではなく、〝一気に〟来た。１９２０年代に新聞・雑誌が相次いで創刊され、その発行部数は急増した。１９２４年には大阪毎日新聞と大阪朝日新聞の購読者が１００万を超える。１９２０年代には『週刊朝日』『サンデー毎日』、『文藝春秋』などの雑誌が刊行され、講談社の『キング』は日本初の１００万部雑誌となる。映画界では、１９２６年に初めて邦画が外国映画の本数を上回り、自分たちの映画業界を確立していく。

　日本におけるメディアの成長には、識字率の向上、農村から都市への人口流入といった点に加え、もう１つ大きな理由があった。１９２３年の関東大震災だ。37万の住居が被害に遭い、１９０万人が被災し10・5万人が死亡したと言われる。当時の東京の人口が３５０万人だったことを考えると、被害に遭っていない人のほうが少数という大災害

図表44　就学率と識字人口の推移

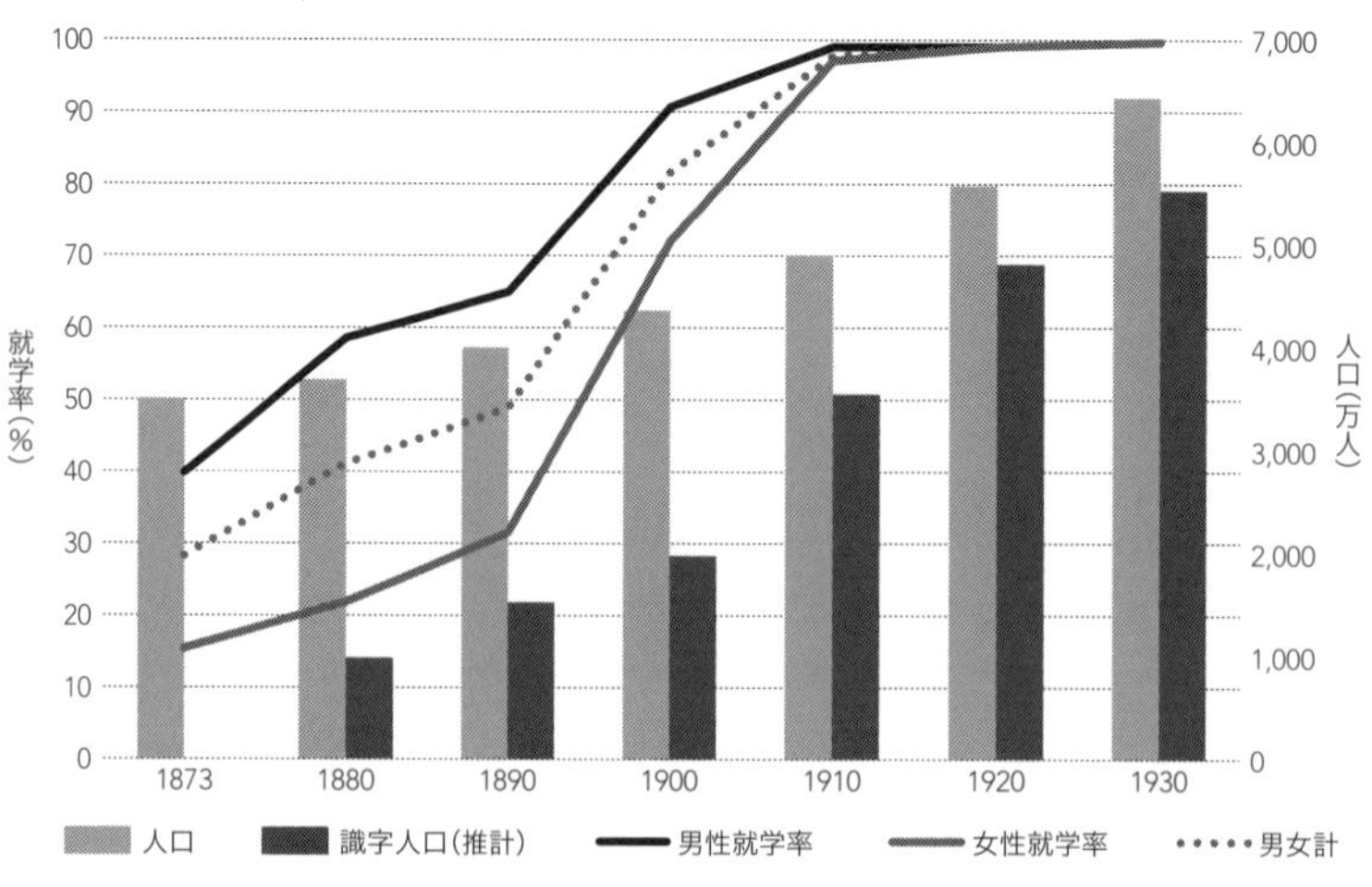

出所）日本統計協会「日本長期統計総覧」。識字人口は人口×10年前の就学率で簡易的に計算

だった。風評がもとになり朝鮮人の虐殺事件も起こった。甚大な被害を目のあたりにして、人々は「情報が必要だ」とマスコミの浸透を加速させた。

１９２５年にはＮＨＫによるラジオ放送も開始される（ラジオが１００万人聴取に達したのは１９３２年）。ラジオに続いて音楽界では、レコード会社として日本ポリドール、日本ビクターが１９２７年に設立され、日活映画『東京行進曲』の主題歌が25万枚を売り上げた。

ビジネスモデルもメディアの大衆化を加速させる。耐久性の強いラジオ受信機は買い替えが進まず、商売が広がらない。そうしたときにハードの販売ではなく、広告で収入を得るモデルが生まれ、リスナーを増やせば増やすほどラジオ局が儲かるという仕組みにシフトした。１億人を相手に商売をしようというインセンティブが生まれたのだ。

１９２０年代が日本にとってのルネサンスだった。マスメディア百花繚乱の時代は、コンテンツの百花繚乱時代でもある。「マスメディアを通じて国民が一斉に同じものを見る」という文化は、１００年前に誕生した現代的な現象だといえる。

１００年前のマスコミは、不安定で、権威もない、まさに浮世離れした職業だった。文藝春秋の中興の祖、池島信平は娘の相手探しに次のような条件を出した。大会社社員・大卒・家柄ではなく人物でなくてはならず、そして大事な最後の一点として「マスコミ関係者だけはダメだ」と言い放つ。「この世界は根が浅く、明日も知れないこと、才能が左右する世界…さりとて、才能はあっても花が開かない現実を身近にあまりに多くみているからだ[03]」。

当時のマスコミは「クリエイター」が創り上げたのだ。才能を発掘し、面白い事例や作品を紹介して、人々の「気分」を扇動する。このマスコミの特性は、黎明期において多くのクリエ

03 塩沢実信『文藝春秋編集長—菊池寛の心を生きた池島信平』展望社、2005

イターを生んだ。

そしてマスメディアはコンテンツを「流す」という機能を独占することで、クリエイターのメジャーデビューという憧れの場であり続けた。

5-2　マスメディアが生み出した一元的アイデンティティ

「共通の話題」によって共同体意識が生まれた

マスメディアは「日本」や「国民」といった共同体の意識を作り上げる。新聞で「1月1日、今日は東京都で○○の事件がありました」と語られる時に、1億人の国民は自分たちが同じ時間、同じ空間を共有する共同体であることを認識する。東京を訪れたこともない大半の国民にとって、その事件は自分に関係のない話だったとしても、「知るべき事実」としてフォーマット化されて耳に入る。それが周囲の人々の口にのぼり、「共通の話題になる」という事実をもって、共同体はマスコミの後付けで具現化していく。

例えば嫁姑問題というのははるか昔からあった話だろうが、それが「社会問題」となるのは大正時代になってからだ。メディアの発展と「社会問題」は表裏一体の関係ともいえる。誰にも関係する問題として人々が認識を一致させるには、その問題が形式知化される必要があり、それは全員が読んでいるメディアによって実現する。教育が進んで自我意識に目覚め、新聞の投稿と身の上相談の中で、ごくプライベートに隠されていた嫁姑問題や夫婦の不品行（大抵は夫の浮気や博打）はメディアの二大テーマになり、〝家庭のよくある悩み〟として共通基盤をつくり始める。そうした時にこの「社会問題」は、同じ悩みを持つ女性たちのあいだで井戸畑会議の共通話題になっていく。[04]

　我々の「個性」や「考え方」を統一させる意味では、ミリオンセラーの影響も大きかった。新聞小説もそこに加担した「国民創造」の一手段でもある。森鷗外の『舞姫』（１８９０）や樋口一葉の『たけくらべ』（１８９５）のころは小説が書籍の形で発表されたが、夏目漱石の『こころ』は１９１４年の新聞連載から始まっている。社会的事象を扱うはずの新聞が大衆文学の掲載を始めたことは、日常の生活空間で人がどう〝感じるべきなのか〟ということまでマスメディアの提供サービスの一環になったことを意味する。

　小説は「個人」や「感情」の教科書である。長い情景描写や心理描写は、テレビのような映像手段もなく、旅行が贅沢品だった当時、ほぼ〝外国〟だったはずの東京や大阪といった都市生活を全国の人々に届けた最初のメディアだった。現代の我々が『世界ふしぎ発見！』で海外生活への憧れを持ったように、明治・大正は小説やラジオを通して、まだ見ぬ大都会を夢想していった。

　ただ、国民全体がメチャクチャ賢くなっていった、という手放しの楽観論ができるような話でもない。円本といって１冊１円の書籍が１９２６年に登場し１００万部も売れたことがあった。当時の１円は現在の２０００円程度に相当し、あまり安くは感じられないかもしれないが、１９１０年代までは本１冊は現在の１万円程度で、大学教授など限られた知識人のためのものであった。そのくらい高付加価値だった「書き言葉」を、ディスカウンターとしての講談社や改造社が低価格化したことで、本や雑誌は急激に民主化していく。１９２６年に改造社が出し

04 総合女性史研究会『日本女性の歴史　性・愛・家族』角川書店、1992

た『現代日本文学全集』は事前の予約注文で25万部に達した。だがこれは「ブーム」で終わる。1930年代に入ると円本も1タイトルあたり5万〜6万部に落ち込んでしまう。

「1円かけて小難しい本を読む」が一時の流行で終わったのは、1980年代のニューアカデミズム[05]ブームにも通じる。新聞やテレビ、さらにはリブロ[06]などのキュレーションメディアの力によって、新興のアカデミック知識人たちがもてはやされ、『構造と力』などの難解な書籍が60万部も売れた。「持っているとカッコいい」というあのブームは一過性のもので、1990年代に入るとほとんど見ることはなくなった現象でもある。

2度の世界大戦との因果関係

「国家」の完成形をみる上で、20世紀前半の2度の世界大戦との因果関係は切っても切れない。国という共同体は「戦争」と不可分の存在だ。平和な国家という言葉が欺瞞に思えるほど、国民国家の誕生は戦争の勃発とともにある。

戦争は（ゲリラを除けば）、合法的な外交手段として国家にのみ与えられた権利である。幕末期のように薩摩藩（現在の鹿児島県）が英国に、長州藩（現在の山口県）が英仏蘭米4か国に戦争を仕掛ける、なんてことは現代では夢物語だろう。個人が仕掛ける私憤の抗争に、他国民が従わされるなんてこともありえない。国家だけが戦争権を発動し、そこに何の利害関係がなくても個人を動員する権利を持つ、唯一無二のリーガルな戦争主体なのだ。

日露戦争、第1次世界大戦と第2次世界大戦は、「国民意識」に強烈なインパクトを与えた。

05 ニューアカデミズム：1980年代に日本で起こった人文科学、社会科学の領域における、潮流のこと。浅田彰の『構造と力』、中沢新一の『チベットのモーツァルト』などがベストセラーとなる。

06 リブロ：セゾングループ創業者の堤清二が主導した書店チェーン。文化、芸術など人文系書籍の品ぞろえを充実させ、「ニューアカデミズムの聖地」とも呼ばれた。

太平洋戦争を経て朝日新聞は150万部から350万部になり、毎日新聞は250万部から350万部となり、国民メディアとしての位置を確立する。日本全国から集められた兵士たちは、戦火の中で「日本人の考え方」を伝播し合うようになる。それまでの明治・大正時代は方言がきつく、遠く離れた他県出身者とは言葉を交わして交流することすら難しかったのだ。

戦争が日本人を1つにした。そしてその体験をもとに、戦後復興の中で事業を興した起業家たちは、皆が一様に「日本全体で戦った記憶」を想起しながら、日本全体を1つの市場と捉え、さらには世界での勝利を目指した商売を猛烈に展開していく。誰にどう売っていけばいいのか、何を伝えていけばいいのか。戦争経験を経て、企業も行政もメディアも初めて一体となっていったのが20世紀前半という時代だったのだ。

戦争を経ずして日本人がこれほど強く「国」「社会」の意識を持つようになっていたとは想像しがたい。アフリカや中東など第2次大戦後も民族分断が続く地域は、旧宗主国によって恣意的に分断されて、まとまりを意識する間もなく、対立を煽られる結果となっている。国全体が一体化してGDP競争に邁進していた日本をしり目に、世界の半分以上の国は20世紀後半になっても、「国」というまとまりを創るために必死でもがいていた。その意味では、資本主義VS社会主義の冷戦の渦中にいた日本では、国民の団結と共通体験を占領国だった米国が促進し、それが政治的・経済的に幸いだったといえるのかもしれない。

「平均」「中間層」で国民を管理

だが、全体が〝統合〟されたとしても、1億人というサイズは一塊《ひとかたまり》にするにあまりに膨大である。そこで「平均」や「中間層」という概念が重宝されるようになる。国民統計なるものが生まれ、科学的な管理手法によって「国民」の代表的な姿を示そうとする。そして「平均」「中間層」を提示された国民に表れてきたのは「平均のちょい上」を目指す意識である。誰もが「自分たちの手の届く中の上の生活」を理想に掲げた。そして「中の上」を目指す人々は勤労に励み、消費は回転し、日本は経済大国へと昇り詰めていった。

GDPという指標の下、国家の歯車として1億人を動かすように動機づけていった技術は見事なものである。何十世紀にもまたがって世界中の為政者が苦労してきた国家運営の課題を日本は克服し、「奇跡」とさえ言われるほどの発展を遂げた。共同体意識を支えとする勤勉性は国だけでなく企業にも根付き、売上増、利益増に向かって人々は突き進んだ。

5-3

「平均」という名の暴力

昭和の人生すごろく幻想

「昭和の人生すごろく」という言葉があった。小中高大と学業を修め、就職して結婚。妻は専業主婦で車とマイホームを抱え、子供を育て、勤め上げた最初の会社からは潤沢な退職金をもらい、老夫婦２人でその後は年金暮らし。夫が先立ち、妻が追いかける。こうした〝平均的ライフスタイル〟に当てはまる人は、実のところそれほど「平均」ではない。

まず１９５０年代生まれで「結婚して、子供ができて、１人と添い遂げる」コンプリート率は8割だった。７％が未婚で、５％が子供なし、７％が離婚していたので、2割ほどが〝エラー〟となった人々である。このエラー比率は１９８０年代生まれになってくると、４割以上になる。

仕事面で言えば「最初の会社で定年まで勤め上げる」は、完全に昭和の幻想だったかもしれない。これは１９５０年代生まれであっても3割5分しか果たせていない。半分は途中で転職するし、非正規・無職も2割ほどいる。そもそも大企業に勤めないと、1社で定年まで勤め上げるような安泰な保証などありえず、地方の中小企業に勤めた社員は倒産やリストラなどで昔も今も転職率は高い。１９８０年代生まれになると、「1社で定年まで」の比率は2割5分、もはや4人に1人である（世界的にみればこれでも異常に高い数値だが）。非正規の比率もかなり上がっている。転職をしないことがリスクと言われるこれからの時代であれば、よほど条件の良い会社か、よほど盲目的な人でもない限り「1社で定年まで勤め上げる」ということは難しいだろう。[07]

そう、「昭和の人生すごろく」は3〜4人に1人しかゴールまでたどり着けないクソゲーであった。人々は平均ちょい上を目指して頑張っていたが、半分以上が「落伍者」となり、そのコンプレックスの中で悶々とした思いを抱え続けている。むしろそれが〝本当の平均値〟である。仮想された平均と比べ、自分はうまく会社に溶け込めないとか、結婚してうまくやることなどできないとか、思い煩いをするのは当然である。

〝万人の夢〟が平均的な人々に劣等感を抱かせる

我々は統計や事実によってではなく、ストーリーによって生きている。「昭和の主婦が、どうやって和食や伝統食をつくってきたか」を1週間、3食すべて写真に記録してもらったら、半分の主婦はウソをついていたという研究がある。[08] 日本の伝統的な和食に価値を見出し、それを家族のために毎朝つくっていると「主張している」専業主婦たちは、実は買い置きのパンにバター・ジャムを出したり、バナナで済ませてしまったり、「理想の朝食」を実現できている人は全体の半分もいなかったのだ。

我々は自分自身に、しょっちゅうウソをついている。「こうあるべきだと思い、実践してい

07 経産省若手プロジェクト『不安な個人、立ちすくむ国家』文藝春秋、2017

08 岩村暢子『変わる家族　変わる食卓』中央公論新社、2009

ると主張していること」は、高頻度で記憶が改ざんされており、実態としてはほとんど実行できていない、というのは往々にしてあることだろう。

自覚すべきは、こういった〝万人の夢〟が、平均的な人々のほとんどに劣等感を抱かせつつ、ブルドーザーのようにそれらを背後から追い立ててきたものだということだ。

平均値と中央値の混同も劣等感に寄与していく。ビル・ゲイツが居酒屋に１人くれば、どんな場末でもそこは「日本最高峰の平均客単価の飲み屋」になってしまう。日本人の平均貯蓄額は、２人以上世帯の場合で１２００万円と言われるが（全員の貯蓄額を人数で割るので、富豪の貯蓄額に引っ張られて高くなる）、中央値は３５０万円（全員の貯蓄額のランキングでちょうど真ん中の順位の数値なので富豪に引っ張られない）。平均値ばかりに目を奪われて比較の基準にすると「全体の８割が『下流階層』」になってしまう。

かくしてメディア情報に漬かり、毎日のように社会問題や国民平均の話で比べられ続ける国民は、多くが劣等感を抱いてしまう。これがマスメディアの悪いほうの効果である。

一挙手一投足に〝規範〟を示し続ける日本

行動を律することにかけては、世界広しといっても日本ほど成功している国はほとんど見当たらない。そもそも小学校にあがると、まずは「起立、礼、着席」がある。「先生、さようなら、みなさん、さようなら」を全員が一斉に唱和する挨拶も、集団の一体感を醸成するために必要な儀式だ。「手とり足とり」という言葉が象徴するように、集団の規律を一元的に守らせることに長けたこの国は、文字通り幼稚園から小学校に至るまで一挙手一投足に〝規範〟を示し続ける。

幼稚園で配られる「歯磨きカレンダー」は、毎日おかあさんといっしょに歯磨きができたかどうかを記録するもので、夏休みの宿題として提出を命じられる。1日すっかり遊んで寝入ってしまった初夏の1日、記録が漏れてしまったその1日だけハンコが押せず、「夏休み終わったら先生に怒られる！」と半狂乱になる娘。優しくとりなす母親が、「ないしょね」とスタンプを押してくれたときの安堵感。

行政や学校が「平均」を提供し、すり合わない現実は家庭問題として、小さなムラ社会での矯正を要求される。

奇妙な習慣は大人になっても続く。9時半の会社のチャイムまでに席についていないことを咎める上長はこう言う。「まあ、上がうるさいからな。明日は気をつけろよ」。「上」にいる社長などは誰が時間通りに来ているかなど気にもとめていないケースもある。しかし、「全体の和を乱してはならない」「自分のチームから〝落伍者〟を出してはならない」とする中間管理職が、仮想の「上」を創り出し、よき理解者としてあるべき規範を部下に示すのである。

ただ、同調圧力は強くとも、トップダウンでの動員力が強いわけではない。第1章で述べた『江戸とアバター』の事例でみるように、民衆は為政者と距離をおいて、器用にしなやかに生きてきた。領主が戦争しようとも、農民は農民の自治を守り、覇権が変わればコロリと鞍替えする。この鞍替えのタイミングが、外圧によってしか起こりえないということが日本の弱さでもある。

慶應高校の甲子園優勝に見る「人間が認識を変えるのに必要な時間」

異色が現れた時は変革のチャンスだ。２０２３年８月、慶應義塾高校が甲子園で１０７年ぶりに優勝したことが話題になった。偏差値70超のエリート高だが、２００５年春に約40年ぶりに甲子園出場を果たし、２０１８年の春夏と２０２３年春も出場し、２０２３年夏の大会でついに奇跡を起こした、というわけだ。

これが話題になった理由は「エリートなのにスポーツまでできるのか」という格差問題ではない。根性論ではなく科学によって結果を示し、高校野球の文化に大きな変革をもたらす可能性があるからだ。

慶應高校の野球部では、監督と選手の間にある強烈なヒエラルキーの格差は取り払われ、盗塁・けん制のサインも選手たちが決め、監督がサインを出さずとも自分たちの判断で試合の運営を行った。試合のスコアブックを集計し、ＫＰＩ分析をしたレポートを出してくる理知派の選手もいる。そうした風土が知られるようになると、高校進学時にスポーツ推薦で入学できる強豪校を選んでいるはずだった全国区の優秀選手が、慶應高校を選ぶようになっていた。

慶應優勝は「甲子園で勝つチームとは」の旧式モデル打破の象徴的な存在となった。旧式モデルの象徴の1つは「丸刈り」、もう1つは「日焼け」である。こまで高校野球児は丸刈りがフォーマットとして定着してきた。機能的にはあまりの長髪でなければ十分なはずだが、五分刈り、三分刈りまで短く刈り込む〝伝統〟は、機能の解釈を過度に追求し、精神論にまで到達するような宗教的なものになっていた。

かたや〝美白王子〟と呼ばれた慶應高校の丸田湊斗選手は異彩を放っていた。垂れた前髪は、それだけで丸刈り生徒しかいない球場で目立つ。その上、日焼けは肌へのダメージになり、疲労回復を阻害することを理解し、試合中も日焼け止めを欠かさず塗っていた。そんな光景はこれまでの甲子園にはなかったものだ。

日焼け止め商品は大正時代からあり、100年近く前から「日焼けが身体に悪い」ということは科学的にも語られてきた。だがそれを実践するのは、美容意識の高い女性に限られ、男は日焼け止めを持ち歩いているだけで「色気づきやがって」と言われるような始末だった。その最右翼でもある真っ黒に日焼けした「甲子園を目指す高校野球の男子高生」の中に、ようやく1世紀たって「日焼けは身体に悪いから日焼け止めを塗る」ということを実践した〝第1例〟が生まれたのだ。

「問題は髪形そのものより（無思慮に前例に従う）思考停止、旧態依然、上意下達の部分。高校野球はこういうものだという枠を誰かがつくり、枠の中でずっとやってきた。今年の優勝で、一石を投じることはできたかと思う…全国の野球部や部員の数は減っている。このままの形では続かない」と森林貴彦・慶應高野球部監督が語っているとおり[09]、認識を改めることができず、多様性を取り入れない企業、産業、文化は滅びる。これは歴史が示す必然である。

日焼け止めの話のように、科学的に正しさが証明されているのに実践に至っていない事例は現在においても事欠かない。

1700年ごろから化粧品が生まれ、1800年代に入った文化・文政期に江戸の女性の間

09 日本経済新聞「直言」（2023年11月12日）

で化粧が流行するようになる。だが当時の白粉には鉛が混入しており、鉛中毒で身体に様々な症状が出るようになっていた。しかし、それがなんとなく身体に悪いとは知りながら目先の「美しくなる」魅力にあらがえず、明治に入っても鉛白粉が使い続けられる。それを使うのをやめようという運動が起こるのは、１８８７年に歌舞伎役者の中村福助が慢性鉛中毒で倒れたことで注意喚起がなされてからで、ようやく鉛白粉は無鉛白粉に変えられていく（福助自身は「白粉を塗って病気になるなんてそんな理屈はない」と〝医学的診断〟を否定している）。

人の認識は事件をもってしか変えられない。時にそれは、１００年もかかる。

〝鉛中毒になる白粉を塗り続ける現場〟は、今もたくさん存在する。身体は悲鳴をあげ、医者も行政も皆が注意喚起しているのに、自分たちが育ってきた「これが成功する鉄則だ」という枠組みを変えることができない。

今まで１００年以上、甲子園で優勝したチームの選手は丸刈りで真っ黒に日焼けしていた。「長髪で色白のチームが勝てるわけない。だって、かつてそんなチームは存在しなかったのだから」。そんな〝トンデモ〟論法は、こうして文字にしてしまえば笑い飛ばせるが、私たちの回りにもいくらでも潜んでいるはずだ。

甲子園の上位互換であるプロ野球もまた「男らしさ」の非人道性を長く貫いてきた保守的なスポーツだった。米国メジャーリーグの監督経験者として日本のプロ野球監督第1号となったボビー・バレンタインが、ロッテの監督として最初にやった改革は「選手が髪を自由に伸ばしてもいいことにした」「選手が自由な時間を持ち、家族や友人と過ごせるようにした」「練習時間を減らして、休息をとれるようにした」[10]。プロ野球選手は、20～30代のいい大人である。そ

10 マッキンゼー・アンド・カンパニー編『日本の未来について話そう』小学館、2011

んなプロ野球選手ですら、１９９０年代半ばまで髪型の自由もなく、家族と過ごす時間もままならなかった。

野球の世界は１８９６年に第一高等学校が「血尿が出るまで練習せよ」をモットーにしていた時代から、ちょうど１００年を費やして、ようやく変化の兆しが生まれ、その後少しずつその伝統を緩和させていくことになる。

多様さは、人材循環のために必要不可欠なシンボルになるだろう。何かを捨てなければ何かを得られない、と二者択一を杓子定規に押し付け、不合理なルールを徹底するような組織は、早晩選ばれなくなるだろう。

これはコロナが一服した後に全員出勤命令を出す企業から、人材が少しずつこぼれている現状をみても思うことだ。皆、気づいてしまったのだ。週５日、毎朝８時に出勤しなくても会社は回る。むしろ「会社に行かない」という選択肢を与えることによって、実際にそれが行使されなかったとしても、如実にパフォーマンスが変わるということも。

5-4 マイノリティの存在を意識する時代

才能を順に並べる「縦の世界」では99%が敗者

『マイノリティデザイン』[11]を著した澤田智洋はコピーライターとして広告代理店で働いていたが、自分の子供が目の見えない障害をもって生まれたことをきっかけに、世界の見方をガラリと変えた。「世界ゆるスポーツ協会」を創ったのは、自分自身が運動音痴だった昔を思い出し、現在もなお6割もいる「ほとんど運動する機会のない〝平均的な〟人々」のためだった。

強さや大きさや多さを求める資本主義の世界で、才能を順に並べる「縦の世界」では99%が敗者だ。だが多様さを受容し、マイノリティに合わせていく「横の世界」は無限に広がっている。

「異性愛者の男性／女性」というフォーマットにハマらない人の割合は、40代以上では1割もいないが、10代では24%にも及ぶ。4人に1人は「からだの性」としての男性／女性がはっきりしていたとしても、「好きになる性」「ふるまう性」「こころの性」いずれかにおいて〝誤配〟が起こっている。[12]身体的には男性、好きになるのは女性、ただ女性的にファッションを身ぎれいに整え、脱毛も完璧にこなしたうえで女装することも楽しめる。そうした人々は、とても「マイノリティ」の一言で片づけられないほどの数になってきている。「男／女」という二

11 マイノリティデザイン：2021年にライツ社から刊行された。サブタイトルは「弱さを生かせる社会をつくろう」。

12『LGBT、性は多様に　職場で困っている人4割』日本経済新聞電子版、2023年10月2日 https://www.nikkei.com/article/DGXZQOCD191J40Z10C23A9000000/

元的な線引きは、今後１００年維持できるとは思えぬほどに、人々は多様なアイデンティティをさらけ出してふるまうようになっている。

はっきりいって国によるセクシャリティの管理は「余計なお世話」ともいえる。少子化問題に関連して、セクシャリティの多様性に慣れていない日本のリーダー層の不手際は枚挙にいとまがない。セックスはきわめて私的な行為にもかかわらず、世界中で政治による介入が許される不思議さがある。[13]

教育・就労・医療・福祉と同じように、家族計画は国家の重要な関心事だった。その最たる例が中国の１人っ子政策だろう。１９７９～２０１４年の徹底した「１子のみ」の管理によって、出生数は１９９０年代初めの年２０００万人に達していたころから、２０２３年には半分以下になってしまった。中国の総人口はすでに減少に転じ、高齢化が問題になっている。２０１６年以降になって「２人っ子政策」で出生数を増やす方針に転換をしたが、国民がついていかず、現在も出生率は下がり続けている。中国はあっという間に日本同様に少子高齢化に苦しむ国になってしまった。

国家の思い通りにならない人口調整に関して、同性愛は出生につながらない「敵」である。ドイツが世界で初めて同性愛を罰則の対象とする法制化をしたのが１８７１年（法律では男性同士と人間と動物の間のわいせつ行為のみ禁固刑とされている）。まさに国民国家が出来上がる過程で「納税する国民」「非常時の戦力」「民需を活性化する消費者」として総量を管理し、再生産を促す装置として、人口施策が実施されるようになっていく。同性愛は国富に至る道を阻害する〝非合法な行為〟であるとされたわけである。ドイツでその法律が「人権を侵害する

13 濱野ちひろ『聖なるズー』集英社、2019

もの」として撤廃されるのは１２０年以上もたった１９９４年になってからの話だ。

その後、同性婚の合法化が各国で進む。オランダ（２００１）、ベルギー（２００３）、スペイン・カナダ（２００５）、ブラジル（２０１３）、米国（２０１５）、オーストラリア（２０１７）、そしてドイツ（２０１７）も合法化する。今や台湾（２０１９）などアジアも含め、世界36カ国で合法化されている。だが、日本ではいまだ合法化されておらず、Ｇ７の中では唯一の同性婚非合法という状況にある。同性愛受容度もＯＥＣＤ36カ国中の25位に位置づけられる。[14]

20世紀の言葉に内包された重力

友人の米国人女性は、娘を他人に紹介するときに「She」を使っていたが、「Ｚ世代である娘から注意を受けた」という。娘は異性愛者であるが、自分〝たち〟を（からだの性をあえて意識させる）「She」や「He」で呼ぶな、と言うのだという。性的な含意を含んでしまった旧時代の言葉を使わず、最初からジェンダーニュートラルな言語で、例えば「They」と呼んでほしい、というのだ。

さすがは米国、マイノリティ配慮のポリコレ（ポリティカルコレクトネス）[15]がここまできているのかと驚くような事例だが（彼女自身は「私は母親だからいいの！あなたのからだの性も、ふるまう性も全部知っているわ」と「She」で呼び続けている）、日本においても同じ流れはある。講談師の神田伯山の妻は、子供が「息子」であるか「娘」であるかを開示しないという

14『OECDが加盟国の同性愛受容度を発表、日本は36ヵ国中25位』https://www.outjapan.co.jp/pride_japan/news/2019/4/6.html

15 ポリティカルコレクトネス：マイノリティや社会的弱者の立場に立ち、人種、信条、性別、体型などの違いによる偏見や差別を含まない中立的な表現や用語を使用すること。

話がラジオで語られていた。子供が生まれたという祝福すべき事実の下、なぜその性を顕示する必要があるのか、というわけである。

20世紀の言葉には様々な重力が内包されている。「ダサい」という言葉は「田舎」からきており、それを「だしゃ」と読んで「だしゃい」↓「ダサい」になったと言われる。そう、「ダサい」とは都市化する近代社会において、「田舎的であること」を総称して1970年代から使われてきた言葉なのである。これもまた「都市」という一元的アイデンティティ時代のゴールから逆算し、それ以外のアイデンティティを否定するようなところから生まれた、暴力的な言葉でもある。

差別的な言葉を使わないようにすることを「言葉狩り」と批判する人もいるが、自ら選択したものでもない古い歴史やイメージを背負った言語を「使用させられている新世代」からすると、それは単なる言葉遊びではなく、ポリティカルスタンスまでもが含め込まれた面倒なものになる。

我々は「ただ今まで通りに続けているだけ」で十分に他人を傷つけているし、無頓着に差別やいじめに加担している。「普通は」のサイクルの中にどっぷりつかっていると、そのことに気づかないのである。

我々世代が慣れ切ってしまった言葉やふるまいに、傷つき、殻にこもる人々がいる。セクシャリティ、家庭の経済環境、容姿、スポーツの得意不得意など、マイノリティはそこかしこに遍在する。今までのように漫然と「普通は」の思想で生きていると、そのマイノリティの存在に「配慮しない」という不寛容なスタンスをとっているように見られてしまうのである。

SNSが弱者に力を与えた

ハラスメントに多くの人が配慮するようになったことは、マイノリティなどの弱者にとって、ある意味の勝利であっただろう。

「なぜ面接で親の職業を聞いちゃいけないの?」「恋愛をしているかどうかは、営業ができるかどうかも判断できる重要な要素。なぜ彼女がいたかどうかを面接で聞くのはNGなの?」といった発言は、10年以上前にはよく出ていたが、最近はようやく大半がNGであることを理解するようになった。マイノリティの存在を意識している、というふるまいが、マジョリティの立場にある人間にとって最低限のマナーになってきた。

慶應義塾大学の学生(Z世代)がこんな話をしていた。テレビ番組でお笑い芸人フットボールアワーの後藤輝基が「彼女とか、いるの?」と相手に聞いた。え、それ聞いちゃうの?とちょっとハラハラする瞬間だったと言う。その後一呼吸おいて後藤が「しまった」という顔をして付け加える。「彼氏でもええけど」。急に場がほぐれ、それを視聴していた学生もホッとしたようで「なんだか優しい気持ちになった」と言う(その学生はマジョリティなセクシャリティの持ち主)。つまり「オプションを想定して聞いている」ということこそが重要で、マイノリティを排除してしまっている無自覚な態度そのものが「失礼」にあたるのだ。

なんとも面倒な世の中になったものだ、という人もいるだろう。『リトル・マーメイド』の実写版映画で、なぜアリエルが黒人でなくてはいけないのか。なぜカルバンクラインのモデルが肥満体でなくてはいけないのか。過度なポリコレぶりに、ジェンダーや人種の配慮だらけの米国をせせら笑う日本人も多いが、それは1クラス30人に外国人もセクシャルマイノリティもいない（と思われている）日本だからこそなせる業であり、もはや「白人」が6割以下となり、「ヒスパニック・ラテン系」が2割、「黒人・アフリカ系」が1割となって、あらゆるコミュニティで他人種との交わりがある米国とは状況が違う。

ハラスメントを受けた人たちが強者の支配に反撃する行動も広がっている。その象徴的な出来事は、近年のセクハラや性的暴行の告発である。米国では２０１７年にハーヴェイ・ワインスタインの告発から＃ＭｅＴｏｏ運動が始まったが、その後もフランス、イタリアでセクハラ・性的暴行の被害を告発する運動が広がり、アジアでも２０１８年に中国や韓国で広がっていった。

日本も同時期に伊藤詩織が民事訴訟を起こし、伊藤春香（はあちゅう）の告白なども展開されたが、他国のようにメディア全体を巻き込むような大きな動きになったとは言えない。「性被害」の文脈では２０２３年のジャニーズ性加害問題になって初めて、日本のマスメディアも真正面から捉えるようになった。

ただ、どの国においても、ハラスメントなど弱者が被害を受けた問題の発火点は、ＳＮＳなどのマイナーメディアを通しての被害者自身や関係者の告発である。そこから反響が広がり、マスメディアがそれを報じないことが悪目立ちするような状況になって、はじめて社会問題とされている。

２００３年に米国のイラク侵攻に反対したカントリーミュージックの女王ディクシー・チッ

クスは、コンサート中にブッシュ大統領を支持しないと発言したところ、激しい弾圧を浴びて、謝罪に追い込まれた。それから長い時間を経て、女性シンガーとしてファンの離反リスクも顧みず、政治的発言をし、なおアーティストとして命脈を保っているのがテイラー・スウィフトだ。泣き寝入りをしないと決めた彼女は、２０１５年にお尻を摑まれたセクハラに訴訟をもって対抗し、ドナルド・トランプ大統領選にも真っ向から反対意見を表明した。ディクシー・チックス時代との大きな違いは、インスタグラムで２・７億人、ツイッター（Ｘ）で０・９億人、ユーチューブで０・５億人と「直接つながった」パーソナルな〝マイナー〟メディアを持っていることだ。直接ファンとつながったパイプこそが、彼女自身を守る武器になっている。

１００年にわたって「社会問題」を編集し、大衆に届けてきたマスメディアが失権し始め、マイナーメディアでも「社会問題」化できるのだ、という意味でＳＮＳは革命的な道具であった。必ずしもＳＮＳの情報が信頼できるというわけではないが、少なくとも２０００年代に入ってからマスメディアへの信頼は大きく落ちており、それはネット社会の勃

図表45　米国におけるマスメディア信頼度

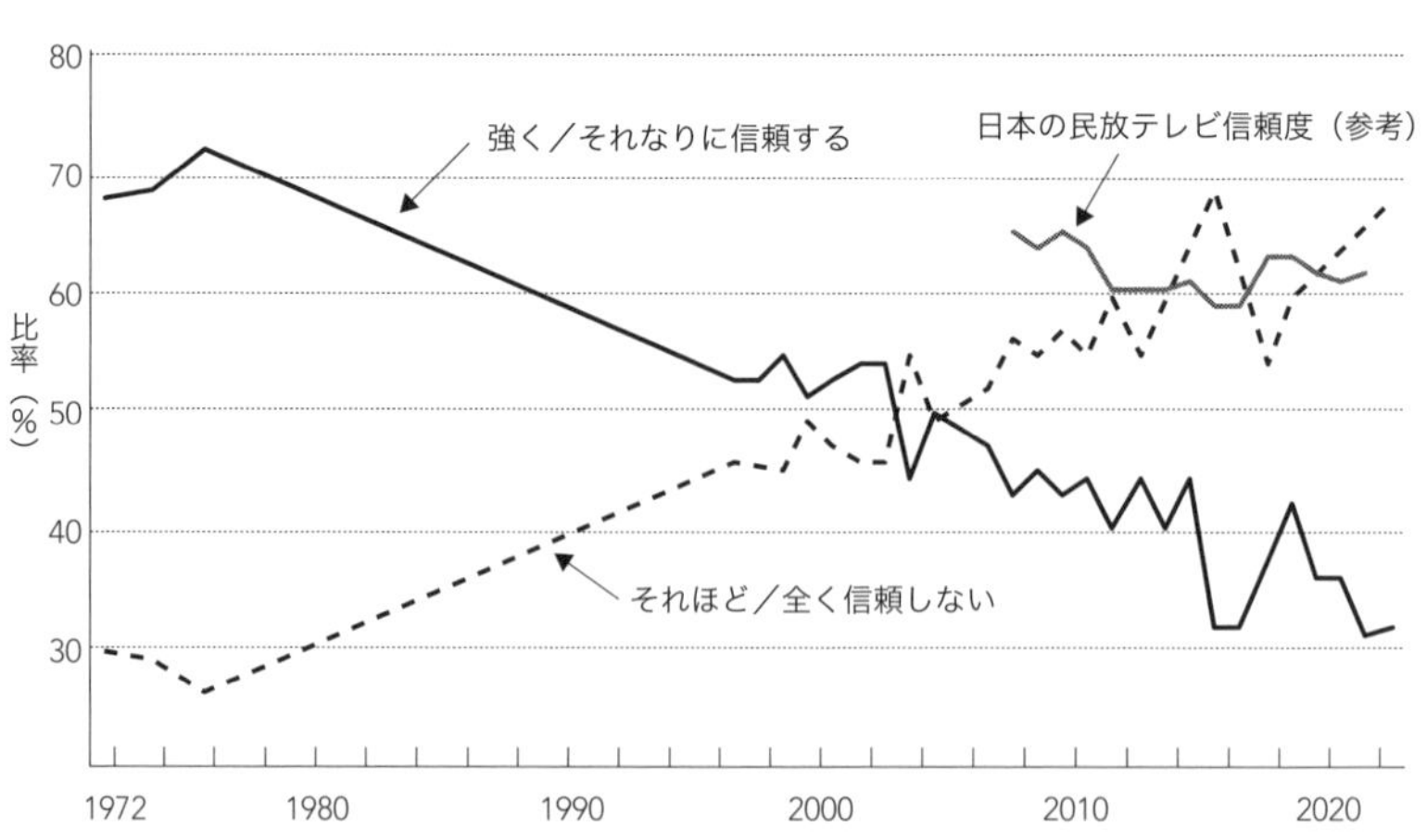

出所）GALLUP調査、新聞通信調査会「メディアに関する全国世論調査」から著者作成

興と軌を一にしている（日本は世界各国の中では例外的にマスメディアへの信頼が強く残っている）。ダイレクトに意見を発信し、多くの人々から回答を集めることができるメディアを個人が持った今、マスメディアが「報道しないこと」によってコントロールしてきた世論の胎動は、制御不能なものになりつつある。

もはやマイノリティの言論を封殺することは不可能に等しい。マジョリティもマイノリティも溶け合い、マスメディアもマイナーメディアも相互補完的に現実をとらえる両輪になってきている。マジョリティによる統制が世界的にも強い日本社会においても、誰もが「我々が持っている武器」に気づき、マイノリティに力を与えている。

5-5 悪役こそヒーロー

学校や国家に従順ならざる姿

ヴィラン（悪役）が流行している。「あの」と呼ばれるタレントが人気を博している。中学校は保健室登校[16]、高校も入学直後に中退し、それ以降は引きこもり。２０１３年にアイドルグループのメンバーとしてデビューしながら、ライブで客席にダイブしたり変顔もいとわぬ異色アイドルは、自ら完璧性を崩し、祭り上げられることを拒む。橋本環奈の写真と並べられ「天使と悪魔の最終決戦」などと揶揄されていたりもする。

彼女は自分を「ボク」と呼ぶ。昔から自分のセクシャリティに真正面から向き合いたくない「僕っ子」と言われる女性は存在していたが、「あの」もまたその1人である。彼女が吐露する言葉は、弱音や悲観論、権威の否定にあふれている。「明日死ぬなら今死ぬ」「全然話が通じないんですよ、世の中」。目上のタレントに対してものおじしないセリフが喝采を呼び、アンチヒロインとして多くの支持者を集めている。

彼女がエンディングテーマを歌うアニメ『チェンソーマン』の主人公デンジにも、共通した部分がある。正義を振りかざさず、性欲のままに女性とセックスをすることに命を賭け、道徳的に人命を最優先するでもなく、身近な猫は助けるが見ず知らずの中高年男性はそのまま悪魔

16 保健室登校：学校に登校するものの、教室でなく保健室で過ごすこと。

の餌食にされても一顧だにしない。モテない自分に悩み、自分がチェンソーマンであることを喧伝するも、誰にも信じてもらえない。そんなダメさが身近さを感じさせ、共感を生む。

「あの」と同世代の女性アイドル「戦慄かなの」もまたZ世代が生んだ特殊ヒーローといえる。幼少時からシングルマザー家庭で育ち、母親からのネグレクトや学校でのいじめにあい、中2で自殺を図る。JK（女子高生）ビジネスと窃盗ほう助により女子少年院に収監された前科1犯のアイドルである。名前にも異様さが際立っている。彼女は育児放棄・児童虐待に関するウェブサイトを立ち上げ、NPO設立のためのクラウドファンディングを行っている。入れ墨は入れていても、手塚治虫のキャラクター「ユニコ」のかわいらしいタトゥーである。育ちはグレーだったかもしれないが、やっていることは完全にホワイトだ。

　かつてヒーローやアイドルとは「模範」だった。いや、今も『鬼滅の刃』の竈戸炭二郎のように、親ももろ手をあげて賛同できるヒーローは健在だ。だが、明確にそれらから距離をとったヴィラン型のヒーロー・アイドルが出てくるようになっている。

　こうあるべきという入口からスタートしたヒーロー像などくそくらえ。むしろ自分自身の欲望や苦しみを肯定してくれる存在であってほしい。今、人々の最大公約数の欲望を形にしてくれるのは、お仕着せの向社会的な性格やステータスではなく、むしろ負の経歴をバネに自分の生き方の軸を明確に持っている「あの」や「かなの」のような存在ともいえる。

　よく見てみれば、ヴィランは服装や化粧など「コスプレ」の属性に過ぎない。彼女たちはパーソナリティも含め基本的に弱者の味方であり、倫理的な部分においては一切踏み外しをしていない。ヴィランに見えるビジュアルが、むしろ人の警戒心をそいでくれるという現代社会は、すでに歪んでいるというべきなのかもしれない。

マンガ『東京リベンジャーズ』[17]はヤンキーマンガとして描かれたが、服装・髪型・イレズミ含めて非常にキャラの立った男同士のカップリングの多様さ・想像力の幅出しの広さで女性ファンの人気を博した。もはやヤンキーが現在の高校生の間では絶滅危惧種となる中で、1970〜80年代に人気を博した「フーテンの寅」[18]のような「反体制の象徴」ともいえる存在になっている。

ヤンキーは「学校や国家に従順ならざる姿」をコスプレし、「自分は」を生きるヒーローたちの姿をありありと見せた。だが21世紀に入り、「国家・社会・親」の権威が弱まり、日本中でヤンキーのマイルド化はもはや当たり前となり、かつての意味でのヤンキーはもう存在しない。『東京リベンジャーズ』が人気を得たのは、戦後になってから時代劇がブーム化したり、1970代に入って工業化・都市化が進んでから清水次郎長や座頭市などノスタルジーをぶつける物語が増えたのと同じである。現代日本において「自分は」を生きる、あるべきヒーロー像として、ノスタルジックにハマるのがヤンキーなのだ。

自分たちの延長線上にあるのは正義の味方ではない

なぜヴィラン（悪役）が必要なのかと言われれば、図表46の正義と悪の比較表ほどわかりやすいものはない。悪役は大きな目標があり（例：世界征服）、慎重に準備・努力を重ね（例：仲間集め、正義のヒーローを分析研究）、組織をつくり（例：圧倒的なパワーの

17 東京リベンジャーズ：『週刊少年マガジン』（講談社）に2017年から2022年まで連載されたマンガ。作者は和久井健。不良だった主人公が中学時代にタイムスリップし、かつての恋人が殺害される運命を変えるべく暴走族チームで成り上がる姿を描いた。テレビアニメ、実写映画、舞台、ミュージカルなどにも展開されている。

18 フーテンの寅：映画『男はつらいよ』シリーズの主人公。14歳のとき父親とケンカして家を飛び出し、縁日などの露天で物を売る「テキ屋」として全国を放浪し、時折生まれ故郷の東京・葛飾柴又に戻っては騒動を起こす。渥美清が演じた。

ある正義の味方に集団の力で対抗する）、何度も何度もへこたれずに行動を起こし（例：ヒーローを襲撃）、よく笑う。正義の味方は、特に目標はなく、相手の目標を阻止するために行動し（必ず事件が起きて事後対応的）、受け身で単独でいつも怒りに満ちている（悪に対する怒り）。

第3章などで「透け感」について語ってきたが、ヒーローもまた共感と所属感を求められる。そうした中で、20世紀とは逆転し、ヴィランのほうがむしろ今の自分たちの姿の延長上に存在しているのかもしれない。

ヒーロー像など20世紀の常識に新世代が追従しないのには明確な理由がある。それは20世紀の定規が合わないマイノリティが増えすぎているからだ。もうかれこれ100年も使ってきたルールは、間尺にあわないものになっている。「きちんと定められたものを集団のピアプレッシャーの中で守る」という、いわば〝空気を読む〟の力が限界をきたしているのである。

同一言語・同一人種の純粋性が高いと思われていた日本ならではの方法は、日本の近代化を成功させた勝ちパターンであり、1970～80年代に世界の頂に登っていくがごとき経済成長を牽引したのは、まさにこの特異体質によるところが大きい。これほど「きちんとした正しさ」を実現するために大衆が自らを律して、マスでのクオリティコントロールを実現している国は類例がない。

図表46　正義の味方と悪の組織の違い

正義の味方	悪の組織
自分自身の具体的な目標がない	大きな夢、野望を抱いている
相手の夢を阻止するのが生き甲斐	目標達成のため研究開発を怠らない
常に何かが起こってから行動	日々努力を重ね、夢に向かって手を尽くしている
受け身の姿勢	失敗してもへこたれない
単独～少人数で行動	組織で行動
いつも怒っている	よく笑う

出所）竹田恒泰『「正義の味方」と「悪の組織」の違いと人材の育成･採用や組織論』（2013年10月） https://yokotashurin.com/etc/organization.html

そんな日本が、K-POPばりの心技体すべてに優れたトップアーティストではなく、あえてポンコツ感のあるアイドルやネオテニー[19]型のタレントをサブカルジャンルで育成していく土壌をもつのは、奇妙なまでの面白さがある。「メジャー」な社会的空間が美しさを求め、多様性を許さない徹底した管理によって成り立っている反面、「マイナー」であったエンタメ空間では反作用のようにポンコツ感・かわいげを追求してきたという事実は、日本社会のバランスのとり方だったのかもしれない。

ヴィランの〝仮装〟は、きちんとしたマス目から零《こぼ》れ落ちた人々を代弁しているように思える。受け身かつ従順で、「個よりも組織を尊重すべき」という倫理を育まれてきた人々は、仮の装いのもとでしか本当の言いたいこと、本当のやりたいことを実行できない。ヴィランであるという言い訳をもってしか本心を表現できない人々の叫びなのかもしれない。

おもしろい逆転の現象として、「縁結び」から「縁切り」への変化も表れている。グーグルでの検索数において、2020年春を境に「縁結び　神社」を「縁切り　神社」が上回った、というデータがある。そしてコロナ禍になってから「縁切り寺」の参拝客は倍増している。これはなぜだろうか。ロックダウンとオンライン化によって「ミュートする」というオプションが提示され、人々ははじめて社会的関係から逃げる選択肢に気づくようになった。家族も親戚も友人も、そこから離れられるというオプションが提示されたことで、これまで抑圧していたストレスが一気に暴発してしまったのがこの3年間だ。

19 ネオテニー：幼生の外見のままで性的に成熟すること。

5-6 マイナーメディアによって自分を取り戻す

ゲーム空間は平等な世界

人の孤独感を埋めるものは何か。『ビッグコミックスペリオール』に読切りで掲載された『わたしひとりの部屋』（udn作）というマンガがある。就活もうまくいかず親の期待にも応えられず、友人とも話が合わなくなり、ついついゲームに逃げ込んでしまう〝現実にいつも置き去りにされる〟女性主人公の話だ。

同じ職場でも自分だけうまく友人関係が作れない中で、Discordでつながっていた高校時代に好きだった先輩と久々に一緒にゲームをプレイし、当時の気持ちを思い出す。現実の苦しさを共有し、慰められ、いつか先輩を慰める存在になれたらとも思う。そう思っていても、なかなか自分からはプレイしようと切り出せず、半年ばかりすぎるうちに、その先輩が自殺してしまっていたことを間接的に聞くことになる。相談されるような関係性でなかったことは分かっていても、自分以外の周囲が先にそれを知ってることのショックと、いつかその先輩と何かが起こるかもとしれないと期待していたものが一瞬で暴力的に奪われてしまった時の圧倒的な孤独感。彼女はつぶやく。「誰の期待にも応えられない。ほしいものは何もない。たった一人を思いやることもできない。へやにひとり。ただひとり」。

そんな彼女がゲームに逃げ込む理由を〝逃避〟と片付けてしまってよいものだろうか？

「ルールが欲しい。昨日の敵と今日は味方になれるルールが。勝てば必ず幸せになれるルールが。この世から消えたいと願わずに済むルールがほしい」「力が欲しい。劣勢もくつがえす一発逆転の力が。めちゃくちゃにしたい。何もかも消し去るデカい爆弾が欲しい」

　こうした悲痛な〝叫び〟は、社会における自分自身のカタチの定まらなさからくるものだ。自分自身が求められる役割を果たせていない、それでも望まれるカタチに合わせられるほどの協調性も持ち合わせていない。自分が自分で嫌になりながら、どうしても重い腰が上がらない。人々が自分に投げかける冷徹な目線が、さらに自分の殻を固くさせる。

　完璧主義で自分を律しようという倫理観が強すぎるほど（大抵それは自分自身ではなく教師や親から押し付けられたものを従順に守っているだけなのだが）、そのギャップに妥協ができず、心も生活も閉ざすような状態になってしまう。社会が平等なスタートポイントからの競争でないことは誰もがわかっているが、結果を「才能と努力」の不足として個に帰責され、負け犬なのは自分のせいだと救いようのない追い込まれ方をする。その時代、その社会で、その家族の中に生まれ落ちた瞬間から、誰がどうやっても抜け出せない無理ゲーのような状態だというのに。

　デジタルのゲーム空間は平等な世界だ。容姿もステータスも過去のヒストリーも関係なく、純粋にゲームの中で費やした時間と経験の分だけ技術も上がり、有用とされる。わかりやすいルールで自由で民主的なゲーム空間の中で自分は輝ける。そういう劣等感と万能感が混在する「マイノリティ」は結構な数として存在している。

1つの名前と顔で生きる息苦しさを切り離すオプション

押しつけられた一元的アイデンティティの世界は、時間も言葉も均質化された世界である。そこでは1つの名前と顔でゆりかごから墓場まで生きていくことになるが、その息苦しさを切り離せるオプションがあることをZ世代は知っている。エンタメへの没入は、彼らが別の名前と顔を使って自らのアイデンティティを発揮する場である。

「遊びに逃げるな」という主張は、彼らのアイデンティティを暴力的に奪うことに等しい。デジタルな逃避手段を持ちえなかった親世代の苦労や努力はリスペクトするが、新世代にとってエンタメは、もう1つの大事な世界なのである。

旧世代にしても、一元的アイデンティティのわずらわしさは、ずっと実感してきたのではないだろうか？　我々が旅先で出会った一期一会の他人に、ふと誰にも言ったことのないような秘密を打ち明けられるのはなぜだろうか？　2ちゃんねる、はてなブログ、X（ツイッター）の匿名アカウントで、日常生活ではとても言えないような不平不満や他人への攻撃性をつまびらかにしてスッキリできるのはなぜだろうか？

自分の身分を明かし、相手のこともよく理解した上で築かれる緊密な関係性がコミュニティの頂点にあるわけではない。結婚した相手であっても、自分と血をわけた一親等の子供であっても、我々は自分自身を100％ぶつけるということは難しい。

エンタメは「逃避」ではなく、時には「治療」にもなっており、社会に戻るための元気を取り戻すための「回復過程」であったりもする。

社会に弾かれる人々にとって、エンタメは重要なアイデンティフィケーションの道具になってきた。自分なりの絵画表現、音楽表現、映像批評が、不安定な環境や心理状態を固定させるものになる。厳しすぎる現実と折り合いをつけるために、ゼロから表現をするエンタメは有効に機能している。自らミックスして編集したり、ビルドしたり、コミュニティで推していったり双方向的な関係になったことで、エンタメはよりその人のアイデンティティに深く関与するようになってきている。

彼らは「メジャー」なメディアによって奪われたものを、自分たちでどうにかできる「マイナー」メディアによって取り戻している。その行動から新しいクリエイターが生まれているこ とは、ここまで語ってきたとおりである。

誰も視線の向けられないビルの路地裏のような場所に、日本の未来は根付いている。今という時代に困難さを抱えている世代や人々が、次の時代を切り拓く資格を持っているのだ。

5-7 権威から攻撃の対象にされた新興メディア

「人の思考を奪う」と危惧された言文一致体、ラジオ、テレビ

マスメディアの出発点として出版物が大衆に届けられるようになった後、メディアとコンテンツは多様化の一途をたどった。新しい表現方法は人々をひきつけ、古い表現にとって代わろうとしてきた。言文一致体はその典型である。

１８８０年代、坪内逍遥や二葉亭四迷が「しゃべり言葉をそのまま文章にする」という新しい表現方式を試したことは、当時大いに反感を買った。話し言葉は直観的で支離滅裂だったりするが、即席性が高い便利な言葉だ。だが書き言葉までが話し言葉化すると、人々の思考力自体も落ちていくのではないかと危惧されたのだ。[20]

江戸時代以前、読むのは漢文、話し言葉はひらがなだった。なぜ話すままに書けなかったのか？　そこには強烈な違和感があるからだ。

「ギャ！グッワ！待ってくれ！待ってくれ！」

オヤジは叫んだ。

「許してくれよ！入れたかったただけなんだから」

20 市川真人『芥川賞はなぜ村上春樹に与えられなかったか　擬態するニッポンの小説』幻冬舎、2010

「バキッ！ボコッ！」
ケンはかまわず殴り続ける。
「ヒッー！助けてー！助けてー！」
オヤジが悲鳴に近い叫び声をあげた。

２０００年から個人サイトに掲載され、２００２年に出版されて２７０万部を超えるベストセラーになったＹｏｓｈｉの小説『ＤｅｅｐＬｏｖｅ』の一節である。言文一致体というか、ガラパゴスケータイ時代のメール文一致体に近いが、この文章に対して我々が覚える違和感と近いものが、坪内逍遥らの１８８０年代の言文一致体にはあったのではないかと察せられる。

そもそもルターがドイツ語で聖書を書いたこと自体が当時、禁忌であった。なぜなら聖書とは、教養人である神父（現代でいう大学教授のような知識人）以外には読むことのできない「ラテン語」という古代語でしか書かれてはいけなかったからだ。だが、世俗の言葉であるドイツ語で聖書を書いたことで、より多くの人が聖書を直接理解することができた。今でいうならば「超訳・聖書」である。

新しい表現方法が登場するたびに抵抗が繰り返されてきた。１９１０～20年代には、ラジオや電話にかまけて、人間はせっかく手に入れた読み書き能力を失いつつある、ということが語られていた。テレビや映画の〝悪影響〟で、人々は抽象的な推論ができなくなると警鐘を鳴らされていたのは１９６０～70年代の話だ。テレビは娯楽性が報道性を圧倒しており、人々は教養として大事な情報を取りこぼしていると危惧した大宅壮一の「一億総白痴化」という言葉は

1957年の『週刊東京』に掲載された。書籍や雑誌にとって、テレビの卑俗性は許せないものであり、その後数十年にわたって同じ議論が続いてきた。

「書くと記憶が失われる」と本を批判したプラトン

では「本」ならば知を担保できるのかと言えば、1800年ごろには、本もいずれ消滅すると危惧されていた。当時の英国では「新聞」という新興メディアが注目の的となっていた。ロンドンだけで100を超える新聞が発行され、「この世紀（19世紀）の終わりまでにジャーナリズムは、出版物全体―すなわち人間の思考全体―を席巻するだろう」とフランスの詩人・政治家のアルフォンス・ド・ラマルチーヌが1831年に宣言している。「熟成するだけの時間、本というかたちにまとめられるだけの時間を、思考は持てなくなるだろう―本は遅すぎるのだ。今後唯一ありうる本は、新聞である」[21]。

新興メディアだけが残ると予想したこの意見は〝奇論〟に終わり、すべてが新聞のように速報性があるメディアになることはなかった。ヤフーニュースがあっても新聞がつぶれず、X（ツイッター）があってもブログやnoteが残存し、テレビや映像があっても本がなくならない現状を見れば、スピードだけが価値ではないことがわかるはずだ。「遅い」ということがメリットにもなる。

2300年以上前の古代ギリシャにおいて、プラトンは『ファイドロス』の中で「書くと記憶が失われる」と「本」を痛烈に批判していた。本来の知とは自らの脳内のみから抽出し、対

21 Alphonese de Lamartine, Oeuvres Diverses（Brussels: Louis Hauman, 1836）, 106-7

話によって生み出されるものであり、書くことに慣れてしまうと人は考えなくなる、だから「本は人をバカにするのだ」とさえ言われていた時代もあったのだ。

「ブログで短文ばかり書いていると文章力が弱まる」「ツイッターのくだらないリツイートや短文コメントばかり書いていると頭が悪くなる」「ショート動画を十秒単位でザッピングするような視聴に慣れると本質的なストーリーを理解する力が失われる」「AIは我々の頭脳ばかりか仕事も奪う」

新しいメディアは常に脅威と見なされ、既存のフォーマットにおいて権威を得た人間がそれを否定する、という構図は何千年も繰り返されている伝統芸だ。むしろ批判を受けるほどに脅威をもたらす新興メディアだけが残ることになる、と言えるほどあらゆるメディアはその成長期に守旧のメディアから批判されてきた。痛烈に批判を受けるほどの脅威こそが、競争優位性の証なのだ。

新しいものが登場すると、「本物ではない」と言われる。のちにそれがホンモノであることが否定できなくなると、「重要ではない」と言われる。そして重要性が否定できなくなると、「新しくない」と言われる。[22] 新しくないと言われたときが、モノもサービスも概念も、絶頂期なのだ。

「海賊版」を整理して公共化してきた歴史

新しいメディアは「海賊版」を伴って人々に浸透していく。19世紀に電話が生まれた時に、

22 スコット・ローゼンバーグ（著）、井口耕二（訳）『ブログ誕生』NTT出版、2010で引用されたウィリアム・ジェームズ1896年の言葉

米国中で皆が勝手に電話線を引き込み、途中で線を分岐させて盗聴するような輩もごまんといた。電柱にはその重さに耐えきれないほど何百本もの〝海賊〟電線が絡まり混線していた。米国のＡＴ＆Ｔはそれらを整理統合して１８８５年に誕生した世界初の長距離電話会社だった。

１９１０年代に無線が普及すると、今度は誰もが鉱石ラジオを自作し、自前のラジオ局を始めた。ニューヨークから５００キロ圏内で受信できるラジオ番組を並べると数千番組にも及び、それだけでイエローページ１冊分のレファレンス本が出来上がった。規制もないため、セクシャルもバイオレンスもなんでもありな内容が電波に乗って誰にでも届いてしまう時代だった。まるで１９９０年代のインターネットだ。

１９７０年代になるとテレビの公共放送に飽き足らなくなった人々が、勝手に放送局を作り始める時代もあった。ドイツでは、失業、原発、環境、ジェンダーなど自分たちにとって切実な、でも公共放送では語られない問題を切り取った「海賊放送」が横行し、その60局もの海賊放送局はその後１９８０年代に「市民放送」という形でケーブルテレビの番組になっていく。[23]

ネットが始まったとき、人々は目をキラキラさせながらまだ見ぬ誰かとつながろうとしたが、同様のことは１００年以上前から技術革新が起こるたびに自然発生し、その後に整理統合して公共化する、という歴史を繰り返してきたのだ。[24]

メディアは「つながるための道具」

メディアとは「メディウム（道具）」であり、人々が〝今この瞬間〟どうつながりたいと思

23 小野善邦『放送を学ぶ人のために』世界思想社、2005

24 ティム・ウー（著）、斎藤栄一郎（訳）、坂村健（監修）『マスタースイッチ』飛鳥新社、2012

っているかが表れる集団的ふるまいの結実である。統制がきいたメディアが我々の求める形を置き去りにし、時代遅れな定規となっていったときに、人々は新しいメディアへと乗り換えを図る。それは自然発生的に、かつエンタメ的に起こるものである。生産性も能力向上も教育性も関係なく、ただひたすら面白いから人々は新興メディアを使い始める。そこでは「このメディアが人間性に影響するのは云々」といったあるべき論など完全に埒外《らちがい》なのだ。

まだ見ぬ他人とつながり、やったことのない交流をし、テクノロジーによって出会いや会話の質が変わることそのものを、ただ楽しんでいるに過ぎない。そこに乗っかる人が多くなれば、自然とそれはマジョリティの道具となり、未来の覇権を握るメディアとなる。ニコ動やユーチューブが流行ったから、あらゆるメディアは動画やコメントを入れるようになり、ＴｉｋＴｏｋが流行ったから、追随する「旧式」のＳＮＳも短尺動画を取り入れ、音楽をつける機能やＡＩのアルゴリズムを導入していくようになる。メディアは常に後追いで、人が流れる方向に己を変えていく。

テレビで世界中の映像を視聴しゲームを始めたＹ世代、スマホで随時好きなものを検索できるようになったＺ世代にも、こうした「道具の影響」は大きいだろう。メディアが人間のあり方を規定するのだ。[25]

道具がなければ埋もれていた才能は数えきれない。世界的な哲学者ニーチェは20代前半に兵役で負った傷で視力が急激に落ち、本を読んでいると頭痛と嘔吐を繰り返した。だが１８８２年にタイプライターを手にした彼は、ブラインドタッチを覚え、視覚に頼らずに執筆ができるようになった。次第に文章は短文で電報めいたものに近づいていく。「ペンと紙」という制約

25 ニコラス・G・カー（著）、篠儀直子（翻訳）『ネット・バカ　インターネットがわたしたちの脳にしていること』青土社、2010

の中では生まれなかった文章が、解放感に満たされたニーチェの指先から生まれ、それが21世紀にベストセラーとなる。

アニメやゲームがなければライトノベルというジャンルは生まれなかったし、PCとケータイがなければ何十万人ものアマチュア作家が「なろう」で生まれることもなかっただろう。DTMと初音ミクという秋葉原カルチャーが結びつかなければボカロPも生まれなかったことになる。創作は、メディアの新陳代謝の中で、新しいフォーマットを武器としてエンタメを花開かせた人のもとに生まれ続ける結晶なのである。

5-8 モノサシを作り替える

必然性はないのに定着した社会常識

かつて情報は上から降ってくるものだった。テレビや雑誌から広告まじりに発信された情報をアーリーアダプターが受け取り、彼らが持ち前のキュレーション能力を発揮して「ねえねえ、これ知っている?」と影響力を上げていく。流行に近い人間が先に情報を受け取り、クラスの1〜2割が話題にするようになれば全体の6〜7割に及ぶ浮動層が動き出していく。「どうやらこれは今の流行りに違いない」。

ただ最後の2割だけはいつまでたっても動かない。流行れば流行るほど、そこからそっぽを向いて自分だけの趣味に没頭する。

一定割合のアリは働かない、というのと同じように、クラスにも、学校にも、地域社会にも、国家にも「マイノリティ」は存在する。それが「一定割合」という許容度を超えて広がった時、それは今までのモノサシが陳腐化して時代遅れなものになってしまったという証でもある。モノサシを壊してつくり変えるタイミングだ。

平日は勤勉に労働するものであり、日曜日は教会か気晴らしで居酒屋に、といった1週間に縛られた〝一般的な社会的活動〟自体が、近代の発明品でしかない。時計が生まれるまで、全員が行動をそろえるといったことすら不可能だった。19世紀に時計が普及し、それが教会の塔に据え付けられ、鐘が鳴らされるようになった瞬間、人々は自分たちを律する「時間」という概念を共通保有することになった。

　効率と生産性の向上という社会的要請から始まったものが、いつのまにか人間の本質的な行動特性と錯覚してしまうようになる。朝早くから労働していた工場労働者にとって、昼の12時は「平均的に生産効率が落ちる」時間だったため、12〜13時に休憩を導入する工場が多くなり、人々は自然と「12時になるとお腹がすく」ようになる。電気と電灯の発明により1日の工場稼働時間が16時間になると、仕事の前・中・後と1日3食食べるようになり、この150年で社会に根付いた。それまでは1日2食で十分だったのに。

　現在我々を律する多くの〝一般的な社会活動〟の多くは、生物学的必然性や身体的必然性からではなく、その場その場で生み出されたもので、惰性で続けてきただけだったりする。それは変えられるものなのだ。

匿名社員がエースに

　あるZ世代経営者が運営しているWeb3・0ベンチャー企業では、履歴書も職務経歴書も使わない。基本的にアバターとハンドルネームで働き、給与も人によってはトークン払い[26]。住所も知らないし、そういえば本名なんだっけ、というケースすらある。

　では採用時に何をチェックするかといえば、X（ツイッター）でのコメント履歴だ。SNS

26 トークン払い：暗号化技術を用いたクレジットカードの決済方式。クレジットカード番号を別の文字列（トークン）に置き換えて通信を行い支払いを完了させる。

ヒストリーほどその人が何を考え、どんな興味を持っているかを示すものはない。どのくらいマーケティング的発想で集客をしているのか。1〜2年分もたどってみれば、たいがい筋がいいかどうかはわかってしまう。メッセンジャーで声をかけ、ざっくり条件をシェアして、毎日ログインしてやりとりしていれば業務委託関係はスタートする。

履歴書や職務経歴書を提出させ、時には親の職業や年収まで聞いて雇用していくのは一元的アイデンティティ社会を象徴している。その情報は、果たしてどこまで活用されているのだろうか。人事が一生懸命集めた紙の上の情報は、その後一度も開かれることはなく個人情報保護規定のもとに施錠されたラックの片隅にしまい込まれ、なにか重大な犯罪行為でも起こした時に掘り起こされる。地層のような「死んだ情報」だ。とっくに引っ越しているし、親の肩書や連絡先ももう通じなくなっていることもしばしば。

情報は、手入れとメンテナンスをしなければ腐っていく。毎日水をやったり雑草を抜いたりしながらメンテナンスされたＳＮＳは、10年前に自己申告させたパーソナル情報よりも雄弁にその人を語っている。それがハンドルネームでアバターであったとしても。デジタルのソーシャルヒストリーは嘘をつけない、ということは近年の出会い系サイトがフェイスブックなどの実名ＳＮＳを保証としてつなぎあわせていることからもわかるだろう。10年も運用していたアカウントは（すでに出来上がったものを買い取ったりハッキングしたりして奪取している事例も増えてきているが）、貴重な情報でもある。

偽名でビジネスをしている企業が世界的トップになった例もある。サルのアバターでＮＦＴ業界を席巻したＢＡＹＣ（Bored Ape Yacht Club）を制作したユガ・ラボ（Yuga Labs）である。BAYCは最初0・08ETH（当時の相場で約2万円）で1個ずつ売り出されたが、その後500倍に上昇し、2022年半ばには1個130ETH（当時の相場で約1億円）を突破。1万種類のコレクティブ商品すべての取引総額は1000億円をつけている。

ベンチャーキャピタルのアンドリーセン・ホロウィッツがつけた同社の評価額は5700億円。それを生み出した4人の創業者は全員が偽名で活動している。

様々な画像生成の実験を行うAI技術者はむしろ正式な名前を使っている人をほとんどみかけない。著作権にも抵触する可能性があり、まだ成否が定かでない領域のビジネスを公的な名前・ステータスで行うのは、あまりに危険だからだ。

そうした中で、日本の透け感のあるアバター文化は、匿名性社会における武器になる。世界中の仮面はすっぽりと顔全体を覆って自分ではない何者かになるが、日本の能面は顔よりも小さな幅で作れられる。演者が初老の男なのか、若い女性なのか、見ている人にわかるのだ。

オリジナルな自分を部分的に示しながら、「うつし」と「みたて」によって演者も視聴者も「なりきった世界」を楽しむ。それが新しいモノサシなのだ。

35歳を境に対応が分かれる

新しいモノサシが現れた時、人々がそれにどう対応するかについて、作家ダグラス・アダムズは「年齢」の影響をこう表現する。

〈1〉生まれた時に世界にあったものはすべて正常かつ普通で、世界の仕組みの自然な一部に過ぎない
〈2〉15歳から35歳までのあいだに発見されたものは、何であれ新しく刺激的、革新的で、たぶんそれを仕事にできる
〈3〉35歳以後に発明されたものは何であれ、自然の摂理に反している

40代半ばに差し掛かる私の中学・高校時代以来の友人の多くは、もう家庭も持って会社でもいっぱしのポジションになり、堅実かつ順調に生活している。彼らと久々に会って趣味の話題をすると、それがあまりに時代から切り離されたようで、驚く瞬間がある。誰もアプリゲームなんてやっていないし、アイドルやアニメに対しても偏見は強く、新しい音楽をいまでも探索している人など一握り。エンタメのイメージは１９９０～２０００年代に流行したカラオケ歌謡曲やAKB48の時代のまま。エンタメを隅において「社会的生産活動」に邁進している。私がエンタメの仕事をしていると知ると、恥ずかしそうに「実はモノノフ（『ももいろクローバーZ』ファンの俗称）でして…」とコソッと教えてくれる。

テクノロジーや社会の変化を脅威としてとらえるのは、35歳までその世界にどっぷり漬かった「構造化が完了した人」であり、それをチャンスとしてとらえるのは、35歳未満でその新奇性に興味をもって立ち向かう「まだ未分化な人」である。

世界は世代ごとに正常かつ巡行速度でただ変遷しているだけ、なのかもしれない。

ヒビがあることからこそ光が差し込む

私が本書で試みたのは、Ｚ世代を通じての「近代的な人間・組織の融解」である。男／女、子供／大人、生産者／消費者、クリエイター／ユーザーなどわかりやすく象《かたど》られた世界は、そのわかりやすさがゆえの暴力性を内包している。日本は多様性が極めて少ない社会であり、１００年以上にわたって中間層と平均という幻想を人々の脳内に埋め込んできた。その多様性に対する無配慮は、現在の日本人に根付いている病巣である。

時間と空間を操れるようになったことが21世紀の革新だろう。ＴＰＯをわきまえてスクリーンオフもミュートもできる。必要ならアーカイブでキャッチアップもできるし、ここぞというときにはライブでスライドをジャックし、自らがその場を仕切る。アバターを使って見た目やキャラも可変になり、ＡＩによってその創り込みのコストも劇的に減っている。リアルな世界であっても、マスクを使うことで、アイデンティティの付け替えは可能だ。

そうした中でＺ世代は、個よりも優先されてきた共同体（国家／組織／家族／社会）と折り合いをつけて、「普通は」ではなく「自分は」を追求し続ける。ダイナミックにアイデンティティを移し替えながら、自分にふさわしい所属場所をノマドのように探し求める。そこでは「破れ」をもつエラーこそがカギを握っている。最後にナポレオンの言葉で本書を締めたい。

「すべてのものにヒビがある。だがそこから光は差し込むのだ」

あとがき

単行本1冊というのはちょうど人生2年分なのではないか?と思うほどに、2年くらい新しいことをしていると本が書きたくなる。2019年11月に『オタク経済圏創世記』、2021年10月に『推しエコノミー』を日経BPから上梓し、本作はその続編として2023年12月に書き終えた。この間にインタビュー集の『エンタの巨匠』（2023年1月）や歴史分析としての『エンタメビジネス全史』（2023年3月）も出版しているが、この『クリエイターワンダーランド』は私がエンタメ専業のコンサル会社Reentertainmentを創業し、数百人ものメディア・エンタメ業界にいる人々、数十社ものクライアント企業を通じて出会ってきた様々な〝最前線の人々〟から吸収した内容をもって、その変化に形を与えることを試みた作品である。

この2年間は、異常事態だったコロナ禍を経て、社会が元の世界へと回復・再生していく期間であった。その直前の2010年代は本当に平和で安定的な世界だったのだと気づかされるほどに、想像していなかったことが沢山起こった期間でもある。そして〝元に戻る〟と思っていた世界は、全く違う方向に向けて新たに進化していっている。それはもはや2019年の世界ではなかった。

ボカロ曲はどんどん連作クリエイターを生み、ドメスティックだったはずのJ-POPが「ガチャポップ」として一大世界ジャンルへと祭り上げられ、人々の孤独を埋めるライブ配信やVチューバーたちがあっという間に海外ファンの心をわしづかみにしていた。5年前までは「声優だ」「アイドル市場だ」と騒いでいた東南アジア諸国の人々は、２０２２年に訪れてみるとVチューバーに鞍替えをしていた。デジタルの〝棚〟の占有率を上げていった新しいコンテンツが旧メディアのコンテンツを圧倒し、それを牽引する20〜30代の若い経営者たちは、その偉業の大きさを気負うことなく、飄々と海外市場を見据えて事業をドライブしていく。あぶなっかしいほどに。

この3年間、多くのマイノリティにも出会った。「実は歌い手なんです」と、どこにでもいるような、それでいて鋭いものを感じさせる10代の女性が呟く。配信者として世界で何十万人という視聴者を集める人も、女装男子も、バ美肉おじさんも、このＷｅｂ３・０や配信ブームの時代を宴のように楽しみ、それでいて自分が表だって有名になりたいとか目立ちたいという気持ちがそれほど強いわけではない。Z世代の起業家もまた、何十億円という資産を持っていても、東京に出てきたばかりの地方学生のような内向性と素直さを捨てていない。そして彼らの多くが「実は中学校いけてなかったんですよ」とコソッと笑顔混じりに呟く。

今起こっていることは誰も説明してくれなかった。「何か違う時代に入ってきている」という空気感だけが私を置き去りにしていた。物凄いスピードで風が通り過ぎていくような。35歳以上に特有の「理解不能なものに対しての臆病な、気後れする気持ち」は私にもあった。バブルが終わってゲームやマンガにうつつを抜かして生きてきて、大して社会的な期待も受けなかった自分たちY世代に対して、団塊世代がずっと抱いてきた気持ちと同じなのかもしれないと感じながら。

エンタメを切り口にしながらZ世代分析がしたかった。ニコ動やpixiv、ユーチューバーやライブ配信者、ボカロP、Vチューバーなど、ここ15年で新しく出てきたビジネスモデルを推進してきた人たちの共通項を抽出すると「ダイナミックアイデンティティ」という言葉にたどり着いた。なぜマスメディアが生まれたのかという100年を振り返ったときに、初めて国家-社会-個人の関係をつなぐ「一元的アイデンティティ」時代の破れであったのでは、と感じるようになった。

私自身が「解釈師」として正しく現象を切り取れているかはイマイチ自信がないものの、戦前世代を何も知らない新世代が、学生運動やロックバンド、長髪スタイルで「否定」を試みたように、アバターとハンドルネームを駆使しながら逞しく生きるZ世代が「否定」したい過去とは、リアルな関係性で縛られつくした自由度のない世界そのものだったのではないか、ということを書き上げたつもりだ。

今回は過去4作と違い、私が得意としてきたアニメ・ゲーム・マンガ・スポーツなどの話は控えめにした。むしろ音楽・テレビ・タレント・商業施設といったマス向けの一般的なインフラに一歩踏み込んだ話が多かった。

なぜなら私の著書に最も鋭く反応してきたのが、こうした「従来産業」の人々だったからだ。アニメやゲーム業界の人々には違和感なく受け止められた既定路線の内容も、そのウェーブに乗れておらず、社会の変化と自分たちのあり方に違和感を感じている産業にとっては新路線だったのだろう。さらには大学関係者や中央官庁、経団連から大手上場企業にとっても、エンタメのニッチな事例が大きな発見の種になることに気づいた。「変わらなければいけない」「変わろう」という人々の背中を押せるのではないかと思い、筆をとりはじめた。

　この変化のスピードに食い下がり、20年間ずっと抱えた停滞感を払しょくしたいと思っている人たちに、「何か違う時代」を把握する説明項を作りたいとずっと思っていた。なんともいえない不思議な現象を、説明可能な咀嚼できるサイズに分解しながら、俯瞰でその全体像を見せられたときの到達感は、えもいえぬものがある。私が一番エゴを発するのは、こういう瞬間かもしれない。

　4年前に『オタク経済圏創世記』を書いた際、ふと使った「エンタメ社会学者」という記号が今とても役に立っている。今でも私は厳密な意味での学者ではないけれど、15年間の「事業家」としての経験を活かし、独立して「コンサル」としてエンタメのＩＰ開発、新規事業創造、海外展開の手伝いをしながら、〝現場〟で捉えた数字や全体感、ビジネスモデルを「行政」に入って政策決定の材料にもしつつ、「教育者」として学生に教えていき、「作家」として本やメディアでの執筆を通して形にしてきた。この起業家・事業家・コンサル・大学講師・作家と5つにまたがった活動を簡単に説明することは難しく、「今ある社会的価値観の変化を説明しきる」という意味で、しかもそれがエンタメ産業のみに特化しているという点も加えて、「エンタメ社会学者」と呼称したことが、今となっては良い判断だったと思っている。

　「類書がないですよね」と言われるのは作家にとって最上級の誉め言葉に思える。『推しエコノミー』や『エンタメビジネス全史』を片手に「話を聞きたい」と声をかけてもらう機会が増え、時には企業戦略の主軸としたいという大胆な相談をいただくことも何度かあった。面接で本の内容について語ったら内定がとれた、社内役員全員に参考図書で読ませている、新人研修で全員に配られた、といった話を聞くにつけ、エンタメをジャンル横断的に、かつ通時的に歴史ごと俯瞰している本が確かに少ないのだということに気づくようになった。

職人が生み出した世界は、職人自身によって語られることなく閉じていってしまう。語り部が抽象化し、その秀逸なビジネスモデルや実験的な試みを記録として残さないと、このエンタメ大国日本の遺産が散逸してしまうのでは、という危機感も覚える。様々な実験がなされ、かつこれだけ大きな産業と多くの人材を抱えている国は数えるほどしかない。エンタメは日本の宝だ。

本書の執筆において謝辞を述べたい方々が沢山いる。自由にインタビューし、自由に掲載を許してくれるゲームビズ社での連載『推しもオタクもグローバル』は、この2年半で80回にも及んだ。そこで取材をさせていただき、本書で再度取り上げさせていただいた方も多い。

お名前・ご発言も引用させていただいたクリプトン・フィーチャー・メディアの伊藤博之氏、LTRの谷丈太朗氏と星野天宏氏、アニメライターの渡辺由美子氏、シンガーソングライターの山崎あおい氏、TuneCore Japanの野田威一郎氏、THECOOの平良真人氏、元角川ホールディングス（現KADOKAWA）の佐藤辰男氏、ドワンゴ顧問の川上量生氏、まぐまぐ創設者の深水英一郎氏、博麗神社例大祭創設者の鈴木龍道氏、先見の音楽プロデューサー齋藤英介氏に改めて御礼を申し上げたい。

直接は記載せずともその業界のお話を参考にさせていただいた、ソニー・ミュージックエンタテインメントの屋代陽平氏と山本秀哉氏、Brave groupの野口圭登氏、なろう作家の津田彷徨氏、MetaTokyoの鈴木貴歩氏、元VAZ社長の小松裕介氏、

BitStarの渡邉拓氏、マインクラフターのタツナミシュウイチ氏、メタバーススペシャリストの角田拓志氏、Neteaseの森川浩氏、Startbahnの施井泰平氏、コムギ氏、うぶごえの岡田一男氏、聖地巡礼の夷氏、元KADOKAWA編集者の吉田隆氏、ノーミーツの広屋佑規氏、静岡文化芸術大学の中川晃氏、不屈の特撮監督の舞原賢三氏には、この場を借りて改めて謝辞を伝えたい。

前著・前々著から大変お世話になったけんすう氏、そして尾原和啓氏と大湯俊介氏にも改めて御礼を述べたい。両氏とのシンガポールにおける対談が本書の最初の執筆のきっかけであった。早稲田大学・慶應義塾大学・立命館大学の関係者の皆様、経産省・内閣府の関係者の皆様にも、本書の発展的展開をもって恩返しができればと思う。

また、あえて名前は伏せるが、一緒にプロジェクトをやってきたり、意見交換・講演をさせていただいたメディア・エンタテイメント企業の方々との共同作業がなければ、こうした〝発見〟には至れなかった。起業から3年弱の中で交わりを深めた方々にも深く感謝を伝えたい。

また本書のテーマ当事者でもあるZ世代起業家やクリエイターたちには、多くのインスピレーションをもらった。Plottの奥野翔太氏、STPRのななもり。氏、Gaudiyの石川裕也氏、Oshicocoの多田夏帆氏、ClaNの大井基行氏、孫正義育英財団の早川尚吾氏と矢口太一氏、ハイボールの大田卓矢氏、AZITOのtaka氏、MobiclixのIdo Bukin氏、AsuCapitalの夏目英男氏、Road Picturesの松本祐輝氏、Aniplexの宮川泰地氏である。また、慶應義塾大学で教え子としても共同執筆者としても活躍してくれているメンバーにもここで謝意を伝えたい。

日経ＢＰの長崎隆司氏との共同作業もこれで5冊目となった。もはや阿吽の呼吸で書籍化していける関係性は本当にありがたい。

最後に妻の桂への感謝と贖罪の意をここに記したい。今回の執筆は子供の受験シーズンと重なり、色々と家庭内でのトラブルも起こりながらの執筆作業だった。こうして本を完成させられるのは妻の存在が、実のところとても大きい。

バーナードショーはこううそぶいた。「真の芸術家は妻を飢えさせ、子供を裸足でいさせ、70になる母親を働かせて生活を工面させ、自分の芸術以外のことは何もしない」。私は芸術家ではないし、アーティストでもないので、もちろん家族が救済の場であり続けるよう、最大限の努力を惜しまないつもりだ。

２０２３年12月　中山淳雄

著者紹介

中山淳雄（なかやま・あつお）

エンタメ社会学者
Re entertainment代表取締役

1980年栃木県生まれ。東京大学大学院修了（社会学専攻）。カナダのMcGill大学MBA修了。リクルートスタッフィング、DeNA、デロイト トーマツ コンサルティングを経て、バンダイナムコスタジオでカナダ、マレーシアにてゲーム開発会社・アート会社を新規設立。2016年からブシロードインターナショナル社長としてシンガポールに駐在し、日本コンテンツ（カードゲーム、アニメ、ゲーム、プロレス、音楽、イベント）の海外展開を担当する。早稲田大学ビジネススクール非常勤講師、シンガポール南洋理工大学非常勤講師も歴任。2021年7月にエンタメの経済圏創出と再現性を追求する株式会社Re entertainmentを設立し、現在はエンタメ企業のIP開発・海外化に向けたコンサルティングを行うと同時に、ベンチャー企業の社外取締役（Plott、キャラアート）、大学での研究・教育（慶應義塾大学経済学部非常勤講師、立命館大学ゲーム研究センター客員研究員、早稲田大学学生）、行政アドバイザリー・委員活動（経済産業省コンテンツIPプロジェクト主査、内閣府知財戦略委員）などを行っている。著書に『推しエコノミー』『オタク経済圏創世記』『エンタの巨匠』『エンタメビジネス全史』（以上、日経BP）、『ソーシャルゲームだけがなぜ儲かるのか』（PHPビジネス新書）、『ボランティア社会の誕生』（三重大学出版会、日本修士論文賞受賞作）などがある。

Re entertainment HP：
https://www.reentertainment.online/

X（Twitter）：
https://twitter.com/atsuonakayama

クリエイターワンダーランド

不思議の国のエンタメ革命とZ世代のダイナミックアイデンティティ

2024年2月26日　第1版第1刷発行

著　者	中山淳雄
発行者	中川ヒロミ
発　行	株式会社日経BP
発　売	株式会社日経BPマーケティング 〒105-8308　東京都港区虎ノ門4-3-12 https://bookplus.nikkei.com/
装　丁	坂川朱音
制作・図版作成	朝日メディアインターナショナル株式会社
編　集	長崎隆司
印刷・製本	中央精版印刷株式会社

ISBN978-4-296-00184-2